GOLDMANN

Buch

Simone Signoret hat immer aus dem vollen geschöpft, sich immer ganz hingegeben, eine Frau, die es verstand, fünf Leben gleichzeitig zu bewältigen: ob als international gefeierter Filmstar, als Mme Yves Montand, als Anhängerin des französischen Widerstands und der politischen Linken der Nachkriegszeit oder als Schriftstellerin und Philosophin.

Die Geschichte von der kleinen Simone Kaminker zur »Grande Signoret« ist geprägt von Leidenschaft und Willenskraft, von unstillbarer Neugier, aber auch von Widersprüchen, zu denen sie sich ebenso bekannte wie zu den Falten in ihrem Gesicht. Sie ist nicht wie viele andere »Göttinnen« des Filmgeschäfts in den Starhimmel abgedriftet, sondern hat die Ängste und Kämpfe einer ganzen Generation hautnah miterlebt und in ihr künstlerisches Schaffen hineingetragen.

Nur ein einziges Mal haben sie sich getroffen, zu einem Frühstück auf der Ile St. Louis: die französische Journalistin Catherine David und Simone Signoret, die Grande Dame des französischen Films. Kurz vor ihrem Tod, schon von ihrer Krankheit gezeichnet, aber immer noch voll sprühendem Lebenswillen, ließ Simone Signoret in diesem Gespräch die bewegte Geschichte nicht nur ihres eigenen Lebens, sondern auch die unseres Jahrhunderts vorüberziehen.

Autorin

Catherine David hat in Frankreich bisher einen Roman veröffentlicht. Seit 1972 arbeitet sie als Kulturjournalistin für den Nouvel Observateur.

Catherine David

Simone Signoret

Geteilte Erinnerungen

Aus dem Französischen
von Gabrielle und Georges Hausemer

GOLDMANN VERLAG

Die französische Originalausgabe erschien unter dem Titel »Simone Signoret ou la mémoire partagée« bei Robert Laffont, Paris

Deutsche Erstveröffentlichung

Der Goldmann Verlag
ist ein Unternehmen der Verlagsgruppe Bertelsmann

Made in Germany · 12/91 · 1. Auflage

Umschlaggestaltung: Design Team München
Umschlagfoto: Süddeutscher Verlag, Bilderdienst
Satz: Compusatz, München
Druck: Presse-Druck, Augsburg
Verlagsnummer: 41202
Lektorat: Anke Knefel
Herstellung: Felicitas Hübner
ISBN 3-442-41202-1

für meinen Sohn Raphaël
für meine Tochter Judith
für die Zukunft

1

»*Three chins, or is it four?* – Habe ich ein Dreifachkinn, oder sind es schon vier?« fragte Simone Signoret den Korrespondenten der *Daily Mail*, der gekommen war, um mit ihr ein Interview über Madame Rosa zu machen. In dieser Frage spiegelte sich das Wesentliche ihres Charakters wider: Mut und Humor.

Sie sah sich so, wie sie zu jener Zeit war: schwerfällig, unförmig, mit einem vom Alkohol aufgedunsenen Gesicht, mit einem von stillem Kummer schweren Herzen, mit dem Bauch einer Matrone.

Goldhelm hatte ein dreifaches Kinn. Doch sie lachte, und ich bewundere dieses Lachen.

Wir haben noch viel von Madame Signoret zu lernen.

Als ich sie kennenlernte, war das Ende bereits nahe. Die Krankheit zehrte an ihrem kraftlosen Körper. Ein Netz feiner Falten schrieb die Spuren vergangener Leidenschaften in dieses legendäre Gesicht. Sie sah fast nichts mehr. In den Zeitungen stand geschrieben, daß sie von innen heraus strahlte. Hinter den erblaßten Augen flackerte hell unstillbares Leben.

Auf dem Sofa in meinem Zimmer stapeln sich ungeordnete Aktenbündel: Signoret, Signoret, Signoret. Wieviel Papier, wie viele Dokumente im Kielwasser eines Lebens wie des ihren! Vergilbte, ergreifende Zeitungsausschnitte. In den fünfziger Jahren ist sie »einer der bekanntesten Stars Frankreichs«, sie trägt »Flanellhosen und Rollkragenpullover« und raucht Zigaretten der Marke Gros Caporal. Sie ist bereits der Antistar, »eine Art gutmütiger Dickschädel«.

Ich hätte Jahre damit verbringen können, die Tonnen von bedrucktem Papier zu lesen und zu ordnen, die Simone Signorets Leben begleiteten. Corinne, meine Dokumentalistin, überreichte mir jede neue Lieferung wie einen Geburtstagsstrauß. Sie brachte einer Heißhungrigen neue Nahrung. Ich sog mich voll mit Signoret, mit Mademoiselle Simone Henriette Charlotte Kaminker, mit ihrem Parfüm, mit allem, was sie umgab. Ich übernahm ihre Methode, oder besser, ihre Unplanmäßigkeit, mit der sie sich auf einen Film vorbereitete. Sich ohne vorgefaßte Meinung von einer Unbekannten, einer Fremden einnehmen lassen. Sich allmählich in diese andere Frau verwandeln, ihre Ängste, ihre Wünsche, ihre Enttäuschungen, ihre Vorurteile noch einmal durchleben. Sich mit ihr, für sie, an die bedeutendsten und belanglosesten Ereignisse, an die Augenblicke der Angst und der Freude, an die Ekstasen, den Kummer, die grauen Tage erinnern. »Diese Chemie, die einen verwandelt... Ich vergesse, daß ich Signoret bin, treibe mich um die Prisunic-Geschäfte herum, ziehe einen Regenmantel an, der mich dicker erscheinen läßt, schlüpfe in die Schuhe von Jeanne, und wenn gedreht wird, bin ich bereit: ohne es zu wollen, habe ich die Rolle verinnerlicht.«[1]

Ich wurde zu einer Doppelgängerin, schlüpfte in eine andere Haut, änderte meinen Namen und gehörte zu einer anderen Generation. Ich schlich um sie herum, ließ es zu, daß sie sich in mir einrichtete, es sich bequem machte. Sie trat in mein Leben ein und änderte dessen Lauf. Ein Einbruch, eine Besitzergreifung – man kann es nennen, wie man will. Zuweilen glaubte ich sie zu berühren, ihre Schritte zu hören, ihr Parfüm zu riechen. Ich trug den schweren Körper dieser Toten in mir wie den eines noch ungeborenen Kindes.

Ich mußte mich den Tatsachen beugen: dieses Buch würde keine wissenschaftliche Zusammenstellung historisch-biographischer Fakten sein, sondern vielmehr das Resultat eines sehr langen Traums, währenddessen ich mir ihre Erinnerungen aneignete. In *Ungeteilte Erinnerungen* schrieb sie: »Wer erzählt, mißbraucht das Gedächtnis der andern.«

Ich habe ihr Gedächtnis mißbraucht. Ich habe mich in ihre Schriften, ihre Filme, ihre Interviews vertieft, um ihrer Stimme zuzuhören, um herauszufinden, was der Ablauf der Tage, der Geschmack des morgendlichen Kaffees ihr bedeutete; ob sie beim Aufwachen, wie alle starken Raucher, einen ganz trockenen Mund hatte; nach wie vielen Zigaretten sie ihren Aschenbecher in den Papierkorb leerte; wie sie sich auf ihren Stuhl setzte, wenn sie zu schreiben begann; ob sie, wie ich, die Beine unter dem Tisch übereinanderschlug; ob sie hin und wieder an den Traum der letzten Nacht dachte; um welche Zeit sie sich ihren ersten Whisky genehmigte und ob es Tage gab, an denen sie Lust hatte, jeden anzubrüllen. Manchmal wunderte ich mich, daß ich statt meinem nicht ihr Gesicht im Spiegel sah. Ich war nicht auf der Suche nach einer Legende oder einem Symbol, sondern nach einer leibhaftigen Frau, die meine Mutter hätte sein können. Nach einer Frau, die tatsächlich, im wahrsten Sinn des Wortes, gelebt hat.

An der Wand vor meinem Schreibtisch hängt ein Foto von ihr aus jener Zeit, als sie zu mir zum Mittagessen kam. Das war im Frühjahr 1985.

Sie hat nur noch wenige Monate zu leben. Sie trägt einen schwarzen Trägerrock über einer blauen Baumwollbluse, deren Farblosigkeit das blasse Blau ihrer kranken Augen betont. Schlichte Kleidung, die den beschädigten Körper vergessen läßt. An ihrer Brust steckt das rot-weiße *Solidarnosc*-Abzeichen, das sie so lange tragen wollte, wie Lech Walesa in Jaruzelskis Kerkern eingesperrt wäre. Eine kleine Plakette, ein stummer Schrei auf schwarzem Stoff.

Von diesem starren Foto sieht sie mich an. Aber ihr Blick ist in Bewegung, ich schwöre es, er paßt sich meiner Laune an, ist je nach Tageszeit, je nach Tageslicht, entweder gespannt oder verzweifelt, zärtlich oder streng wie der Blick eines Zen-Lehrmeisters. Während ich ihr Porträt entwerfe, muß ich mich bemühen, diesem Blick standzuhalten. In diesen bewundernswerten Augen liegt etwas Absolutes. Simone Signoret hat es stets verstanden, ihre Gefühle mit ihren Augen zum Ausdruck zu bringen. Denn die Welt, die sie so faszinierte, spiegelte sich in all ihren Dimensionen in ihrem Blick. Ihr Wunsch nach Erkenntnis, nach Wissen geht zurück auf ihre Herkunft, auf die graue Vorzeit, auf den Moment ihrer Geburt, auf ihren ersten Blick in die Welt: Ach, das ist es also. Was für eine Überraschung! Sie wollte alles wissen. Den Vornamen der Concierge, die Farbe meines Kinderzimmers, das Datum meiner Hochzeit, meine politische Einstellung und den Titel des letzten Buches, das ich gelesen habe. So als ob sie ständig neue Fenster öffnen, neue Welten erforschen, ihre persönliche Sammlung mit neuen Ideen, neuen Eindrükken, neuen Gesichtern, neuen Geschichten vervollständigen müßte.

Ich bewundere und liebe sie – so, nun ist es gesagt. Denn jedes Buch muß mit einem Geständnis beginnen.

Ich ahne aber auch ihre Schattenseiten, und ich werde mit den mir verfügbaren Mitteln darüber berichten, indem ich versuche, die Spuren zu entziffern. Die Rückseite des Stolzes, die Kehrseite der Großzügigkeit. Ihre Wut, wenn sie sich angegriffen oder verraten fühlte. Die Kränkungen, die sie andern zufügte.

Simone ist kein bequemer Mensch. Sie hat ihre eigenen Ansichten und hält daran fest. Bei Diskussionen duldet sie keinen Widerspruch, ein wahrer Dickkopf. Und obendrein ist sie besitzsüchtig. Eifersüchtig, gierig nach ständig neuen Beweisen der Zuneigung. Sie ist nachtragend, außerstande, eine Beleidigung zu vergessen. Sie hat die Mentalität eines Bandenchefs, ist fähig, ohne Erbarmen jene auszuschließen, die sich in ihren Augen schuldig gemacht haben. Sie fühlt sich dazu berufen, die Schwachen zu verteidigen, doch bei

Dreharbeiten verhält sie sich einem verängstigten Statisten gegenüber manchmal wie eine arrogante alte Dame. Sogar in der Familie ist sie eine Kämpferin, autoritär, unberechenbar, und sie fühlt sich wohl in Auseinandersetzungen.

Sie lebte mehrere Leben gleichzeitig und vereinigte mindestens ebenso viele verschiedene Persönlichkeiten in sich.

Ein Gesicht ist nur durch die Schatten lesbar, die die angenommenen Züge hervorheben. Ohne Schatten kein Relief, und ohne Relief kein Charakter. Eine von grellem Licht überstrahlte Nahaufnahme ist nur ein flaches Bild, außerstande, Gefühle zu vermitteln. Nur im Spiel von Licht und Schatten werden die Regungen des Menschen sichtbar, kommen Kontraste zum Ausdruck. Schauspielerinnen wissen dies, und Signoret wußte es besser als alle andern, sie, die Goldhelm war und es verstand, sich die Spuren der Zeit zunutze zu machen, um ihre Kunst, um Glanz und Elend zu vervollkommnen, bis hin zu dem mehrfachen Kinn von Madame Rosa in ihrem engen, geblümten und unter den Achseln aus der Naht geplatzten Kleid.

Um ein Leben zu erzählen oder ein Gesicht zu zeichnen, muß man Auf- und Abstriche tun, braucht man Licht und Schatten. Die Erzählung ist nur möglich, wenn das Licht auch die dunklen Ecken, die Irrtümer, die Schwächen, die Blößen ausleuchtet. Ich bin sicher, daß diese anspruchsvolle und scharfsinnige Frau es gehaßt hätte, wenn von ihr nur ein einseitiges Bild übriggeblieben wäre. Simone Signoret war keine Frau auf Glanzpapier, sondern eine wahrhaftige Person, die den Whisky und das verrückte Lachen liebte, die mit ihren Falten auf dem Bauch ebensogut leben konnte wie mit den nächtlichen Ängsten.

In diesem Buch wird man also keiner Marmorstatue, keiner bedingungslosen Heldenverehrung begegnen, dafür gibt es genügend Hagiographien, die bereits veröffentlicht wurden. Mein Porträt dieser so zeitgenössischen und modernen Frau beschränkt sich darauf, ein subjektives und trotz allem unvollständiges Bild zu vermitteln, das im Laufe einer langen

Freundschaft immer klarere Konturen angenommen hat. Es handelt sich um eine besondere, sehr persönliche Wahrheit, für die ich voll und ganz einstehe.

»Simone, das ist mein geheimer Garten.«
Chris Marker

2

Es ist nicht leicht, ein Buch über einen Menschen wie Simone Signoret zu schreiben. Teilweise aus Gründen, die auf sie selbst zurückzuführen sind, auf ihre Metamorphosen, auf die Vielschichtigkeit des Themas der Person Simone Signoret.

Doch auch aus Gründen, die mit ihrer Umgebung zusammenhängen, mit der Glocke, die man über die Erinnerung an sie gestülpt hat und die von einer ganzen Horde von Zerberussen bewacht wird, mit denen ich *Bartleby* von Melville gespielt habe, doch verkehrt herum und mit gedämpften Worten: »Es wäre uns lieber, wenn es dieses Buch nicht gäbe. Könnten Sie sich nicht ein anderes Thema aussuchen?«

Denn einerseits gilt es, sich mit dem Thema der denkenden, lebenden und handelnden Person, mit ihrem geistigen Erbe und ihrer einzigartigen Geschichte zu befassen. Das Thema namens Simone, ihre verschiedenen Identitäten, ihre Vorlieben, ihr Engagement, ihre Leidenschaften, ihr Mut, ihre Ängste und, was am wenigsten vergänglich ist, ihre geistige Freiheit.

Und andererseits muß das Thema so behandelt werden, wie man ein Examensthema behandelt. Im Lyzeum von Vannes, zum Beispiel, als sie zu Beginn des Krieges ihr Abitur machte, bekam Simone Henriette Charlotte Kaminker 14,5 von 20 möglichen Punkten für ihre Dissertation in Philosophie zum Thema: »Definieren Sie das Verhältnis zwischen Leidenschaft und Willen.« Ein Thema, das bereits ganz auf sie zugeschnitten war. Man könnte sogar behaupten, daß sie ihr Leben lang darum bemüht war, dieses Thema zu behandeln, einen eigenen Weg zu finden, um diese beiden Lebenskräfte, die ihr bei der Geburt in gleichem Maße gegeben worden waren, mittels jener Werkzeuge zu verbinden, die die Zufälle der Geschichte und des Lebens ihr liefern sollten. Leidenschaft und Wille, Begierde und Arbeit. Herz und Kopf, Gefühl und Verstand: die beiden großen Pole, um die sich die Entscheidungen ihres Lebens drehten, die beiden Haupteigenschaften, die aus ihr einen Star und viel mehr als einen Star gemacht haben: eine außergewöhnliche Frau, ein Sinnbild der Menschheit.

Ein wirklich schönes Thema, wie man unter Journalisten sagt, wenn der Chefredakteur einen bittet, einen Artikel über Lou Andreas-Salomé oder eine Reportage über China zu schreiben. Man ist zufrieden, man weiß, daß man etwas lernen, neue Welten entdecken wird. Es ist aufregend und beängstigend zugleich, da man nie ganz sicher ist, der Sache gewachsen zu sein. Auch wenn man bereits Hunderte von Artikeln geschrieben hat, so läßt man sich doch immer wieder auf ein neues Abenteuer ein. Nichts ist selbstverständlich für Journalisten, diese ewigen Anfänger. Zumindest nicht für jene, die sich weigern, sich selbst immer wieder zu kopieren oder eigene Gedanken durch bloße Formeln und gängige Wendungen zu ersetzen. Wenn es sich um ein Buch handelt, ist die Scheu noch größer, da man den Wunsch hat, gute Arbeit zu leisten, ein getreues und genaues Porträt zu zeichnen, das die Erinnerung an das Modell wieder aufleben läßt, ohne es zu verraten und ohne es abzuschwächen.

Ich glaube nicht, daß man alle Einzelheiten eines Lebens erzählen kann. Keine Biographie kann jeden einzelnen Tag festhalten. Die Chronologie hat ihre Vorteile, denn sie erlaubt, den Rohstoff der Ereignisse zu bearbeiten, Anhaltspunkte zu liefern angesichts der Vergänglichkeit der Erinnerungen. Doch die Wirklichkeit, die Subjektivität der Eindrücke und Stimmungen, die Spannweite der gelebten Erfahrungen, das alles entgeht sogar dem gewissenhaftesten Biographen. Möglich ist, eine Farbe, eine gewisse Charaktereigenschaft, eine Atmosphäre wiederzugeben. Wenn Peter Härtling das Leben Hölderlins[1] erzählt, geht er auf diese Weise vor: mit Pinselstrichen, mit Gedankenassoziationen, indem er versucht, sich über den Abgrund der Zeit hinweg mit dem Dichter zu identifizieren. In der Hoffnung, daß der Leser seinerseits in der Lage ist, seinen Platz in diesem fernen Universum zu finden, dieses andere Leben zu leben.

»Simone Signoret« ist also das, was man ein schönes Thema nennt, ein Thema, das Fenster öffnet auf eine ganze Palette der verschiedensten Landschaften. Auf die Geschichte des Films, auf Saint-Germain-des-Prés, auf die französische Linke, die leidenschaftliche Liebe, den Kommunismus, auf Hollywood, die Schriftstellerei, den Judaismus, auf die Menschenrechte, die moderne Kultur. In den Bildern, die Simone Signoret uns von den verschiedenen Epochen ihres Lebens zurückgelassen hat, spiegelt sich das Jahrhundert in seiner ganzen Vielfalt: vom Neuilly zu Zeiten Sartres und dem Flore zu Zeiten Préverts bis zu den Partys in Los Angeles bei Kirk, Lee, Vivian und all den andern, vom Gespräch mit Chruschtschow im Jahre 1956 bis zum Prozeß von Pierre Goldman im Jahre 1974 – das ganze Jahrhundert mitsamt seiner tragischen Dimension. Denn Simone Signoret, nach dem Ersten Weltkrieg im besetzten Rheinland geboren, wurde von Anfang an mit den Folgen der großen vorangegangenen Dramen konfrontiert. Wie in ihrem Roman *Adieu Wolodja*, dessen Haupthandlung im Paris der zwanziger Jahre beginnt, in dem jedoch die Vergangenheit der Pogrome in der Ukraine und in Polen selbst dem belanglosesten Alltagsgeschehen sachte ihren Stempel aufdrückt.

Ein wirklich schönes Thema, vor allem wenn man es liebt, über Leute zu schreiben, herauszufinden, was in ihren Köpfen vorgeht – schließlich wird man nicht zufällig Journalist. Sich die düstere Erregung Picassos vorstellen, während er *Guernica* malte, oder Simone Signorets Freude, während sie *Goldhelm* spielte. Dieselben Erfahrungen machen, und sei es nur in der Einbildung, sei es nur für einen Augenblick. Sich wieder darüber freuen, ein lebendiges Werk zu schaffen.

Simone Signorets Werk ist ihr Leben. Genauer gesagt: ihre Leben, die sich jedoch überkreuzten, sich ineinander verflochten wie ein mit engen Stichen geknüpfter Wandteppich. Ihre Filmleben, die deswegen jedoch nicht weniger real sind als das, was man das wahre Leben nennt und das dennoch auch von Illusionen lebt. Und die aufeinanderfolgenden Leben als junges Mädchen und als Frau, als Statistin und als Star, als Mutter von Catherine und Ehefrau von Montand; von der Schreibkraft bei der Kollaborationszeitung bis zur Unterschrift des Manifestes der 121, von der Anhängerin der Kommunistischen Partei Frankreichs bis zur Partisanin der Menschenrechte. Das Leben einer der seltenen Frauen unserer Zeit, der es schließlich gelang, die sehr männliche, als väterlich eingestufte Rolle eines »gerechten« und um das Allgemeinwohl besorgten Menschen zu übernehmen.

Ein wirklich sehr schönes Thema.

Aber auch ein Tabuthema. Simone Signoret, dieser Star, der sich stets dagegen wehrte, zum Mythos zu werden, ist auf eine seltsame Art von einer undurchdringlichen Aura des Schweigens umgeben. »Wozu noch über sie reden? Sie ist tot. Lassen Sie sie doch in Frieden.« Dies wird nicht immer ausdrücklich gesagt, doch am Ende läuft dieser Ratschlag immer auf dasselbe hinaus: »Schreiben Sie dieses Buch nicht.« Man kann diese Zurückhaltung, diese Scham, diese äußerste Form von Treue verstehen. Denn schließlich war Simone Signoret für ihre engsten Freunde, für ihre Familie das, was alle sind, die man liebt: ein privater Schatz, der fremden Blicken nicht ausgesetzt werden soll. »Ich kann nicht über Simone reden, sie ist mein geheimer Garten.« Für die Leute ihres Clans, des »ersten Kreises«, hat sie ihr Bild in ihren Büchern selbst festgelegt. Und dieses Bild darf nicht beschädigt werden. »Simone hat alles erreicht.« Mehr wird nicht gesagt.

Dennoch gibt es Leute, deren Erinnerungen einem vorkommen wie zensierte Zeitungen. Simones Leben? Geordnet, perfekt, weder Fehler noch Niederlagen, weder Schwächen noch Mißgeschicke. Nein, wirklich nicht, sogar bei genauerem Hinsehen nicht. Nein, so viel trank sie nun auch wieder nicht; nein, sie war niemals bösartig oder ungerecht gegenüber den Schwachen; nein, sie hatte niemals Probleme mit Montand, ein treues, vorbildliches Paar; nein, sie war weder eifersüchtig noch mißtrauisch oder selbstsüchtig oder eigennützig. Übrigens hat sie alle Fehler, die sie beging, selbst zugegeben: die Kusine aus Bratislava, Lady Macbeth, »verstehen Sie«. Sogar über die Liebelei zwischen Montand und Marilyn hat sie sich geäußert. Nein wirklich, über Madame Signoret gibt es nichts mehr zu sagen.

»Wir können Sie nicht daran hindern, ein Buch über sie zu schreiben, aber sie hat wirklich alles selbst gesagt.« Der Fall ist erledigt, wie es in den Verwaltungsräten so schön heißt. Warnungen, Ausflüchte, peinliches Schweigen, abgesagte Termine, höfliche Ablehnungen, nichtssagende Gespräche – es wurde alles unternommen, um mich zu entmutigen.

Doch ich weigere mich, mich diesem Schweigegelübde, diesem Einbalsamierungsritual zu unterwerfen. Denn das würde bedeuten, daß ihr Leben wirklich beendet ist. Daß Simone Signoret wirklich tot ist, das heißt, sich nicht mehr verändert.

In jedem von uns – und in ihr vielleicht mehr als bei der Mehrheit der Menschen – gibt es einen Teil Unsterblichkeit, der in der Erinnerung der Überlebenden weiterbesteht. Und so gehen auch die Veränderungen weiter. Heute ist Simone Signoret eine andere als am Tag ihres Todes, am 30. September 1985. Das Bild, das auch all jene sich von ihr gemacht haben, die ihre Filme gesehen und ihre Bücher gelesen haben, hat sich bereits verändert, ist gleichzeitig verschwommener und präziser geworden. Die Trauer tut ihre Arbeit. Die Schicksalslinie kommt deutlicher zum Vorschein, zwischen den verschiedenen Lebensaltern entsteht eine Art Gleichwertigkeit, die Jugendfotos liegen neben den Bildern der gereiften und der gealterten Frau. Die Toten ähneln den Geschichten, die man sich immer von neuem erzählt, mit anderen Worten, da man ihren Ausgang bereits kennt.

Und dann war die Signoret für jeden einfach nur Simone. Wie eine Schwester, eine Kusine, eine Freundin, der man sich hätte anvertrauen können. Sie ist uns nah, sie ist in den Stoff unserer Erinnerungen eingesponnen, und das von den ersten Jahren an vor allem für all jene Nachkriegskinder, in deren Träumen sie zugegen war. Sie ist buchstäblich Teil unseres Körpers. Wir sind uns dessen nicht immer bewußt, aber in verschiedenen unserer Gesten und Worte liegt eine Erinnerung an die Art und Weise, wie Simone Signoret sich in einem Film, in einer Sendung verhielt. Ihre Kopfhaltung, ihre unnachahmliche Art, bestimmte Vokale auszusprechen, ihre Spottlust, von der so viel geredet wurde, ihr stolzer, aufrechter Gang, die natürliche Ungezwungenheit ihrer Bewegungen, ihre Intelligenz... Welche Frau, die ihre Filme gesehen hatte, wollte nicht irgendwann so sein wie sie?

Nein wirklich, niemand soll uns erzählen, Simone Signoret gehöre einer anderen Welt an als der unseren. Wir wissen ganz genau, daß das nicht stimmt, da sie Teil von uns ist.

Sie ist das, was man eine öffentliche Person nennt. Was jedoch nicht bedeutet, daß ihr Privatleben – wie bestimmte Zeitungen gern behaupten – öffentlich zur Schau gestellt werden muß. Die Intimsphäre eines Stars ist der Humus, aus dem er die Kraft für seinen Beruf schöpft. Der ganz persönliche Bereich, auf den jeder ein Recht hat und dessen Schutz eine der Aufgaben der Demokratie ist. Der geheime Zufluchtsort, wo der Mensch sich entwickelt, wo Gefühle entstehen und der anschließend zu jenem intimen Reservoir wird, dessen Reichtum die Kunst des Schauspielers nährt.

Aber eine Schauspielerin ist zwangsläufig auch eine Person,

die sich zeigt, sich exponiert, sich dem Publikum darbietet. Dazu bedarf es einer besonderen Art von Mut. Wie ein großer Fluß, der sich in winzige Nebenflüsse verzweigt, breitet sich ein Star in den Herzen der Menschen aus und lebt dort zahlreiche anonyme Leben, von denen er niemals etwas wissen wird. Das ist die Kehrseite der Medaille, der Preis des Ruhms. Von Zeit zu Zeit erfährt Simone Signoret davon. Ein Mann schreibt ihr einen Brief, um ihr mitzuteilen, daß seine Frau den ganzen Tag weint, seit sie *La Vie devant soi* gesehen hat. Simone Signoret war in ihrem Leben allgegenwärtig geworden, wie ein Vorbild, wie ein Phantom. Die Frau hatte sich so sehr mit »Goldhelm« identifiziert, daß sie davon überzeugt war, ihrem Mann nicht mehr zu gefallen, seit »Marie« so dick, so häßlich geworden war... Doch es ist unmöglich, den geheimnisvollen Weg der Identifikationen, die Vielzahl der Einflüsse, das Aufblühen der Bilder in der kollektiven Vorstellung zu kennen.

Die Distanz einer Schauspielerin zu ihrem Mythos ist mehr oder weniger groß. Für jemanden wie Marilyn war sie nicht meßbar, wenn man dem Porträt glauben kann, das Simone Signoret von ihr zeichnete. Zwischen der unscheinbaren, barfüßigen, in ihren Morgenmantel gehüllten Person aus dem Bungalow Nr. 20 des Beverly-Hills-Hotels und der erhabenen Verführerin der Hochglanzfotos lagen Lichtjahre. Drei Stunden Vorbereitung, Make-up, Pinsel, Haarbleichungen... Im Fall Simone Signoret sind die Dinge allerdings komplizierter, weil sie immer wieder an ihrem Mythos herumkratzte. Sobald man glaubte, sie einer bestimmten Kategorie zuordnen zu können, brach sie erneut aus. Aus Angst, sich zu wiederholen, sich einzuschränken. Als man schließlich begann, sie auf ein präzises Bild festzulegen, wie etwa das »einer Schauspielerin, die auf Rollen als Schlampe und Hure spezialisiert war«, wechselte sie von heute auf morgen ihr Fach und spielte ungeschminkt die Rolle der Elisabeth Proctor in *Hexenjagd.* Man gewöhnte sich an die kaltherzigen Blondinen in *Thérèse Raquin* oder in *Die Teuflischen*, doch niemand vergaß *Gold-*

helm. Dann bekam sie einen Oscar für einen Film, den die französischen Zuschauer kaum kannten – wann wird man *Room at the Top (Der Weg nach oben)*, diesen wundervollen Film, den Simone Signoret allen andern vorzog, endlich wieder zeigen? Und dann begann sie dicker und älter zu werden. Zum Vorschein kam ein aufgedunsenes, von Furchen durchzogenes und von Jahr zu Jahr verwahrloster wirkendes Gesicht. Was war aus Goldhelm geworden?

Der Mythos war zerbrochen, die große Dame des französischen Films war geboren. Und die Zerstörung des Mythos sollte diesem Leben ein außergewöhnliches Profil, einen besonderen Glanz verleihen.

Simone Signoret ist eine von uns, ich bleibe dabei. Ich weiß aber auch, daß Bewunderung auf nichts anderes Anspruch gibt als auf Dankbarkeit. Wie die rumänische Prinzessin Bibesco, die Freundin Prousts, über ihr Exilland Frankreich schrieb: »In der Liebe ist der Verpflichtete derjenige, der liebt.« Simone Signoret ist eine von uns, weil ihre Liebe zur Illusion stark genug war, um dem Schauspiel Wahrheit zu verleihen. Und weil sie die Wahrheit zu sehr liebte, um nicht den Glanz der Illusion zu erkennen. Und weil trotzdem nichts ihren Blick verstellte. Sie durchschaute sich selbst, ihre Freuden, ihren Kummer, ihre Ängste. Mit der gleichen Hellsichtigkeit begegnete sie den politischen Ereignissen ihrer Epoche, besonders gegen Ende ihres Lebens.

In der Küche mir gegenüber schaute sie mich durch diesen weißen Schleier an, der sie allmählich von der Welt trennte und ihre Augen größer wirken ließ, an und gab nicht nur vor, tapfer zu sein. Sie war es wirklich. Wie ein wildes Tier im Dschungel stellte sie sich dem größer werdenden Schatten.

Sie konnte die Formen um sie herum nur mehr verschwommen wahrnehmen, sah jedoch noch genug, um sich auf der Straße orientieren zu können. Sie beklagte sich nicht. »Ich komme zurecht … Aber was mir am meisten fehlt, ist der komplizenhafte Blick von Montand bei einem Abendessen, wenn jemand eine Dummheit sagt oder etwas, was wir für eine Dummheit halten, und wir uns anschauen, einander zulächeln. Ja, das fehlt mir.«

Als Montand mich im Frühjahr 1989 im Hotel Colombe d'Or empfing – als er dieser Journalistin, die Simone nicht in Frieden lassen kann, eine halbe Stunde gewährte –, war er unruhig, geschwätzig, weigerte sich, über sie zu sprechen, versuchte höflich zu sein und blieb doch unzugänglich. Dennoch gelang es mir, ihm zu erzählen, wie sie ihre verlorengegangene Komplizenschaft erwähnt hatte und den Kummer, den sie sich flüchtig hatte anmerken lassen. Als sei die Sonne plötzlich in das Zimmer gedrungen, löste sich da Montands Gespanntheit, und er fing liebevoll und leidenschaftlich an zu erzählen. »Sie hat Ihnen davon erzählt, ja natürlich, das war das Schlimmste, sowohl für mich als auch für sie. Ich erinnere mich an ein Abendessen bei Gisèle Halimi. Gisèle ist eine liebenswürdige Frau. Simone saß mir direkt gegenüber, so wie Sie heute. Es ist der Blick, auf den es ankommt, mehr noch als auf das Sexuelle, mehr als auf alles andere. Es sind die Augen, die die Liebe, die große Liebe ausdrücken. Gewöhnlich lachten wir, wenn jemand Dummheiten von sich gab oder eingebildet daherredete. Und Simone hatte ein wirklich verrücktes Lachen, sie konnte einfach nicht mehr aufhören. Es war zu einem Spiel zwischen uns geworden, ich sah sie auf eine bestimmte Weise an, und sie platzte los. Dann mußte ich so tun, als wollte ich sie beruhigen, ich sagte: So beruhige dich doch, Simone, was hast du nur? Ich wandte mich an die andern Gäste und sagte zu ihnen: Sie müssen ihr verzeihen, das kommt von Zeit zu Zeit vor, sie ist momentan etwas nervös, man muß sie verstehen, sie steckt gerade mitten in Dreharbeiten. Bei diesem Stichwort, verstehen Sie, legte Simone von neuem los. Ach ja, wir haben viel miteinander gelacht. Aber am Ende funktionierte das nicht mehr, Simone sah mich nicht mehr ...«

Während er erzählte, wurde er lebhafter, die Nostalgie überwältigte ihn, er war erschüttert, sprach von der Frau seines

Lebens. Und dann plötzlich schwieg er. »So, das wär's, es ist ein Geschenk, machen Sie damit, was Sie wollen. Doch nun müssen Sie mich entschuldigen, ich bin in Eile. Das Festival in Cannes...«

Noch ein mißlungenes Rendezvous. Wahrhaftig...

Und dann ging er davon, *Papet* mit seinen langen Beinen. Von hinten, in seinem grauen Anzug, sah er aus wie ein verletzter Elefant.

»Die nächste Woche wollten wir uns
um die Leuchter kümmern...«
Simone SIGNORET

3

Zum erstenmal wurde Simone Signoret 1921 in Wiesbaden, im Rheinland, geboren. In Wirklichkeit jedoch wurde sie in ihrem Leben immer wieder neu geboren, ist sie immer wieder in eine andere Haut geschlüpft. »Ich habe nie aufgehört, Freitag abends eine gute Frau zu sein, um am Samstagmorgen als eine andere aufzuwachen...« In ihrem Leben folgten die Neugeburten aufeinander wie die Etappen auf dem Weg eines Reisenden. Manchmal genügte eine Begegnung, eine Liebesnacht, ein Glas Wein oder eine neue Idee, und schon hatte die Konstellation der Wünsche und Träume neue Formen angenommen. Als Schauspielerin wurde sie ständig wiedergeboren, das gehörte zu ihrem Beruf. Als Frau lebte sie mehrere Leben und bewohnte mehrere Welten. Simone Signoret hatte die Fähigkeit, überall gleichzeitig zu sein.

Mit Yves Montand erfand sie die größte Liebesgeschichte des Jahrhunderts, sie spielte *Goldhelm*, diskutierte mit Chruschtschow, bezauberte Hollywood, kämpfte für die Menschenrechte, verbrachte lange Nächte mit Reden und Lachen, wurde Schriftstellerin. Was für ein Spektrum! Jedes Ereignis, jeder Film wurde zu einem Sprung ins Unbekannte, zu einer Erfahrung, aus der eine neue Signoret hervorging. Und jedesmal verstand es diese außergewöhnliche Erzählerin, den entscheidenden Augenblick, in dem ihre Welt sich veränderte, in eine märchenhafte Geschichte, in eine Fiktion voller Mythen zu verwandeln.

Offiziell geboren wurde Simone Signoret also 1921, doch man kann behaupten, daß ihr eigentliches Leben eines Abends im März 1941 im Café de Flore in Saint-Germain-des-Prés, in einem von Uniformen verseuchten Paris begann. Im Flore traf man keine deutschen Soldaten, sondern Intellektuelle, Maler, Künstler, Genies. »Mit dem Durchschreiten dieser Tür trat ich in eine Welt ein, die für mein weiteres Leben entscheidend werden sollte. (...) Ich, oder vielmehr die, die ich heute bin, wurde an einem Märzabend im Jahr 1941 auf einer Bank im Café de Flore am Boulevard Saint-Germain im sechsten Arrondissement von Paris geboren.« In ihren Memoiren spricht sie vierunddreißig Jahre später mit derselben Begeisterung von diesem Tag, der wie ein Moment der Offenbarung erscheint. An einem einzigen Tag entdeckte sie ihr Zeitalter, Freundschaft und Kultur.
Dabei kann man mit demselben Recht subjektiver Wahrheit behaupten, daß das wirklich große Ereignis am 19. August 1949 stattfand, an einem herrlichen Sommertag auf der Terrasse des Colombe d'Or in Saint-Paul-de-Vence, als sie zum erstenmal Yves Montand begegnete. »Und am nächsten Tag kam er zum Mittagessen, und am Abend fuhr ich hinunter nach Nizza, um ihn singen zu hören, und er fuhr wieder rauf nach Saint-Paul, und ich fuhr wieder runter nach Cannes, um ihn singen zu hören, dann fuhr er mit Crolla und Castella fort, um woanders zu singen..., und das war furchtbar. So war das. (...) Binnen vier Tagen war etwas Umwerfendes, Indiskretes und Unabänderliches geschehen.« Welche Neugeburt ist radikaler als die, welche die Liebe wie ein über Orangenbäume hinwegfegender Mistral herbeiführt? Ein Blick, eine Berührung, ein Lachen, ein sonniger Balkon. Kein Zweifel, was im Colombe geschah, war Liebe auf den ersten Blick, eine dieser Begegnungen, die dem Mann und der Frau das Gefühl geben, sich seit ewigen Zeiten zu kennen. Und alles fängt wieder bei Null an.

Doch selbstverständlich weiß jeder, daß die wahre Simone Signoret, unsere Simone Signoret, erst geboren wurde, als sie Goldhelm verkörperte, die blonde Göttin der Vorstadt, die zu einem unsterblichen Mythos werden sollte. Ebenso erinnert man sich an einen Abend in Hollywood im Jahre 1960, als sie auf dem Gipfel des Ruhms, auf dem Dach der Welt stand. Vor einer festlich gekleideten Abendgesellschaft rief Rock Hudson ihren Namen aus: »Der Oscar für die beste Schauspielerin geht an Simone Signoret für die Rolle der Alice Aisgill in *Room at the Top*...« Und als sie zur Bühne lief, stolperte sie, wie betäubt von soviel Glück.

Insgeheim bin ich jedoch davon überzeugt – ohne diese Überzeugung hätte ich dieses Buch nie geschrieben –, daß die wahre Simone Signoret erst sehr viel später geboren wurde: im reifen Alter, als es ihr gelungen war, sich selbst zu verwirklichen, einen eigenen Weg zu finden, abseits der Massen. Indem sie aus ihrem tiefsten Innern sehr alte und sehr neue Worte schöpfte, verwirklichte sie endlich ihren geheimen Wunsch, ihren ewigen Traum, der so lange hinter ihrer Liebe zum Film zurückgestanden hatte: sie wurde Schriftstellerin. Durch das Schreiben entzog sie sich dem Narzißmus, der despotischen Herrschaft ihres eigenen Bildes. Als sie zur Kreativität, zur Phantasie vordrang, erschuf sie sich selbst von neuem und war weder ganz und gar dieselbe noch ganz und gar eine andere.

Simone Henriette Charlotte Kaminker wurde in einer ungerechten Welt auf der Seite der Reichen geboren, auf der Seite der Sieger in einem Land der Besiegten. Wäre ihr Leben ein Film, so würden die beiden ersten Jahre den Vorspann bilden. Man sähe ein gesundes, sauberes und gut genährtes Kind, das eine ängstliche Mutter an einem Tag des Jahres 1921 in einem teuren Kinderwagen durch die mit verstörten Passanten und hungrigen Kindern bevölkerten Straßen von Wiesbaden, einem kleinen Ort im Rheinland, spazierenfährt.

Es ist kein Zufall, daß dieses kleine Mädchen sich sein Leben lang für die Schwachen und Unterdrückten einsetzen wird. So als wollte sie es vermeiden, sich jemals wieder in der beschämenden Lage zu befinden, vom Unglück der anderen zu profitieren.

1921, als Deutschland dem Vertrag von Versailles unterworfen ist, stürzen die Folgen des Ersten Weltkriegs das friedliche Europa ins Chaos. Die Kriegsentschädigungen, die an die Alliierten zu zahlen und als Symptome eines Pyrrhussieges anzusehen sind, treiben die Inflation voran und bereiten die nächste Apokalypse schon vor. Die Geschichte stottert nicht mehr, sie lacht sich ins Fäustchen. Mit dem Zusammenbruch der deutschen Währung beginnt eine Wirtschaftskrise, die sich auf die ganze Welt auswirkt. Mit Schubkarren voller Banknoten gehen die Familienmütter auf den Markt und bekommen damit nicht einmal einige Liter Milch. Die Besatzungstruppen, zu denen André Kaminker, Simones Vater, gehört, wachen über den Fortbestand eines historischen Skandals, der dem Triumph der Nationalsozialisten den Weg freimachen wird. Die große Pest des Jahrhunderts beginnt zu brüten.

Georgette Kaminker war keine von denen, die schamlos von den Privilegien profitierten, die das Schicksal ihnen in den Schoß gelegt hatte. Diese junge Mutter schämte sich, Fleisch und Milch für ihre Tochter kaufen zu können, während deutsche Kinder Hunger leiden mußten. Sie schämte sich, gut gekleidet zu sein und in einem beschlagnahmten Haus zu wohnen. Sie haßte die Aufgabe, die man ihrem Mann anvertraut hatte, und war wütend auf ihn, daß er sie angenommen hatte.

Georgette Kaminker, geborene Signoret, hatte einen jüdischen Offizier geheiratet. Für eine junge, gerechtigkeitsliebende Frau, die nach wie vor in einem von der Dreyfus-Affäre traumatisierten Frankreich lebte, stellte die Tatsache, daß ihr Mann Jude war, eine Art moralische Garantie dar. An seiner Seite würde sie jedenfalls nicht Gefahr laufen, sich auf die

Seite der Verfolger zu verirren. Doch plötzlich war sie zur Frau eines Besatzers geworden und dazu verurteilt, von einer hassenswerten Situation zu profitieren, mit der er sich skrupellos abfand: er tat seine Pflicht als Soldat.

Übrigens war André Kaminker auf eine Art Jude, wie andere bretonische Vorfahren haben. Er zog es vor, nicht daran zu denken. Als Sohn eines polnischen Juden und einer österreichischen Jüdin wollte er vor allem Franzose sein. Er hatte drei Jahre Militärdienst und vier Jahre Kriegsdienst in der französischen Armee geleistet. Er war der Meinung, genug dafür bezahlt zu haben, daß er der guten Gesellschaft angehören durfte, ohne unangenehme Fragen über seine Herkunft beantworten zu müssen. Man sollte ihn damit in Ruhe lassen.

Möglicherweise war Georgette Kaminker, geborene Signoret, als aufrichtige Philosemitin enttäuscht über dieses ständige Leugnen. Und so wurde Simone bereits in den beiden ersten Jahren ihres Lebens mit dem Unbehagen konfrontiert, das zwischen ihren Eltern herrschte. Die verhängnisvolle Besatzungszeit, der erste Irrtum in einer langen Reihe politischer Fehlentscheidungen, die Hitler an die Macht bringen sollten, verstärkte nur noch das Mißverständnis, das seit ihrer Hochzeit zwischen den Eheleuten Kaminker existierte.

In dieser Ehe gab es von Anfang an eine gewisse Distanz, einen Riß. Obwohl es nicht diesen Anschein hatte, schienen sie bei der Gründung einer richtigen Familie gescheitert zu sein. Bei den Schwiegereltern beider Seiten hatte diese Heirat nur wenig Anklang gefunden, und diese doppelte elterliche Ablehnung hatte auf ihr Zusammenleben abgefärbt und dessen Bild getrübt. André Kaminkers Mutter akzeptierte Georgette Signoret nie als eine ehrbare Schwiegertochter. Für diese österreichische Jüdin war »das Schlimmste, was ein Sohn einer jüdischen Familie tun konnte, eine Nichtjüdin zu heiraten. Und genau das tat mein Vater«.[1] Die Liebe war nicht stark genug, um die Mißheirat vergessen zu machen. Und der Alltag war durch die äußeren Umstände so belastet, so bedroht wie eine Pflanze ohne Wurzeln.

Nach diesem ersten Exil wird André Kaminker 1923 wieder ins Zivilleben entlassen. Die Familie kehrt nach Frankreich zurück und läßt sich in Neuilly nieder. In dieser unvergänglichen Bastion der französischen Bourgeoisie. Der Vater stürzt sich in einen zukunftsträchtigen Beruf, in die Werbung, die *Reklame*, wie es damals hieß – ein kommerzieller, aus der Mode gekommener Ausdruck, dem heutzutage ein eigenartiger Reiz anhaftet. In der heutigen Zeit der Absatzförderung und des Marketings erscheint einem die *Reklame* unschuldig, ja sogar rührend wie die Geschäfte in der Provinz, in deren Schaufenstern schmucklos alter Plunder ausgestellt ist und über deren Eingangstüren immer noch ein schäbiges Schild mit der Aufschrift »Neuheiten« hängt. Simone Signoret war stets gerührt von diesen Häuserfassaden, die nie neu gestrichen wurden und an denen noch die abbröckelnden Spuren von Reklamen für Produkte zu sehen waren, die längst nicht mehr hergestellt wurden. In diesen halb verwischten Buchstaben, diesen städtischen Erinnerungen an vergangene Handelszeiten, erkannte sie eine ergreifende Metapher für die *Nostalgie*, jenes bittersüße Wort, das sie eines Tages mit roter Farbe auf eine Wand in New York geschrieben sah und das sie im Titel ihres ersten Buches[2] verwendete. Es ist *ihr* Wort. In ihrem Roman *Adieu Wolodja* widmet sie der ergreifenden Beschreibung eines riesigen, auf eine Hauswand gemalten Bildes von Dr. Pierre, einem berühmten Hersteller von Zahnpasta, mehrere Seiten. Die Kinder spielen unter dem Blick von Dr. Pierre. Doch plötzlich halten sie inne: fasziniert starren sie auf das Auge des Riesen, in dem sich soeben ein kleines Fenster geöffnet hat.

Bei seinem Arbeitgeber Damour begegnet André Kaminker den Brüdern Prévert und Marcel Carné. Er bringt den Duft des Modernismus mit nach Hause: Poesie, Phantasie und ein Stück Surrealismus. »Mein Vater arbeitete bei einem Gott, der Damour hieß, und wirkte an einer Zeitung mit, die einer Kaminhaube ähnelte.«[3] Die ersten Samenkörner, Namen, Eindrücke, eine Ausdrucksweise, setzen sich im Gedächtnis der erst fünfjährigen, noch Kiki genannten Simone fest. Erst sehr viel später beginnen sie zu keimen: 1941, als sie die exotische Atmosphäre des Café de Flore entdeckt und das Gefühl hat, auf Gleichgesinnte gestoßen zu sein. Wenn Etienne Damour länger gelebt hätte, wäre André Kaminker ein Teil dieses avantgardistischen Milieus der Artisten, Maler, Schriftsteller und Fotografen geworden. Er hätte den frischen Hauch jener Zeit in die trübe Welt von Neuilly-sur-Seine gebracht, Neuigkeiten aus der Literaturszene, exzentrische Freunde. Und zweifellos hätte Simone Signoret die verzauberte Welt der Künstler und Intellektuellen schon viel früher entdeckt. Doch so blieb es bei einem kurzen, überwältigenden Eindruck, bei einem vorübergehend geöffneten Fenster, das sich bald wieder schloß.

Etienne Damour stirbt unerwartet. Sein Tod ist ein sehr wichtiges Ereignis in Simones Leben: sie ist fünf Jahre alt, und zum erstenmal sieht sie ihren Vater weinen. Sie macht ihre erste Erfahrung mit der *Nostalgie*.

André Kaminker ist arbeitslos geworden, doch er begnügt sich nicht damit, den Beruf zu wechseln. Dieser talentierte Mann erfindet ganz einfach das Simultandolmetschen, dieses unerläßliche Instrument internationaler Kommunikation. Die alten Leute am Quai d'Orsay erinnern sich noch an seine außergewöhnliche Begabung. Er war in der Lage, in zwei oder drei Wochen eine Fremdsprache zu lernen und so gut zu beherrschen, daß er aus dem Stegreif eine Rede übersetzen konnte. Wenn die Vertretung eines exotischen Landes erwartet wurde, dessen Sprache niemand beherrschte, rief man André Kaminker zu Hilfe. Und er wurde nie bei einem Fehler ertappt.

Er reist von einem Kongreß zum nächsten, verkehrt in Diplomatenkreisen. Vor allem aber ist er selten zu Hause. Mit den Jahren wird er zum abwesenden Vater, der ständig unterwegs ist und sich nur wenig um seine Familie kümmert. Die beruflichen Verpflichtungen dienen ihm als Vorwand, dem immer schwieriger werdenden Eheleben zu entkommen. Die Familie Kaminker scheint ohne Fixpunkte und ohne festen Plan zwischen zwei verschiedenen Welten hin und her zu treiben. »Wir zogen um, die Wohnungen wurden immer größer, doch wir fühlten uns immer verlorener.«[4]

Simone Signoret fühlte sich in diesem erstarrten Neuilly, wo ihre Eltern zufällig gestrandet waren, am falschen Ort. Die Vorstadt war fremdes Land, eine neutrale Zone, wohin die Tumulte der Geschichte nur in einer von Konventionen abgeschwächten Form vordrangen. Neuilly war bestimmt eine Idee ihres so sehr auf Ehrwürdigkeit und Anpassung bedachten Vaters gewesen. Für Georgette Kaminker hingegen war diese wohlhabende Vorstadt ein zweites Exil, das den unangenehmen Erinnerungen an das Rheinland die fragwürdige Freude über die Integration in ein bürgerliches Leben hinzufügte, dessen Merkmale sie als Trugbilder ablehnte.

In Simones Kindheitserinnerungen besteht eine deutliche Trennung zwischen den beiden Familien ihrer Eltern. Auf der Seite der Kaminkers gab es die sonntäglichen Besuche am Square Lamartine. Die luxuriösen Salons, wo Ceylontee und feines Gebäck serviert wurden, von Onkel Marcel, »einem kleinen österreichischen Juden, der zum Katholizismus übergetreten war« und mit Erfolg an der Börse spekuliert hatte. Und die versnobten Spaziergänge mit ihrem Vater durch die Allée des Acacias und die Avenue des Bois. André Kaminker zeigte ihr den märchenhaften rosafarbenen Palast von Boni de Castellane und war enttäuscht über ihre mangelnde Begeisterung. Schon damals kam ihr dieser Vater fremd vor, der sich für die Großen dieser Welt begeistern konnte, dieser treue Leser des *Figaro* und des *Gringoire*, der sich zur kompromißlosen und sturen Rechten hingezogen fühlte. Dieser aus Polen stammende Entwurzelte schien alles vergessen zu haben, sogar seine Wurzellosigkeit. Über seine Vorfahren, die jüdische Tradition und seinen eigenen Vater, der in Polen geboren worden war, sprach er nie. Erst viel später und auf Umwegen erfuhr Simone Signoret, was das Wort *jüdisch*, dieses so schwere und mit Gedanken und Geschichte überfrachtete Wort undeutlich für sie bedeutete.

Für einen Juden der Generation von André Kaminker, der sich gerade erst von der Misere des Schtetls, des polnischen Dorfes, in dem seine Vorfahren gelebt hatten, befreit hatte und der als erster seiner Familie in Frankreich geboren worden war, stellte die Assimilation an die bourgeoise Gesellschaft einen doppelten Sieg dar: den über den »Obskurantismus« seiner frommen Vorfahren und den über die Ausgrenzung, zu deren Opfern sie geworden waren. Und um sich diese Eintrittserlaubnis in die gute europäische Gesellschaft zu verdienen, bemühte er sich, den archaischen Judaismus zu vergessen, der seine Kindheit geprägt hatte und der in der Avenue des Bois fehl am Platz war. »Ich weiß nicht viel über meinen Vater, außer daß er in Frankreich geboren wurde, im Krieg für Frankreich gekämpft hatte und großen Wert auf seine französische Staatsangehörigkeit legte, weswegen er kaum über die Tatsache sprach, daß seine Familie anderer Herkunft war. Trotzdem wußte ich, daß sein Vater Pole war, aber ich habe nie erfahren, aus welchem Ghetto er gekommen war.«[5]

Viele Jahre später, anläßlich einer Reise mit Yves Montand nach Prag, wird Simone Signoret aufgrund dieser Unwissenheit eine entscheidende Begegnung mit einer Kusine zweiten Grades versäumen, die damals in Bratislava lebte. Sie kannte weder diese Jo Langer, noch hatte sie je etwas von ihren übrigen Familienangehörigen in Polen und Österreich gehört, die von den Nazis umgebracht worden waren. Und sie sollte es bitter bereuen, nichts über diese Leute zu wissen, die einen Teil von ihr in sich trugen und die nun verschwunden waren.

Was sie allem Anschein nach von diesem schweigsamen Vater geerbt hatte, war in erster Linie eine diffuse Unruhe, die Beziehungslosigkeit und die verworrene Identität eines *verlorenen* Menschen, der sie ihre Energie und ihre Leidenschaft verdankte, ohne daß sie sich dessen bewußt war. Sollte diese Art Ruhelosigkeit das einzige Quentchen Tradition gewesen sein, das dieser polnische Jude, der nichts über seine eigenen Wurzeln wußte, seiner Tochter vermittelt hatte? Zweifellos hatte er ihr trotz seines Schweigens unbewußt noch viele andere Dinge vererbt: eine geheime Identität, derer sie sich erst gegen Ende ihres Lebens bewußt wurde, als sie mit Erstaunen in ihrem Innern die Vielzahl an Emotionen, Erinnerungen und Gedanken entdeckte, von deren Existenz sie nicht die geringste Ahnung hatte. Etwas wird immer, und sei es im stillen, von einem Gedächtnis auf das andere, von einer Generation auf die nächste übertragen. Sehr viel später, als sie *Adieu Wolodja*[6], ihren einzigen Roman, schrieb, sollte sie tiefgründige Überlegungen über die Bedeutung des Verschweigens bei der Übertragung von Erinnerungen in bestimmten jüdischen Familien anstellen. Simone Signoret sprach über ihren Vater wie über einen Menschen, der jahrelang in derselben Wohnung, jedoch in einem anderen Zimmer gelebt hatte. »Wir haben ein wenig aneinander vorbeigelebt.«[7] Die Bedeutung des Wortes *Nostalgie* in ihrem persönlichen Wortschatz war möglicherweise auf das verblaßte Bild dieses Vaters zurückzuführen, der ihr nichts über seine Herkunft zu erzählen wußte.

Simone stand von Anfang an bewußt auf der Seite der Signorets, auf der Seite ihrer Mutter. Bei elterlichen Auseinandersetzungen ergriff sie systematisch für sie Partei. Wenn ihr Vater sie in die luxuriöse Wohnung am Square Lamartine mitnahm, mußte sie immer an die winzige Zwei-Zimmer-Wohnung der Großeltern in der Avenue des Ternes denken. Ein Elendsquartier ohne elektrisches Licht, das »nach Kaffee und Petroleum« roch. Der Kontrast war zu gewaltig. Es war eine andere Welt. Zwischen dieser Mutter, die sie auf den Markt von Neuilly mitnahm und ihr von Sacco und Vanzetti erzählte, und diesem Vater, der sich von den äußeren Zeichen des sozialen Erfolgs angezogen fühlte, schien es keinen Platz für eine gemeinsame Welt, für wahres gegenseitiges Verständnis zu geben. Liebten sie sich? Ihre Tochter hat sich nie dazu geäußert. Wenn sie je existiert hatte, dann war diese Liebe zweifellos schnell wieder verflogen. Aber vielleicht flammte sie doch von Zeit zu Zeit wieder auf. Bestimmt wußte Simone es nicht genau, oder vielleicht hatte sie sich diese Frage nie gestellt, denn es war kein Thema, über das in der Familie Kaminker offen geredet wurde. Sie wunderte sich nur, daß sie später, und nicht ohne darüber entzückt zu sein, zwei kleine Brüder bekam. »Ich habe nie richtig verstanden und habe auch nie unbedingt wissen wollen, warum diese Leutchen – mein Vater und meine Mutter – die neun Jahre hatten ins Land gehen lassen, bevor sie sich ein zweites Kind anschafften, dann gleich Schlag auf Schlag zwei erzeugten!«[8]

Das Hauptmerkmal dieser Familiengeschichte blieb dennoch das Verschwommene, die Ruhelosigkeit und das Durcheinander der Gefühle. Selbst die Gegenstände wurden in dieses Chaos einbezogen. »Wir waren in diese riesige Wohnung eingezogen, ließen aber nie tapezieren, sondern wohnten statt dessen mit Untertapeten an den Wänden, die übrigens hübsch lachsfarben waren, ungefähr wie Futterstoff. Wir lebten im Lachs! Ein beiger Teppichboden war darin gewesen, doch hatten die Vormieter ihn beim Auszug mitgenommen und es war nur ein winziger Rest davon in einem kleinen Kämmerchen zurückgeblieben. An der Decke hingen die Glühbirnen ohne Lampenschirm. Die nächste Woche wollten wir uns um die Leuchter kümmern...«[9]

Bis zur Geburt ihrer Brüder lebte Simone lange Zeit allein mit ihrer Mutter. Zwischen dieser einsamen Frau und diesem kleinen Mädchen, dessen Charakter von Tag zu Tag deutlicher erkennbar wurde, gab es eine ununterbrochene, fast übertrieben enge Bindung.

Georgette Kaminker entstammte einer Familie des einfachen Kleinbürgertums, die allerdings nach Höherem strebte. Ihre Mutter, eine Modistin aus der Provinz, rühmte sich mit einem Vorfahren, der während der Revolution guillotiniert worden war, vergaß aber, von ihrem Vater zu sprechen, der Metzger in Valenciennes war. Sie verliebte sich in Signoret, einen vielversprechenden Maler aus Marseille, der ihren Ehrgeiz jedoch bitter enttäuschen sollte. »Er war groß und sah sehr gut aus«, schrieb später seine Enkelin Simone, die sich in der Zwischenzeit ebenfalls in einen großen und gutaussehenden Mann aus Marseille verliebt hatte, einen gewissen Yves Montand. Leider war der gutaussehende Großvater trotz seiner künstlerischen Ambitionen blind für die Revolution in der Malerei seiner Zeit, pinselte weiterhin kühle Sonnenuntergänge aufs Papier und hielt Picasso für einen Scharlatan. Er sollte bis zu seinem Tod in der kleinen Wohnung in der Avenue des Ternes wohnen, allein mit seiner Frau, die ihm seinen Mißerfolg nie verzieh. Noch im vorgerückten Alter spielte die kleine Modistin aus Valenciennes die Madame Bovary in den kleinen Parkanlagen von Neuilly. Sie sah sehr würdevoll aus mit ihren grauen Haaren, verleugnete ihren gescheiterten Mann und gab sich statt dessen als die Frau des berühmten Schauspielers Gabriel Signoret aus. Damals ahnte sie noch nicht, daß dieser schnell in Vergessenheit geraten und sie dennoch über ihren Tod hinaus fortleben würde: dank ihrer Enkelin Kiki Kaminker, die noch niemand Simone Signoret nannte.

Simones Mutter, die Tochter eines unbegabten Malers und einer Hochstaplerin, war eine eigenartige Frau, eine Art weiblicher Don Quijote, eine Frau mit Leidenschaften und verrückten Ideen, die das Gerede der Leute nicht fürchtete, Mittelmäßigkeit haßte, Proust und Aristide Briand verehrte und ihrer Tochter feste Prinzipien einschärfte, bei denen sie Hygiene mit Moral und Ernährung mit Politik vermischte.

Einzeltöchter, vor allem wenn sie ohne Vater aufgewachsen sind, wissen, daß das Zusammenleben mit einer Mutter, die sich verlassen fühlt, sehr oft nichts anderes ist als eine gemeinsame Erfahrung geteilter Einsamkeit. Es ist eine Liebesgeschichte, die sich hinter verschlossenen Türen, in einem behüteten Nest abspielt und aus Tassen warmer Milch und Krallenhieben, einer Mischung aus schlichten Freuden und Fluchtwünschen besteht. Ein sicheres Nest voller kleiner, unwiderstehlicher Bequemlichkeiten und sentimentaler Erpressungen, ein sanftes und gleichzeitig grausames Gefängnis, in dem Anbetung und Abstoßung ineinander übergehen.

Die kleine Simone, ein gleichzeitig braves und wildes Kind, wächst psychisch und physisch also in der Obhut einer autoritären und verängstigten Mutter auf, die ihr das Rollschuhlaufen verbietet, weil sie sich die Knie aufschlagen könnte, die keine Katze im Haus duldet, weil das Tier sie kratzen oder ersticken könnte, und die – welch erstaunliches Symbol! – die Friseure bittet, »ihr Instrument richtig auszuglühen«, bevor sie auch nur ein Haar ihrer Tochter anrühren.

Außerdem hatte Georgette Kaminker eine hohe Meinung von dem Urteilsvermögen dieser kleinen Person, behandelte Simone wie eine Erwachsene und fragte sie bei jeder Gelegenheit nach ihrer Meinung. Auf einer Reise fragte sie einmal ihre sechsjährige Tochter: »Was meinst du? Sollen wir in Avignon übernachten oder weiterfahren?« Und einige Jahre später, als sie Jean-Pierre, ihren Letztgeborenen, in der Klinik von La Baule zur Welt bringen sollte, übertrug sie der erst elfjährigen Simone die volle Verantwortung für Alain, ihren jüngeren Bruder, der zwei Jahre zuvor am 28. Dezember in ihr Leben getreten war – wie ein verspätetes Weihnachtsgeschenk. Für die damals neunjährige Simone war Alains Geburt ein Wunder gewesen. Er hatte in ihr sämtliche mütterlichen Instinkte geweckt, zu denen sie fähig war. Später gibt sie das zu, wenn sie über ihre eigene Tochter spricht. Denn nie vermochte sie sich mit derselben Hingabe, mit der sie sich vor langer Zeit, als sie selbst noch ein Kind war, ihren Brüdern gewidmet hatte, um Catherine zu kümmern. Einige Tage lang umsorgte sie Alain wie eine richtige Mutter. »Ich zog ihn an, nahm ihn mit zum Strand, in die Klinik, gab ihm zu essen, und das alles erschien mir vollkommen selbstverständlich. Die Leute sahen mich überrascht an, und ich verstand überhaupt nicht, warum.«[10]

Im selben Jahr verließ Yvo Livi, ein aufgeweckter Elfjähriger, in Marseille endgültig die Grundschule. Die Besenfabrik, die sein Vater aufzubauen versucht hatte, war gerade in Konkurs gegangen, und so mußte jeder seinen Teil zur Versorgung dieser italienischen Immigrantenfamilie, die an der untersten Armutsgrenze lebte, beitragen. Der junge Yvo Livi fälschte seinen Personalausweis, um sich älter zu machen, und fand Arbeit in einer Nudelfabrik, in der er zwei Jahre lang als Packer beschäftigt war. Zweifellos war diese Erfahrung frühzeitiger Verantwortung, die beide gemacht hatten, bei dem einzigartigen Stoff, der das Schicksal von Simone Signoret eines Tages mit dem von Yvo Livi alias Yves Montand verbinden sollte, von großer Bedeutung. Er ist als Elfjähriger zu einem richtigen Arbeiter geworden, sie hat als Elfjährige die Rolle einer Mutter übernommen. Bereits in ihrer frühen Jugend werden diese Kinder, denen eine außergewöhnliche Zukunft bevorsteht, mit den Schwierigkeiten des Lebens konfrontiert. Und diese Erfahrung sollte später beide mit Stolz, mit Kraft und mit der Erinnerung erfüllen, die Herausforderung gemeistert zu haben.

Georgette Kaminker sah in ihrer Tochter Simone gleichzeitig eine kleine, zerbrechliche Person, die es vor Rollschuhen, Katzen und Bakterien zu beschützen galt, und ein Wunderkind, eine Naturgewalt, ein großes, verantwortungsbewußtes und selbständiges Mädchen, das in der Lage war, den abwesenden Vater zu ersetzen. Einerseits verhätschelt, beschützt und warnt sie sie unablässig vor den Gefahren des Lebens, andererseits verlangt sie von ihr, sich an der Erziehung ihrer Brüder zu beteiligen und mitzuhelfen, die materiellen Schwierigkeiten zu bewältigen.

Die zukünftige Simone Signoret hatte bereits eine zu stark entwickelte Persönlichkeit, um sich mit der Rolle, die ihre Mutter ihr aufzwang, zu identifizieren. Sie konnte nicht Gefangene dieses Spiegelspiels bleiben, das Töchter so oft dazu verurteilt, das Leben der Mutter nachzuleben. Vor die unerträgliche Alternative gestellt, zwischen der Rolle des zerbrechlichen Babys und der des beschützenden Mannes auszuwählen, entschied sie sich für keine von beiden, sondern machte sich aus dem Staub und wurde erwachsen und stolz. Erst als sie das Bild des allmächtigen Kindes abgeschüttelt hatte, das ihre unglückliche Mutter sich erträumt hatte, fand sie zu ihrer eigenen Weiblichkeit und Anmut. Von Georgette Kaminker hatte sie zwar einige wesentliche Charaktereigenschaften geerbt: die Würde, die Seelenkraft und die Dickköpfigkeit. Und sie war ebenso nachtragend wie ihre Mutter. Keine von ihnen vergaß jemals eine Kränkung, die ihr zugefügt worden war. Doch das Wesentlichste – die Ausstrahlung, der Glanz, die Aufgeschlossenheit, jene Eigenschaften, die aus Simone Signoret einen Star machen sollten – war ihr nicht von dieser einsamen, immer wieder von Mißgeschicken heimgesuchten Frau mit dem kümmerlichen Schicksal gegeben worden. Simone Signoret konnte nur zum Star werden, indem sie Georgette verdrängte. Allein. Sie mußte sich von diesem gleichzeitig liebevollen und feindseligen Blick der Mutter befreien, diese im Schatten lebende Frau verlassen, die ihre Kindheit geprägt hatte. Das Licht kam von anderswoher, aus größerer Ferne.

Als erwachsene Frau behält sie nur eine distanzierte, schwierige Beziehung zu ihrer Mutter. 1958 wird Simone mit ihr um Alain, den kleinen Bruder, trauern, später wird sie für ihren Unterhalt aufkommen, und ganz zum Schluß, als ihre Mutter nicht mehr ganz bei Sinnen ist, wird sie sie pflegen. Doch Georgette Kaminker wird immer abseits stehen, außerhalb der Leinwand. Sie wird immer eine Frau im Schatten bleiben, sie wird zu gut und gefährlich sein, weil sie zu viel Liebe zu geben hat.

Simone sollte im Licht stehen, glänzen und sich entfalten. Eines Tages würde sie auf der obersten Sprosse der Leiter stehen, im höchsten Himmel. Doch vor allem sollte sie eine Frau sein, eine richtige Frau. Eine Frau, die sich nicht so leicht durchschauen läßt, geheimnisvoll und leidenschaftlich, unabhängig und intelligent. Eine Frau mit weit geöffneten Augen, die mitten in ihrer Zeit steht. Eine Abenteurerin voller Leidenschaft, die mehr Glück und Leid kannte als viele andere.

*»Sie nämlich wußten,
daß das Meer Ebbe und Flut hat.«*
Simone SIGNORET

4

Simone Kaminker besuchte das Mädchengymnasium in Neuilly, während ihre Brüder in das gegenüberliegende Lycée Pasteur gingen. Sie erzählten Simone von der spektakulären Ankunft eines sehr eigenwilligen jungen Philosophielehrers aus Le Havre. Ein sonderbarer Mensch, der immer zu spät kam, einen Mantel aus synthetischem Pelz und löchrige Socken trug und riesige Boyard-Zigarren rauchte, die die Klassenzimmer verpesteten. Er trug einen Rollkragenpullover, hatte ein etwas querstehendes Auge, das er hinter dicken Brillengläsern verbarg, und hieß Jean-Paul Sartre. Er hatte soeben *Der Ekel* geschrieben und war das Idol aller Söhne aus gutem Haus. Am Ende des Schuljahres verspürten die meisten Schüler eine kurzzeitige Neigung zur Philosophie. »Dank Sartre«, erzählt einer von ihnen, »habe ich die Generation gewechselt.«[1] Das hieß allerdings nicht, daß die Bastion der *Action Française* zu einem »roten« Vorort geworden wäre. Aber mit Sartre träumte die verwöhnte Jugend plötzlich von der großen Freiheit und spürte den kühlen Wind der Geschichte.

Im Sabot Bleu, dem kleinen Zeitungsladen, wo sich die Jungen und Mädchen nach dem Unterricht zu einem harmlosen Flirt trafen und um gemeinsam die Welt zu verbessern, war Simone Sartre zum erstenmal begegnet. Diese kleine Gesellschaft hatte sogar beschlossen, eine Zeitung zu gründen, *Le Trait d'union*, die von Serge Dumartin und Chris

Marker geleitet wurde. Die bezaubernde Simone Kaminker hatte die Aufgabe, die Druckvorlagen der Zeitung in die Druckerei zu bringen, und die jungen Männer stritten sich darum, sie begleiten zu dürfen.[2]

Mit ihnen diskutierte sie über Philosophie, Charles Trenet, Django Reinhardt, den Hot Club und über Politik. Im Laufe des Jahres wurden viele deutsche jüdische Mädchen in die Oberschule aufgenommen, die vor den Nazis geflüchtet waren. Simone kannte die Gründe ihres Exils ziemlich genau, zumal ihre großherzige und impulsive Mutter öfter Flüchtlingsfamilien bei sich zu Hause unterbrachte. Georgette Kaminker nahm es mit ihren Überzeugungen sehr genau: sie brachte die Zahnbürsten »Made in Japan« zum Drogisten zurück, weil die Japaner sich mit Hitler verbündet hatten. Als Siebzehnjährige bekam Simone Kaminker 1938 ganz genau mit, was vor sich ging; sie war bestens informiert und verfolgte die Ereignisse mit wacher Aufmerksamkeit. In jenen Jahren erwachte ihr politisches Bewußtsein. »Wenn die Leute sagen: ›Wir wußten nicht, was in Deutschland vorging‹, frage ich mich, wie sie das gemacht haben. Ich weiß nicht, wie sie sich die Augen zugehalten und die Ohren verstopft haben!«[3]

Obwohl André Kaminker Jude war, schenkte er den Gefahren des Nazismus längst nicht so viel Aufmerksamkeit wie seine Frau. 1934 hatte er sogar die peinliche Aufgabe, Hitlers Hetzreden im Radio zu übersetzen. »Ich sehe ihn noch vor mir, wie er an einem Abend im Jahre 1934 völlig ausgepumpt nach Hause kam, nachdem er für den französischen Rundfunk simultan die erste große Rede von Hitler in Nürnberg übersetzt hatte.«[4] Folglich war er bestens über Hitlers Obsessionen unterrichtet. Doch sein politischer Scharfsinn entsprach nicht immer seinem Talent als Übersetzer. Als er 1938, als Mitglied der Delegation von Edouard Daladier, die fatale Reise nach München antrat, fühlte er sich wie alle andern erleichtert. Mit humorvoller Entrüstung erinnert Simone Signoret sich an das Telegramm, das er bei diesem düsteren Anlaß in das kleine Dorf in der Bretagne schickte, wo sich ihre Familie gerade aufhielt: »›Der Frieden ist gerettet – Papa.‹ Es brachte uns dort ganz schön in Verlegenheit, daß mein Vater an dieser berüchtigten Delegation von Dummköpfen teilnahm.«[5]

Als der Krieg ausbrach, machte Simone mit ihrer Mutter und den beiden kleinen Brüdern Ferien in Saint-Gildas im Morbihan, wo sie wieder ein großes Haus gemietet hatten. Die Massenflucht trieb die Pariser auf die Straßen, es wäre absurd gewesen, in dieser Weltuntergangsstimmung nach Neuilly zurückzukehren. Sie blieben daher in Saint-Gildas und wurden gezwungen, deutsche Soldaten in ihrem Ferienhaus unterzubringen. Nachdem Simones Mutter die Frau eines »Besatzers« gewesen war, befand sie sich, durch eine seltsame Umkehrung des Schicksals, nun in der Situation einer »Besetzten«, die für die Eindringlinge kochen mußte. Und sie fühlte sich um so gedemütigter, als sie diese Soldaten für Dummköpfe hielt. In ihren Memoiren erzählt Simone Signoret auf sehr lustige Art und Weise, wie Georgette Kaminker (für die Deutschen ein »bretonischer« Name) die unglücklichen Bauern aus Hannover behandelte, die bei ihr einquartiert waren. Eines Abends kamen sie an, richteten sich ein, und am nächsten Morgen waren sie ganz entsetzt, daß das Meer über Nacht verschwunden war . . . Doch nach diesen bedauernswerten Kerlen folgten andere Untermieter: Offiziere, wahre Diener des Reichs, die gebildeter und auch viel mißtrauischer, viel intelligenter waren. »Sie nämlich wußten, daß das Meer Ebbe und Flut hat.«[6] Sie waren intelligent genug, um zu bezweifeln, daß der Name Kaminker wirklich bretonischer Herkunft war. Das Zusammenleben wurde unerträglich.

Im Winter 1940/1941 kehrt Georgette Kaminker nach Neuilly zurück und läßt Simone vorläufig in Vannes, wo sie ihr Abitur macht. Die Wohnung in Paris ist verwahrlost, seit Monaten wurde keine Miete mehr gezahlt: André Kaminker ist verschwunden, ohne eine Adresse hinterlassen zu haben. Später wird sie erfahren, daß er nach London geflüchtet ist, wo er bis Kriegsende bleiben wird. Und als Simone nach bestandenem Abitur nach Neuilly zurückkehrt, muß sie von einem Tag auf den andern erneut die Rolle des Familienoberhauptes übernehmen und sich um »drei Kinder kümmern«: um ihre beiden Brüder und um ihre Mutter, die noch nie gearbeitet hat. Sie ist völlig auf sich gestellt, verkauft die Orientteppiche, diskutiert mit den Gerichtsvollziehern und versucht Arbeit zu finden.

Man darf annehmen, daß Simone Signoret es stets zutiefst bedauert hat, derart leichtfertig die Sekretärinnenstelle angenommen zu haben, die Jean Luchaire, der Vater einer ihrer Klassenkameradinnen und ein enger Freund von Otto Abetz, ihr bei *Les Nouveaux Temps*, seiner Kollaborationszeitung, anbot. Sie hatte in dem Moment überhaupt nicht darüber nachgedacht, und mildernde Umstände gab es tatsächlich genug.

Voller Angst hatte sie die beginnende Besatzungszeit erlebt. Ihr unauffindbarer Vater, die Fragen der Nachbarn, auf die man ausweichende Antworten geben mußte, die unbezahlte Miete, die Gerichtsvollzieher, die vor der Wohnungstür auf und ab gingen, die kleinen Brüder, für deren Unterhalt sie sorgen mußte, die Mutter, die sich darauf verließ, daß ihre neunzehnjährige Tochter die Familie ernährte... – Die Nachhilfestunden in Englisch und Latein, die sie einigen Schülern gab, reichten hinten und vorne nicht, um über die Runden zu kommen.

Das Leben war nicht zimperlich mit diesem jungen Mädchen, das in der engen Welt von Neuilly eingesperrt war und im Grunde nur davon träumte, Schauspielerin zu werden und eines Tages an einer Straßenecke von einem »Regisseur, der gerade vorbeikam«, entdeckt zu werden... Doch der harte Alltag verdrängte diese Träume. Sie mußte schwer arbeiten, eine Familie ernähren. Indessen brach die Welt unter dem unvergeßlichen Dröhnen der Nazi-Stiefel zusammen, die im Paradeschritt von den Champs-Elysées bis an die äußerste

Grenze Europas marschierten. Angesichts der allgemeinen Katastrophe war das Schicksal dieser Familie nur ein winziges Drama. Doch für Simone war es die erste schmerzhafte Begegnung mit der Wirklichkeit, die erste Schicksalsprüfung auf der Initiationsreise, zu der ihr Leben werden sollte. Sie begriff, wie zerbrechlich und machtlos ihre Eltern waren. Das Scheitern ihrer Ehe kam immer deutlicher zum Ausdruck. Von nun an war sie die einzige, die das Überleben ihrer Familie sichern konnte. Doch sie hatte einen breiten Rücken und bewies eine außergewöhnliche Entschlossenheit. Sie nahm die Herausforderung an und stellte sich, gestützt auf ihren geheimen Traum, Schauspielerin zu werden, tapfer dieser Prüfung. Doch auf ihrem Weg sollte sie an der übelriechenden Welt der Kollaborateure nicht vorbeikommen.
Man mag es als ein Zeichen des Schicksals deuten, daß sie ihrem Traum, Schauspielerin zu werden, die Stelle als Schreibkraft bei *Les Nouveaux Temps* verdankt. Zufällig stößt sie auf eine Kleinanzeige des Studio Harcourt, das junge Mädchen sucht, »die gut aussehen und Fremdsprachen beherrschen«. In jener an Euphemismen so reichen Zeit war damit gemeint: »die gut Deutsch sprechen«. Simone Signoret kann kein Wort Deutsch, doch sie spricht fließend Englisch. In ihrer Jugend hatte sie während der Ferien mehrmals Sprachkurse in Sussex absolviert. Zudem ist das Studio Harcourt ein Zauberwort. Dort lassen die Filmstars Fotos von sich machen, die dann, reichlich retuschiert, auf den Titelseiten der Illustrierten erscheinen. »Für ein Mädchen meines Alters, das vom Film überhaupt nichts wußte, hatte das schon den Zauber von Hollywood.« Im Studio Harcourt zu arbeiten bedeutete, diese schillernde Welt zu betreten, die über die leuchtenden Leinwände flimmerte.

Simone Kaminker ruft ihre Freundin Rosita Luchaire, genannt Zizi, an und hofft, daß sie ihr dabei helfen kann, diese geradezu phantastische Stelle als Verkäuferin im Hollywood-sur-Seine zu bekommen. Rosita Luchaire ist ein Star. Sie hat die Oberschule vor Ende der Obertertia verlassen und angekündigt, daß sie zum Film gehen würde – und sie hat es geschafft. Sie ist zu Corinne Luchaire und in *Prison sans barreaux* zur großen Entdeckung des französischen Films geworden. Ein richtiger Star, der Pelzmäntel trägt und sich darüber beschwert, sich bei großen Couturiers einkleiden zu müssen. Am Telefon antwortet Rositas Mutter. Ihre Tochter ist nicht da, doch sie rät Simone, sich an ihren Mann, Jean Luchaire, zu wenden. Noch ist Jean Luchaire Chefredakteur beim *Petit Parisien*, doch er plant gerade, eine neue Zeitung zu gründen, und hat vielleicht Arbeit für sie.

Und tatsächlich stellt Jean Luchaire sie für eintausendvierhundert Francs im Monat als Assistentin seiner Chefsekretärin ein. Er geht dieses Risiko ein, obwohl er über die Situation der Familie Kaminker informiert ist. Was 1941 von einem allgemein bekannten Kollaborateur schon einigen Mut erfordert, denn er weiß ganz genau, daß André Kaminker Jude ist und sich in London aufhält. Simone Signoret betont immer wieder, daß Jean Luchaire kein fanatischer Kollaborateur war, sondern eine komplexe Persönlichkeit, »weichlich, schwach, korrupt, schön und großzügig«, ein Mann, dessen Schwester mit einem jüdischen Arzt verheiratet war und der manchen Leuten auf diskrete Weise half, ohne daß diese später bei der Befreiung Frankreichs von deutscher Besatzung einen Finger gerührt hätten, um ihm das Leben zu retten.

In den Büroräumen von *Les Nouveaux Temps*, wo sie als kleine Angestellte beschäftigt ist – sie stellt Telefongespräche durch und lernt Schreibmaschine, was ihr später sehr von Nutzen sein wird –, begegnet sie vielen Leuten, meist Frauen, die Jean Luchaire um Hilfe für ihre inhaftierten Männer bitten und diese Hilfe von ihm auch bekommen, vor allem wenn sie hübsch sind.

1945 verlangt Simone von ihrem nach Paris zurückgekehrten Vater, ein Gnadengesuch einzureichen für »diesen Luchaire, dem es, wie man sich erinnern wird, zu verdanken war, daß sich seine Familie eine Zeitlang über Wasser halten konnte ...« Seine Fürsprache erweist sich als vergeblich, und Jean

Luchaire wird sterben, wie sie es in einer der schönsten Passagen ihrer Memoiren beschreibt: »Vor dem Hinrichtungskommando, mit einer Zigarette zwischen den Lippen und dem Ruf ›Vive la France!‹, was für den Internationalisten, als den er sich gern ausgab, ein Anachronismus war, was aber sicher sehr schwer auszusprechen ist, wenn man soeben die Augenbinde verweigert hat und wahrscheinlich am liebsten vor den Grünschnäbeln in Ohnmacht fallen möchte, die amtlich dazu bestellt sind, auf einen anzulegen und soeben abdrücken«.[7]

Zu jener Zeit fehlte André Kaminker der Familie sehr. Trotz der eintausendvierhundert Francs, die sie monatlich bei *Les Nouveaux Temps* verdiente, und dem Verkauf einiger Orientteppiche wurde die Wohnung in der Avenue du Roule gepfändet und zur Versteigerung gebracht. Juden, die ihre Miete nicht bezahlten, durften nicht mit Nachsicht rechnen. Die chronische Rastlosigkeit der Familie erreichte ihren Höhepunkt. »Die Räumung wurde vom Polizeikommissar von Neuilly vorschriftsmäßig durchgeführt. Meine Mutter entschloß sich sehr tapfer, eine Arbeit als Wäschefrau in Valréas in einem Krankenhaus der unbesetzten Zone anzunehmen, wo man ihr und meinen kleinen Brüdern freie Kost und Logis anbot.«[8] Es ist gewiß kein Zufall, daß Simone Signorets Stil gelegentlich an Zola erinnert: sie war eine leidenschaftliche Leserin seiner Werke.

Womöglich muß man die Angst vor einer Pfändung, einer Enteignung, die Monate der Besorgnis, die trügerischen Hoffnungen und schließlich die endgültige, unvermeidliche, administrative Vertreibung aus dem schützenden Nest am eigenen Leib erlebt haben, um das Privileg eines – wie es so schön heißt – eigenen Zimmers so richtig schätzen zu können. Dieses tragische Ereignis setzte dem chaotischen Familienleben ein Ende und war gleichzeitig ein bedeutender Einschnitt in Simone Signorets Leben. Ein kleines Drama inmitten einer großen Tragödie. Doch für Simone Signoret war es zweifellos auch eine Befreiung, eine Erleichterung.

Der Vater war in London und arbeitete für die BBC, mehr wußte man nicht. Die Familie trieb mehr und mehr auseinander. Sie sollte nie wieder zusammenfinden. Simone blieb allein in Paris zurück und hatte keine Familie mehr zu ernähren. Sie war endlich frei und bezog ein kleines Zimmer in der Rue du Cherche-Midi. Sie begann in einer französischen Hauptstadt erwachsen zu werden, deren Tagesablauf von den Deutschen bestimmt wurde. Sie war zwanzig Jahre alt, fröhlich, schön, intelligent und unverschämt.

»Ein Traum, der geheim bleiben muß...«
Simone SIGNORET

5

»Zwischen 1940 und 1942 waren mir die besten Voraussetzungen gegeben – vor allem die mildernden Umstände –, um eine Nutte zu werden: ich war schön, arm, Halbjüdin, ich hatte für meine kleine Familie zu sorgen und arbeitete bei *Les Nouveaux Temps* des Kollaborateurs Luchaire...«[1] Als dieses junge, blendend aussehende Mädchen an einem Abend im März des Jahres 1941 das Café de Flore in Begleitung von Claude Jaeger betrat, einem jungen, aufsässigen Erben aus der Schweiz, der sie eines Abends im Theater angesprochen hatte, muß es den Intellektuellen von Saint-Germain-des-Prés, die dort ihren Ersatzkaffee schlürften, um sich aufzuwärmen, den Atem verschlagen haben. Claude Jaeger hatte einen ernsten und sehr strengen Blick, und sie war so unvernünftig und verrückt gewesen, sich ihm in dieser unruhigen Zeit bedenkenlos anzuvertrauen. Ihr innerer Drang, diesem Fremden alles über ihren jüdischen, nach London geflüchteten Vater, über ihre düstere Arbeit bei Luchaire und ihre Einsamkeit in der großen, verwüsteten Stadt zu erzählen, hätte ihr ohne weiteres zum Verhängnis werden können.

Simone Signoret besaß diese Intuition, dieses instinktive Vertrauen, das sie veranlaßte, Zufallsbekanntschaften ihr Herz auszuschütten. Sie hätte es nicht besser treffen können. Claude Jaeger sollte später nämlich, als Mitglied der F. T. P.[2], zu einem Anführer der Résistance werden. Doch zur Zeit irrte er noch in der Hauptstadt umher und gab mit lockerer Hand sein Erbe aus. Er hatte sofort geahnt, daß Simone sich im Café de Flore, das seit der Zeit zwischen den zwei Weltkriegen zum Mittelpunkt der Pariser Intellektuellenszene geworden war, wohl fühlen würde. In der Tat sollte sie dort auf Gleichgesinnte stoßen. Alle waren sie da, fröstelnd und wißbegierig, widmeten sich ihren Manuskripten, waren glücklich, zusammen zu sein und in dieser eisigen Zeit im Warmen zu sitzen. Sartre, den sie bereits kannte, aber auch die Brüder Prévert, denen ihr Vater flüchtig bei Damour begegnet war, und Giacometti, Picasso, Soutine... Schriftsteller, Filmemacher, Maler, Surrealisten, Außenseiter, Lebenskünstler. In diesem Schmelztiegel, wo die großen Unruhestifter des Saint-Germain-des-Prés der Nachkriegszeit zusammenhockten, drängten sich die Genies auf engstem Raum. Man hätte filmen müssen, wie Simone Signoret als junge Löwin mit glänzenden Augen diese Höhle betrat – eine Erscheinung.

Am Anblick dieser ausdrucksvollen Gesichter, dieser exzentrischen Kleider, dieser mit einer Feder in der Hand über den Tisch gebeugten Personen, deren murmelnde Gespräche sie vernahm, konnte Simone Kaminker sich nie satt sehen. Sie betrat geradewegs die magische Welt moderner Kultur. In Neuilly hatte sich Geschichte, trotz Sartre und ihrer Freunde, nur am Rand des wirklichen Lebens abgespielt, ohne den Alltag mit seinen bourgeoisen Gewohnheiten, den mondänen Kaffeekränzchen am Nachmittag, den Faltenröcken, den schnurrbärtigen Hausmeisterinnen und den braven Dienstmädchen aus der Bretagne auch nur im geringsten zu beeinträchtigen. Im Café de Flore dagegen prägen die geschichtlichen Ereignisse die Atmosphäre, die Gespräche, die Gesichter, man redet über Philosophie und Politik, über Malerei und Film. Simone ist fasziniert und weiß plötzlich, daß sie endlich ihrer Zeit begegnet ist. Sie gehört nicht zu denen, die vorbeifahrenden Zügen hinterherschauen. Und hier bietet sich ihr die einmalige Gelegenheit, sich zu entfalten, dazuzulernen und sich dabei gleichzeitig zu amüsieren. Auf keinen Fall wird sie dieses Fest versäumen.

Zum allerersten Mal erscheint ihr das Leben lebenswert. Schließlich kommt es nicht alle Tage vor, daß man Leuten begegnet, die man bewundert. Im Flore haben sich alle, oder fast alle, zusammengefunden. Nein, sie wird nicht das traurige Schicksal ihres Großvaters teilen, der Picasso für einen Scharlatan hielt. Picasso ist übrigens auch da, sitzt am Tisch in der Ecke. »Komm, ich stelle dich ihm vor...« Von nun an, dessen ist sie sicher, wird sie sich nie wieder als Außenseiterin vorkommen, so wie es lange Zeit in Neuilly der Fall gewesen war. Diese Leute sind, mehr noch als sie, alle irgendwie Außenseiter: als Fremde, als Umherirrende, als Angehörige der Antibourgeoisie. Doch sie machen diese Rolle zum Thema, zum Gegenstand ihrer Kunst, zu einer Lebensart, einem politischen Bewußtsein. Sie zeigen Simone Signoret den Weg. Ihnen hat sie die Entdeckung zu verdanken, daß ihr diese Art Außenseitertum, unter dem sie so sehr gelitten hat, zu einem Vorteil, einem kreativen Nährboden, zu einer Ausgangsbasis werden kann. Und unverzüglich wird sie in diese bunt zusammengewürfelte Familie aufgenommen, die zu einer Familie fürs Leben werden sollte. Diese Welt wird sie überallhin mitnehmen, sie verwandeln, sie bereichern, doch der Kern des Flore wird immer derselbe bleiben. »Die Freundschaften aus jener Zeit sind unzerstörbar.«

Und im Flore wird auch ihr Wunsch, Schauspielerin zu werden, endlich Gestalt annehmen und ihr nicht länger wie ein Hirngespinst vorkommen, zu dem man sich nicht bekennen kann. Was zunächst einmal bedeutet, daß es für eine Ganztags-»Floristin« undenkbar ist, noch länger bei einer Kollaborationszeitung zu arbeiten.

»Ein junges, gesundes und ausgeglichenes Mädchen kann nicht nach Feierabend auf den Caféhausbänken des Flore sitzen, bei Leuten, die alle ein wenig verfolgt werden, ein wenig jüdisch sind, unter denen es viele Kommunisten oder Trotzkisten, italienische Antifaschisten, spanische Republikaner, Nichtstuer, Bruder Lustigs, arme Poeten, Mitverzehrer von Lebensmittelkarten, fahrende Gitarristen, geniale

Alleswisser oder zeitweilige Tunichtgute gibt, wenn es seinen Tag damit verbracht hat, Reichsbotschafter Abetz mit Jean Luchaire zu verbinden...«[3] Also legt sie Jean Luchaire bald darauf ihre Kündigung vor und gibt damit, nicht ohne einen gewissen Stolz, eine sichere Sache für eine unsichere auf. »Ich gehe von hier weg, weil eines sicher ist, Monsieur: Sie und Ihre Leute werden alle erschossen werden.«

Und als er sie spöttisch fragt, was sie nun machen will, antwortet sie, so als würde sie ein Gebet aufsagen: »Ich werde zum Film gehen.«

Als Halbjüdin in einem von den Nazis besetzten Land solche Worte zu sagen, war nicht nur eine Provokation, sondern heller Wahnsinn, eine Riesendummheit. Denn für eine Kaminker bestand nicht die geringste Aussicht, die erforderliche Berufserlaubnis, die von der Propagandastaffel ausgestellte COIC[4]-Karte zu erhalten, die es Schauspielern ermöglichte, offiziell engagiert zu werden. Sie weiß, daß sie während der Besatzungszeit keine richtigen Sprechrollen bekommen wird, und dies bestätigt sich auch, als Louis Daquin sie für eine Hauptrolle aussucht, seine Entscheidung später jedoch wieder rückgängig macht, ohne ihr den wahren Grund seiner Meinungsänderung zu sagen. Aber es bleiben die Statisten- und kleineren Sprechrollen, in denen oft nur ein oder zwei Sätze zu sagen sind und bei denen sich die Verwaltung nachsichtig oder eher nachlässig zeigt. Und zudem ist Simone Kaminker weder vernünftig noch realistisch. Sie verläßt sich auf ihre Intuition, wie an dem Tag, an dem sie Claude Jaeger von ihrem Kummer erzählte. Sie sagt, was sie denkt, und das ist ihre Art, die Dinge heraufzubeschwören und Wunder zu bewirken.

Im Flore kommt sie mit Schauspielern, Regisseuren und Drehbuchautoren zusammen. Da sind Prévert, die Leute der Gruppe Oktober, Marc Allégret und sein Bruder Yves, der zukünftige Vater ihrer Tochter. Für sie ist das Filmemachen eine Obsession. Im Verlauf eines Gesprächs nehmen die Themen Gestalt an, die Phantasie ist Königin. Schauspielerin zu werden ist kein geheimer Traum mehr, nicht länger ein Wunsch, den man ganz leise in seinem Bett ausspricht, bevor man das Licht löscht. Es ist ein legitimer Wunsch, eine von allen geteilte Sehnsucht. »Meiner Ansicht nach wollen alle Leute gern schauspielern, genauso wie alle gern schön, reich und beliebt sein möchten, aber so etwas spricht man nicht aus, es ist ein Traum, den alle träumen und der geheim bleiben muß.« Ihre Freunde im Flore kennen dieses kindische Schamgefühl nicht. Die, die gern Schauspieler sein möchten, sagen dies ohne falsche Scham. Die, die Filme machen wollen, verbringen ihre Zeit damit, lauthals von ihren zukünftigen Meisterwerken zu träumen. Für Simone ist es eine Offenbarung, ein sich öffnendes Fenster. Das Kino ist nicht länger jene Unterhaltungsindustrie, die der Zeitschrift *Cinémonde* die Titelseiten liefert, sondern eine wahre und achtbare Kunst, die voll und ganz zur Kultur gehört. Und einstweilen ist es auch ein Vorwand für Gespräche, ein Gesellschaftsspiel.

Unter einem Männernamen nimmt diese ehrgeizige junge Frau ihre ersten Statistenrollen an. Da sie die COIC-Karte nicht bekommt, braucht sie zumindest einen Decknamen. Signoret ist der Mädchenname ihrer Mutter, der Name ihres Großvaters mütterlicherseits, des gutaussehenden Marseillers, der Sonnenuntergänge malte. Ein zweifach männlicher Name, denn er enthält im Italienischen – Montands Muttersprache – das Wort für Mann: *signor*. Und so wird die Signoret, der Mann in der Familie Kaminker, unter diesem herrschaftlichen Namen tatsächlich zur Frau. Und über die Frau hinaus wird sie zum Star, zu Goldhelm, und mit ihrer gewölbten Stirn, den aufreizenden Lippen, den hellen Augen, der hohen Brust und dem verführerischen Hüftschwung zu einer der großen Liebenden unseres Jahrhunderts. Eine provozierende, strahlende und moderne Frau, die der Filmgeschichte ihren Stempel aufdrückt.

Bis zur *Libération* schlägt sich Simone Signoret mit Statisten- und Sprechrollen durch. In *Boléro* von Jean Boyer steigt ihr Honorar von einhundertzwanzig auf fünfhundert Francs, dank des berühmten Satzes: »Madame! Die Comtesse d'Artémise erwartet Sie im Salon«, bei dem die Techniker des Teams sich halb totlachen, weil der leitende Kameramann tatsächlich Artémise heißt. Diese kleinen Sätze, die sie oft nach stundenlangem und langweiligem Warten in überhitzten Aufnahmestudios spricht, lassen sie überleben. Und wenn sie dennoch nicht mehr weiter weiß, helfen ihre Freunde ihr. In dieser Zeit des harten und unsicheren Lebens ist Solidarität kein leeres Wort, und für Simone Signoret gleicht das Glück der Freundschaft die Ungewißheiten des Alltags bei weitem aus. Alles in allem und trotz der Ängste und Schwierigkeiten ist die Besatzungszeit für sie eine mitreißende Zeit, eine der glücklichsten ihres Lebens, eine Zeit des Lernens und der Entdeckungen. Inmitten der lauernden Gefahren bekommen die Erfahrungen der Jugend einen zusätzlichen Reiz. Das Mädchen aus der Vorstadt, das endlich im Herzen von Paris lebt, lernt gleichzeitig die Freuden der Freundschaft und der flüchtigen Liebesaffären kennen.

Dennoch ist sie dabei – und sie weiß das ganz genau –, an dem großen geschichtlichen Ereignis jener Epoche vorbeizuleben – was sie ihr Leben lang bedauern wird, auch wenn sie es nie laut zugibt: »Ich würde lügen, wenn ich das so hinstellen würde, als hätte ich beim Widerstand mitgemacht. Widerstandskämpfer nenne ich nur die, die wirklich ganz bewußt gehandelt haben. Selber habe ich keine Heldentat vollbracht. Ich habe nichts Schlechtes getan, was an sich schon gar nicht schlecht ist.«[5] Im Flore und anderswo kommt sie, ohne es zu wissen, mit berühmten Widerstandskämpfern wie Claude Jaeger und Jean Painlevé zusammen. Doch nie fragt sie ihre Freunde nach Möglichkeiten, bei einer geheimen Aktion mitzumachen. Eines Tages schleppt sie einen Koffer mit sich herum, doch sie weiß nicht, daß er mit Revolvermunition gefüllt ist. Einige Monate lang wohnt sie mit Yves

Allégret in einem Appartement in der Rue du Dragon, das der Résistance als Briefkasten dient. Doch nichts von all dem hat sie sich ausgesucht. Die Umstände haben es so ergeben, sie hat es nicht gewollt, sie ist sich nicht einmal bewußt, sich einer besonderen Gefahr auszusetzen. Trotz – oder vielleicht wegen – ihrer Arbeit bei *Les Nouveaux Temps* ist ihr politisches Bewußtsein noch im Entwicklungsstadium begriffen. Selbstverständlich verabscheut sie die Nazis, doch es kommt ihr nicht in den Sinn, zur spektakulären Tat zu schreiten. Sie hat ihre eigene, ganz persönliche und intime Art, den Besatzern ihren Widerstand entgegenzubringen. So als handele es sich um eine Art unbewußter Herausforderung, weigert sie sich denn auch, die protestantische Taufurkunde anzunehmen, die Pastor Ebershold ihr überreicht, nachdem er sie bereits ihren beiden jüngeren Brüdern verschafft hat. Und trotz der Namensänderung bewahrt sie in ihrer Tasche weiterhin einen Personalausweis auf den Namen Kaminker auf.

»Das war ein Spiel. Es war nichts Heldenhaftes daran, weil es niemandem von Nutzen war. Ich spielte es nur für mich selber aus Opposition gegenüber einer bestehenden Ordnung, die ich restlos ablehnte.« Diese kleinen Gesten haben zumindest das Verdienst, ihr ein gutes Gewissen in einer Zeit zu vermitteln, als andere auf dem heißen Pflaster von Paris, nur wenige Meter von der schützenden Umgebung des Flore entfernt, ihr Leben riskieren.

Es scheint, als hätte die Erinnerung an diese kühle Untätigkeit für alle, die wie Signoret oder Sartre jene düstere Epoche durchmachten, ohne sich mit dem Feind eingelassen, aber auch ohne aktiv am Widerstand teilgenommen zu haben, bei ihrem späteren politischen Engagement, bei ihrer Hitzköpfigkeit und bei den Fehlschlüssen, zu denen dieses Engagement zwangsläufig führte, eine entscheidende Rolle gespielt. Es sieht aus, als hätte dieses schwarze Loch in ihrer Lebensgeschichte ihnen später das Gefühl gegeben, Engagement sei ein kategorischer Imperativ und selbst ein Fehltritt sei der Tatenlosigkeit vorzuziehen. Ohne dieses schmerzliche Bedauern hätte Simone Signoret womöglich nie diese Überempfindlichkeit gegenüber der Politik entwickelt, die mehr als nur eine Schauspielerin aus ihr machte, so daß sie zu einem der Wortführer des politischen Bewußtseins der französischen Linken wurde.

Obwohl der französische Film nach der Ankunft der Deutschen in Paris zunächst an Popularität verliert, befindet er sich kurze Zeit später in vollem Aufschwung, wie Jacques Siclier schreibt: »Während der Besatzungszeit gingen die Franzosen ungeheuer viel ins Kino, ins Theater und in die Music Hall. Es war eine Flucht, eine willkommene Abwechslung. Außerdem war es im Winter in den Kinosälen angenehm warm.«[6] Während der Okkupation werden zweihundertzwanzig Spielfilme gedreht. Laut Jacques Siclier »stand keiner dieser zweihundertzwanzig Filme im Dienst der nationalsozialistischen Ideologie«. Glauben wir ihm aufs Wort. Zu den einundachtzig Regisseuren, die in jener Zeit aktiv waren, zählen Abel Gance, Marcel L'Herbier, Marc Allégret, Jacques Becker, Robert Bresson, Henri-Georges Clouzot, Sacha Guitry ... Die großen Schauspieler der Vorkriegszeit, Fernandel, Raimu, Robert Le Vigan, Pierre Fresnay, Ginette Leclerc, Elvire Popescu und Yvonne Printemps, sind auf den Filmplakaten zu sehen. Aus jenen Jahren stammen einige unsterbliche Filme wie *La Fille du puisatier*, *Madame Sans-Gêne* und *Kinder des Olymp* ...

Simone Signoret dreht mit Jean Boyer, Louis Daquin, Marcel Carné, André Berthomieu, Jean Faurez, Jean Tarride, Pierre und Jacques Prévert, Jean de Marguenat und Yves Allégret. Meist handelt es sich um Filme, die im Studio aufgenommen werden. Ferner nimmt sie Unterricht bei der berühmten Solange Sicard, die sie wegen eines kleinen Sprachfehlers – einer etwas zischenden Aussprache verschiedener Konsonanten – in die Kategorie der Komiker einordnet. Dieser berühmte Makel wird später als ein Markenzeichen der Signoret und als zusätzlicher Reiz angesehen, genau so wie ihr verächtlicher Blick und ihre etwas näselnde Kopfstimme. Simone Signoret wäre niemals zum Star geworden, wenn sie nicht das Talent besessen hätte, ihre Schwächen positiv zu nutzen und dem zu vertrauen, was sie von allen andern unterschied.

1942 bietet Marcel Carné ihr die Möglichkeit, zum erstenmal in einem »richtigen« Film mitzuwirken. Sie ist eine der vier Schloßdamen in *Satansboten*. Sie spielt zwar nur eine Statistenrolle, tritt jedoch in jeder Szene auf. Endlich wird sie drei Monate lang das wahre Leben einer Schauspielerin kennenlernen. Mit Entzücken entdeckt sie die gemeinsamen Freuden, die Verbundenheit eines Teams, das das Abenteuer Film besteht. Vor allem aber wird der Film im Midi gedreht, in Vence, ganz in der Nähe des Dorfes Saint-Paul, das später zu ihrem Territorium werden und in dem sie zum erstenmal Yves Montand begegnen wird. Sie wohnt mit den anderen »Statisten« in der Pension Ma Solitude. Mit dem Pferd reitet sie durch die Schluchten des Verdon und steht mit Stars wie Arletty, Jules Berry, Fernand Ledoux und Marcel Herrand auf du und du.

Anschließend gibt Simone Signoret im Théâtre des Mathurins, in dem Stück *Dieu est innocent* von Lucien Favre, ihr unfreiwillig komisches Bühnendebüt. Für fünfzehn Francs pro Tag spielt sie eine Frau aus dem Volk von Theben. Zum Leidwesen ihrer weiteren Theaterkarriere werden die Wehklagen des Volkes von Theben regelmäßig von verrückten Lachanfällen der Schauspieler unterbrochen. Vor allem, als der Geräuschtechniker die falsche Schallplatte auflegt und »Flugzeugdröhnen« anstatt »Volksgemurmel« ertönt. »Das überfiel uns fünf Minuten vorher schon auf der Treppe, ließ uns auch auf der Bühne nicht los und dauerte bis zum Abgang. Auf der Bühne nahmen wir nichtsdestoweniger eine schöne griechische Haltung ein, schlugen die Hände vors Gesicht, senkten trauernd und demütig den Kopf und kicherten, gackerten und alberten herum!«[7] Simone Signoret, die unbändigem Lachen nie widerstehen konnte, wird als einzige erwischt und wie eine Aussätzige fristlos entlassen.

Von ihrem Auftritt inmitten des Volkes von Theben bleiben ihr nur die geliehenen Sandalen, die sie aus Aberglaube zurückzugeben »vergißt«, weil Jean Gabin sie in einem Film getragen hat. Die beiden haben tatsächlich dieselbe Schuhgröße.

Ein Paar Sandalen... und ihr erster Liebhaber, Daniel Gélin. Er ist für die Rolle des Hämon in *Dieu est innocent* ausgesucht worden, weil seine wohlgeformten, braungebrannten Beine bestens unter den griechischen Rock passen. Er kommt aus der Provinz, ist arm und begabt, hat soeben die Staatliche Schauspielschule aufgegeben und ist tief beeindruckt von diesem gleichaltrigen Mädchen, das bereits so weit herumgekommen ist, das bereits die »Muse der Prévert-Bande«, Stammkundin im Flore, gebildet und fröhlich ist, zudem gut aussieht und vor nichts und niemandem Angst hat. Für ihn ist das Flore, in dem sie sich so wohl fühlt, eine faszinierende, jedoch fremde und ein wenig beängstigende Welt. Und überdies ist er in sie verliebt, und im Flore warten so viele verführerische Freunde auf sie. »Ich war ihr«, erinnert sich Gélin, »mit meinem Bildungsmangel, meinem schwächlichen und noch kindlichen Aussehen nicht gewachsen.«[8] Es bedarf zahlreicher nächtlicher Spaziergänge im Frühling, bis er es endlich wagt, sie zu küssen. Dann bringt Simone ihre Sachen in einem Hutkarton auf sein Mansardenzimmer im fünften Stock eines Hotels in der Rue Monsieur-le-Prince: »Ein aufregender Büstenhalter sowie ein Höschen, ein Seidenkopftuch und eine Zahnbürste.« Es war eine kurze Romanze. Sie blieben lange im Bett, hörten Schallplatten von Bing Crosby, genossen die Sonne in der großen, stillen Stadt »und die Freude, die einem das Bewußtsein vermittelt, ein Antibourgeois zu sein«. Dann verläßt Simone Daniel Gélin, um mit Marcel Duhamel ein weiteres flüchtiges Abenteuer zu erleben. »Da Daniel und ich im gleichen Alter waren, war ich zu alt für ihn«, schreibt sie in *Ungeteilte Erinnerungen*. Mit zweiundzwanzig Jahren zu alt!

Einige Jahre später wird Yves Montand in ihr Leben

eintreten und wie Gélin genau im gleichen Alter sein wie sie. Nein, er scheint sie keineswegs für zu alt zu halten. Im Laufe der Jahre ihres Zusammenlebens wird sich dieser Gedanke jedoch in Simones Kopf festsetzen und zu einer wahren Obsession werden. »Er und ich sind gleich alt, also ist er zehn Jahre jünger als ich.« Die Ungerechtigkeit des Alters war für diese Frau, die Gerechtigkeit so sehr schätzte, unerträglich. Es war ihr Schicksal, doch sie protestierte dagegen. Ohne zu kämpfen. Sie wartete. Sie beobachtete den langsamen Verlauf der Katastrophe. Montand trieb Gymnastik, gab das Rauchen auf und achtete auf seine Ernährung. Er blieb schlank, die jungen Mädchen bewunderten seine grauen Haare und seine männlichen Falten. Außerdem hatte er eine goldene Stimme. Sie war das genaue Gegenteil. Sie trank, rauchte und stopfte sich den Bauch mit Spaghetti voll. »Wenn ich draußen bin, denke ich: ›Wie schön, wie gut es hier riecht‹, und kehre nach Hause zurück.« Sie bekämpfte diese angeborene Trägheit nicht, die den Körper zur Passivität verführt. Für sie spielte das Jungsein sich im Kopf ab. Wenn man jung ist, dann bleibt man es ein ganzes Leben lang, wie es so schön heißt. Doch sie wurde älter und dicker, viel schneller als er. Die Gewißheit dieses verhängnisvollen Unterschieds trieb sie in eine Art Flucht nach vorne, ins Älterwerden. So als sei es besser, mit einem Schlag abzugleiten, ohne zu versuchen, die Krümel aufzulesen. Und wir, die Zuschauer ihrer Filme, waren die stummen und betroffenen Zeugen des raschen Verfalls eines sagenhaften Gesichts.

Marcel Duhamel war doppelt so alt wie sie, hatte ein großes Mundwerk und viel Erfahrung, liebte seine Frau Germaine, die damals im unbesetzten Teil Frankreichs lebte, und sprach dauernd von ihr. Er beeindruckte Simone mit seinen vierzig Jahren, seiner väterlichen Zuneigung, seinem unerschöpflichen Wissen und seinen surrealistischen Freunden. Er war Stammkunde des Flore und ehemals Mitglied der Gruppe Oktober. Er entdeckte und übersetzte Henry Miller. Nach dem Krieg wurde er als Begründer der *série noire* zu einem

Erneuerer der modernen Literatur. Simone konnte noch so einschüchternd sein, er hatte schon manch andere Frau ihres Schlags gekannt. Sie war dabei, sich der verheerenden Wirkungen bewußt zu werden, die ihre starke Persönlichkeit auf gewisse Männer ausübte, und gerade deswegen war Marcel Duhamel so beruhigend für sie, denn er hatte keine Angst vor ihr. Zweifellos spielte er die banale Rolle eines provisorischen Vaterersatzes. Eine Rolle, die sie in der Folge auf einige Regisseure, mit denen sie drehte, übertragen sollte. Doch in ihrem Leben wird es nur wenige Männer geben, die ihr dieses Gefühl des Beschütztseins vermittelten. Yves Montand wird ihr ebenbürtig sein, auch wenn sie sich ihm gelegentlich unterwarf; nicht aus Schwäche, sondern eher aus Treue zu einer bestimmten Vorstellung von der Rolle einer Frau. Simone Signoret war keineswegs eine Feministin. Dennoch nahm sie immer wieder eine Führungsposition ein. Bei ihren Freunden stand sie stets im Mittelpunkt. Und von allen Schauspielern war nur Jean Gabin, ihr Partner in *Le Chat (Die Katze)*, ihr überlegen.

Im Moment jedenfalls steht die Liebe bloß am Rande des wichtigen Lebens, das sich im Flore, auf den Straßen von Saint-Germain-des-Prés und von Zeit zu Zeit in den Filmstudios abspielt. Für die Dreharbeiten zu *Adieu Léonard*, einem Film der Brüder Prévert, macht das Flore sogar einen Ausflug nach Dax. »Es war schon ein Glückstreffer für mich, so jung genau mit diesen Leuten in gerade dieser Produktion zusammen zu sein, bei der nicht der geringste Unterschied zwischen Statisten, Schauspielern, Technikern und Stars gemacht wurde.«[9] Die kleine Statistin schließt Freundschaft mit Brasseur, Carette und Charles Trenet. Kino bedeutet in der Tat etwas ganz anderes als das Studio Harcourt. Es bedeutet Kameradschaft, Spaß, lange Arbeitstage, nach denen man sich nicht mehr voneinander trennen kann, und Trenet, der nach dem Abendessen ein Lied anstimmt.

Mit Yves Allégret, ihrem damaligen Geliebten, der mit Herzklopfen auf ihre Rückkehr aus Dax wartet, wird aus der Verbindung zwischen dem Flore und dem Film eine richtige Hochzeit – die erst 1948, zwei Jahre nach der Geburt der kleinen Catherine, offiziell gefeiert wird. Als Yves Allégret Simone begegnete, war er verheiratet und hatte einen Sohn, Gilles. Seit zwei Jahren lebte er von seiner Frau getrennt und gehörte zur Bande der »Croque-Fruits«, jenen Pfeilern des Saint-Germain-des-Prés der Vorkriegszeit, die zum Zeitpunkt des Debakels nach Marseille flüchteten, um das Land von dort aus in Richtung Spanien und Portugal zu verlassen. Sie saßen in der unbesetzten Zone fest und arbeiteten in einer Fruchtbonbonfabrik. Nach und nach wurde die Sehnsucht nach der Hauptstadt immer größer, und so kehrten sie schließlich nach Paris zurück, wo sie bereits erwartet wurden. Man wartete auf Jacques – das war Prévert, man wartete auf Yves – das war Allégret. Als ehemaliges Mitglied der Gruppe Oktober war er in Barbizon einer von Trotzkis Sekretären gewesen. Vor allem aber ist er der jüngere Bruder des Regisseurs Marc Allégret und möchte ebenfalls ins Filmgeschäft. Sein erster Film wird jedoch bei einem Brand im Entwicklungslabor zerstört.

Als die Amerikaner gerade in der Normandie landen und er vom Reichsarbeitsdienst gesucht wird, fährt er mit Simone und seinen Freunden Serge Reggiani, Daniel Gélin und Danièle Delorme in die Haute-Marne, nach La Sapinière, auf den Besitz seines Vaters, des Pastors Allégret. Dort erleben sie die Freude über die Befreiung von Paris aus der Ferne, und als eines Tages die ersten Amerikaner eintreffen, fragen sie sie ungeduldig über Louis Armstrong, George Gershwin und Clark Gable aus. Eine angehende Schauspielerin und ein talentierter Regisseur. Ein junges Paar, für das die Zukunft sich äußerst vielversprechend anläßt.

»Diese Chemie, die einen verwandelt.«
Simone Signoret

6

Ein Interview mit Simone Signoret, das am 2. April 1954 in *Cinémonde* erscheint und das von einem gewissen G. B. unterzeichnet ist, beginnt mit der Erinnerung an die Dreharbeiten zu *Die Dämonen des Morgens* von Yves Allégret, die neun Jahre zuvor in der Umgebung von Marseille stattfanden. Dieser geheimnisvolle G. B. hatte ein erstaunliches Talent und beschreibt den angehenden Star des französischen Films zur Zeit der *Libération.* Er ist geradezu fasziniert von der radikalen Verwandlung des etwas knabenhaften jungen Mädchens, mit dem er sich im Meer herumtummelte, in eine verführerische Frau, die einen zur Raserei bringen kann, wenn sie im Licht der Scheinwerfer zur anmutigen Lilly wird, zu der Wirtin einer Soldatenkneipe, die sich in einen Landser verliebt.

Sie war, so schreibt G. B., »eine dieser jungen Schauspielerinnen, eine spöttische junge Frau, die nach Salpeter duftete und unwahrscheinlich pariserisch war, die ganze Stunden auf einer vom Meer umspülten Felszunge verbringen konnte. Sie war auf alles neugierig, vor allem aber auf Bücher, was für junge Mädchen, die Schauspielerin werden wollten, damals eher ungewöhnlich war: mit sympathischer Gefräßigkeit verschlang sie alles, was ihr unter die Hände kam und woraus sie etwas Neues, noch Unbekanntes über einen Maler, einen Musiker oder einen Regisseur, den sie mochte, erfahren konnte. So entwickelte sie sich zu einer Frau mit einer festen

Meinung über Dinge und Menschen, und man begriff sogleich, daß nichts sie jemals von dieser Meinung abbringen könnte.

Zu ihrem eigenen Vergnügen und auch zur Unterhaltung der andern trug sie Texte von Jarry, Lautréamont, Max Jacob und Prévert vor. Anschließend nahmen wir ein kurzes Bad im Meer, bis einer der Techniker sie herbeirief: ›ihre‹ Szene war dran. Im Badeanzug oder in Blue Jeans, mit straff zurückgekämmtem Haar und ungeschminktem Gesicht war sie für uns alle bis dahin ein Kamerad unter vielen. (...)

Als sie kurze Zeit später ins Scheinwerferlicht trat, erkannte ich sie kaum wieder. Sie war nun nicht mehr der Kamerad unserer Meerbäder und unserer Spiele, sondern eine Sirene mit hohlen Wangen, mit vollen, sinnlichen Lippen und starrem Blick. Selbst ihr ehemals lässiger Gang hatte sich verändert: sie gab sich jetzt bewußt provozierend. Als Serviermädchen in einer Soldatenkneipe sollte sie in jener Szene einen einfältigen jungen Mann küssen (dargestellt von Dominique Nohain), der es nicht wagte, seine männliche Pflicht zu erfüllen. Eine mehr als klassische Szene, wie man sieht, die sich nicht gerade für originelle Entwicklungen eignete. Doch was sie aus dieser Szene machte, erschien allen an den Dreharbeiten Beteiligten wie eine Art Offenbarung: sie war für den Film geboren, woran nach dem Augenblick dieser zweiten Geburt nicht mehr im geringsten zu zweifeln war. Dieses sinnliche kleine Tier, diese schnurrende und krallige Katze verwandelte diesen Kuß in eine der erotischsten Szenen des Kinos jener Jahre... Von jenem Tag an schauten die Soldaten sie mit anderen Augen und einem gewinnenden Lächeln an und ließen für sie die Bänder ihrer Tellermützen flattern.

Doch am nächsten Tag zog sie erneut ihre Blue Jeans an, schlüpfte in ihre Leinenschuhe, zündete sich eine Gitane an und bestellte Rotwein für die ganze Runde.«

Was G. B. nicht verrät, ist die Tatsache, daß dieses dralle und freche junge Mädchen ein Kind von ihrem Regisseur erwartete. In *Die Dämonen des Morgens* hat Yves Allégret ihr nicht nur ihre erste Sprechrolle gegeben, auch wenn es nur eine »Nebenrolle« war, sondern hat ihr auch ein Kind gemacht. Acht Tage nach der Uraufführung des Films bringt Simone Signoret ein kleines Mädchen zur Welt. Catherine ist ein Wunschkind, vor allem da ein Jahr zuvor, mitten im Krieg, ein Kind geboren worden war, das nicht überlebt hatte. Doch die Geburt von Catherine fällt genau in die Zeit, als sich die Karriere ihrer Mutter blitzartig entwickelt. Im Leben eines Menschen, genau wie in der Geschichte der Völker, gibt es manchmal Augenblicke brutaler Beschleunigung, in denen plötzlich alles auf einmal geschieht und man sich entscheiden muß. Nach dem langen, untätigen Warten während des Krieges, dem Herumlungern und den Spaziergängen tut sich jetzt plötzlich die Welt vor Simone auf. Man streckt ihr die Arme entgegen, sie ist gefragt, doch sie hat diesen dicken Bauch, dieses Kind, um das sie sich kümmern, das sie umsorgen muß. Und genau in diesem Moment bieten die Regisseure ihr die großen Rollen an, von denen sie so lange geträumt hat. Die Wirklichkeit erfüllt ihre verrücktesten Hoffnungen – aber wohin mit Catherine? Sie weiß nicht, wie sie sich entscheiden soll.

Drei Wochen nach der Entbindung muß Simone Signoret an Probeaufnahmen zu *Zur roten Laterne*, einem Film von Marcel Blisthène, teilnehmen. Sie stillt Catherine und ist der festen Überzeugung, alles miteinander in Einklang bringen zu können. Sie bittet also darum, zwischen zwölf und drei Uhr, zwischen zwei Stillungen, ins Studio kommen zu dürfen. Selbstverständlich bleibt sie den ganzen Tag, kämpft gegen die aufkommende Milch an und bekommt schließlich die Hauptrolle. Sie muß eine Entscheidung treffen. Eine Schauspielerin kann keine Mutter sein wie alle andern. Also ist es besser, diesen Gedanken sofort aufzugeben. Man muß die Dinge so sehen, wie sie sind. Sie wird für ihre Tochter demnach nie das sein, was Georgette Kaminker für sie war: eine immer anwesende und sich um sie kümmernde Mutter.

Sie bedauert das, doch ändern läßt es sich nicht. Sie kann sich diese Chance nicht entgehen lassen. Und diesmal spielt sie sogar die Hauptrolle. Vor Freude drückt sie ihre von der Milch ganz hart gewordenen Brüste. Vor langer Zeit, als sie sich um ihre kleinen Brüder kümmerte, war sie schon einmal eine kleine Mutter gewesen. Sie ist zu mütterlicher Hingabe fähig, wie sie bereits einmal bewiesen hat. Doch jetzt hat sie dafür keine Zeit mehr. Sie hat andere Pflichten zu erfüllen.

Es ist soweit, es geht los, man ruft nach ihr, man verlangt nach ihr, ihr Traum wird in Erfüllung gehen, dieser geheime Traum, den sie nachts im Bett, bevor sie einschlief, wie eine Litanei vor sich hinflüsterte: »Ich werde Schauspielerin werden, ich werde berühmt, ich werde ein Star sein.« Bald wird ihr Gesicht in Großaufnahme die Kinoleinwände füllen und Millionen von Unbekannten träumen lassen. Doch sie wird sich nicht mit diesem oberflächlichen Glanz zufriedengeben. Sie will mehr, strebt nach Höherem, nach dem Wesentlichen, sie will sich behaupten wie ein Politiker, sie will Bücher schreiben. So als hätte sie, nur weil sie lebt, eine Aufgabe zu erfüllen.

In *Zur roten Laterne* steht Simone Signoret auf einer Stufe mit so berühmten Schauspielern wie Françoise Rosay, Andrée Clément und Paul Meurisse. Die bizarre Geschichte handelt von Schmuckdiebstählen, Denunziationen und einer Mordserie in Montmartre. Sie spielt die Rolle der Gisèle, eines nicht ganz ehrbaren Mädchens. Gisèle ist die Geliebte eines Mörders und verliebt sich in einen völlig unschuldigen und verträumten Straßenhändler, den zu verführen ihr teuflischer Gefährte sie beauftragt hat. Die Liebe verwandelt sie, und sie entscheidet sich für die Seite der »Guten«. Diese Verwandlung brachte Simone Signorets eigentliches Talent besonders deutlich zum Ausdruck. Sie verstand es ganz offensichtlich, Liebe auszudrücken. Man glaubte ihr. Sie strahlte vor Glück. Diese Intensität war nicht auf ihr Spiel zurückzuführen, sondern kam aus ihrem tiefsten Innern. Daniel Gélin schreibt in seinen Memoiren: »Simone ist zur Liebe geboren wie die Gewißheit der Jahreszeiten, der Rhythmus der Gezeiten, die Göttlichkeit der Sonne und die Brüderlichkeit der Erde. Die Liebe ist ihre eigentliche Berufung.« Eines Tages wird ein Mann namens Yves Montand zum ausschließlichen Verwahrer dieser Berufung. So werden Mythen geboren.

In der Rolle der Gisèle hatte sie die Gelegenheit zu zeigen, daß sie mehrere Frauen, mehrere Stimmen in sich trug. Vor der Kamera war sie in der Lage, ein anderes Gesicht und eine andere Persönlichkeit anzunehmen, die Unnachgiebige oder den Schelm zu spielen, zärtlich oder unschuldig, verächtlich oder leidenschaftlich zu sein. Marcel Blisthène war von ihr gefesselt, Françoise Rosay nannte sie »eine vollkommene Schönheit«. Die Kritiker wurden auf sie aufmerksam, erinnerten sich an ihren Namen. Ihre Karriere hatte begonnen.

Auf der Titelseite von *Cinévie* vom 12. November 1946 wirkt ihr in Großaufnahme gezeigtes Gesicht aufgrund der Retuschen beinahe kubistisch. Die Bildzeile lautet: »In *Zur roten Laterne* ist Simone Signoret von Liebe ergriffen.« Bei genauerem Hinsehen erkennt man: eine Wachspuppe. Die perfekt angeordneten Wimpern bilden unter dem oberen Augenlid eine Franse, die das leuchtende Auge sanft umsäumt. Der Blick verliert sich in der Unendlichkeit einer ewigen Verzükkung. Die Haare fallen wie Spiralen um das vornehm-ovale Gesicht. Der Mund ist eine zum Zubeißen verlockende Kirsche. Klar gezeichnete Brauen: zwei mitten im Flug überraschte Vögel am unteren Rand der reinen Stirn, die eine Milchstraße auf diesem Gesicht aus Pappmaché bildet. Man muß sich wirklich anstrengen, um zwischen diesem Klischee und der wahren Simone Signoret eine Ähnlichkeit festzustellen. Eine seltsame Ästhetik, das Erbe einer bestimmten, aus der Vorkriegszeit stammenden Auffassung von Kino, als der Mythos wie eine Maske das Gesicht der Frau so stark überlagerte, daß dieses darunter verschwand. Als ginge es in erster Linie darum, Gesichter zu verstecken, anstatt sie zu zeigen.

Simone Signoret wird eine von denen sein, die diese Maske sprengen. Diese Maske aus Schminke mit einer bestimmten Art zu lächeln und sich zu bewegen, von der erwartet wird, daß sie die Stars um so begehrenswerter macht, je unnatürlicher sie wirken. Diese wunderbare und gleichzeitig tödliche Maske, hinter der sich, wie ein verängstigtes kleines Tier, die wirkliche Marilyn, die Freundin aus dem Beverly-Hills-Hotel, verbarg, so wie Simone Signoret sie voller Zuneigung und Mitleid in *Ungeteilte Erinnerungen* beschreibt.

Die Signoret war keine Marilyn und bestand darauf, ihr wirkliches Gesicht zu zeigen. Und dieses Gesicht hatte derart wohlgeformte Züge und eine so große Ausdruckskraft, daß die Schminke ihm kaum etwas anhaben zu können schien. Aber unter der schönen ebenmäßigen Oberfläche verbarg sich noch viel mehr: Energie, Kraft und Lebenshunger. Und alles, was sie mit ihren Augen, mit ihren leicht kantigen Wangen, der Sinnlichkeit ihres Mundes und der beschaulichen Wölbung ihrer Stirn ausdrückte, machte sie unnachahmlich und auf gewisse Weise auch unveränderlich. Das Foto in *Cinévie* blieb eine Ausnahme, Simone Signoret hatte es nicht nötig, sich hinter einer Maske zu verstecken.

Später sollte sie nicht einmal Angst haben, ihr völlig entstelltes, abstoßendes und gealtertes Gesicht zu zeigen, dessen Falten keine noch so geschickte Retusche hätte glätten können.

Doch es war immer noch dasselbe Gesicht – ihr Gesicht.

Ich war stets der Überzeugung, es müsse möglich sein, mehrere Leben gleichzeitig zu leben, und für jeden von uns könne noch in der letzten Lebensminute eine neue Geschichte beginnen, wenn wir nur fähig wären, ohne Furcht das zu akzeptieren, was die Zukunft uns bringt. Wir erleben Neugeburten und Metamorphosen, der Körper verändert sich, die aufeinanderfolgenden Epochen nehmen den Duft und die Farbe unserer Gedanken und Wünsche an. Simone Signoret verstand es wie keine andere, ihr Leben immer wieder zu erneuern, ihre Leidenschaft wieder aufleben zu lassen und das Abenteuer von vorne zu beginnen. Sie schien keine Angst zu kennen. Und wenn sie doch Angst hatte, gab sie dennoch nicht auf, sondern wurde von einer Intensität, einer Kraft angetrieben, die ihre Wurzeln in der geheimnisvollen Zeit ihrer Kindheit hatte. Jede Erfahrung, jeder Film, jede Begegnung wurde für sie zu einer Öffnung auf eine neue Welt. Ihre Neugier blieb bis zuletzt ungebrochen. Daß es ihr – besser als anderen – gelang, nacheinander mehrere Leben so intensiv zu leben, hängt zweifellos mit ihrer großen inneren Ausgeglichenheit zusammen, mit diesem unveränderlichen Kern, der es ihr ermöglichte, sich zu verwandeln, ohne sich selbst zu verlieren. Diese Flamme in ihr erlosch nie.

Für eine Schauspielerin wie Signoret war diese unbegrenzte Fähigkeit zur Erneuerung auch eine berufliche Pflicht. Die Schicksale ihrer Figuren, ihrer »Mieter«, wie sie sie nannte, ergänzten die Episoden ihres wirklichen Lebens und bedeuteten für sie immer neue Erfahrungen. Die Bereitschaft zur Veränderung kam aus ihrem Inneren. Sie ließ es zu, daß die andere, die Frau aus dem Film, sich in ihr einrichtete, ihr Nest in ihren Kleidern, ihren Möbeln und ihrer Haut baute. In dieser Phase stellte die Wahl der Kostüme einen entscheidenden Aspekt dar, und es ist kein Zufall, daß sie die beiden Heldinnen in *Adieu Wolodja*, Sonja und Olga, zu Kostümschneiderinnen macht.

Schauspielerin zu sein bedeutete für Simone Signoret in erster Linie, sich zu verkleiden, wie ein kleines Mädchen, das Verkäuferin spielt. »Ich war jemand, ich bin jemand, ich werde, so hoffe ich, immer jemand sein, der sich verkleidet. So wie eine Zirkusartistin, der man verschiedene Nummern anbietet und die darüber entzückt ist, daß man sie ihr immer noch anbietet.« Sie glaubte an die Kraft der äußeren Erscheinung und wußte ganz genau, wieviel das Sichtbare über das Unsichtbare, die Maske über die Persönlichkeit, die Kleidung über den Geisteszustand, der Blick über die Seele und die Stimme über die innere Musik verrät.

Das Kleid, die Tasche, die Frisur, das Make-up auswählen. Ohne zu mogeln. Ohne zu versuchen, sich um jeden Preis schöner zu machen, wenn die Rolle sich nicht dazu eignet. Goldhelm, die uns als leuchtende Erscheinung in Erinnerung bleibt, hat diesen Feinheiten, den Accessoires, der Frisur, dem Volumen der Haare, dem subtilen Schwung der kurzgeschnittenen Fransen über dem strahlenden Gesicht sehr viel zu verdanken. Der Regisseur Jacques Becker kümmerte sich höchstpersönlich darum. »Er schleifte mich zum Friseur, um mir die Haare blondieren zu lassen, und kündigte mir an, daß er mich um halb eins abholen würde, um zu sehen, ob die Haarfarbe auch recht sei. Danach würden wir Mittagessen gehen, und danach die Kostüme ansehen, und anschließend die Schuhe bestellen... Jacques beugte sich gerade über meine Haarwurzeln wie Louis Pasteur über sein Mikroskop...«[1] Andererseits denkt man an den zu kurzen Regenmantel der armen Jeanne in *Ein schwerer Tag für die Königin* von René Allio, an die nachlässig gescheitelten grauen Haare, an die flachen Schuhe, die geblümte Kittelschürze und die kleinen Löckchen...

Simone Signoret sprach bereitwillig über die wesentliche Bedeutung der Kleidung. Sie sagte, daß die diesbezüglichen Ängste der Schauspieler keine Launen seien, wie so oft behauptet wird, sondern eher der Versuch, noch bessere Arbeit zu leisten und diese andere Person zu werden, dieses körperlose unbekannte Wesen, das aus ihnen geboren werden muß. Mit verblüffender Präzision beschreibt sie in *Adieu Wolodja* die von einem Schauspieler empfundene Freude: wenn er »bei den Masques et Bergamasques (...) an einem neuen Kostüm für eine neue Rolle plötzlich das Stückchen Stoff, das Endchen Spitze, die zwei, drei ziselierten Knöpfe wiederkannte, die er schon in anderen Rollen an sich getragen hatte, war es für ihn wie die Wiederbegegnung mit Brieffragmenten einer alten Liebesgeschichte, ein Grund zur Freude«. Mit demselben Entzücken hatte sie auf der Theaterbühne die Sandalen angezogen, die Jean Gabin einst trug.

Während der Dreharbeiten zu *Die Teuflischen* sah sie eines Tages eine Statistin vorbeigehen, die in einem benachbarten Studio in Jean Renoirs *French Can Can* mitwirkte und eines der Kleider von Goldhelm trug. Einen Augenblick lang fühlte sie sich verraten und enteignet, so als hätte ihr diese junge Frau ihr Kleid weggenommen, das Kleid, das in einem anderen Leben ihr gehört hatte und das mehr war als nur ein Kleid, nämlich eine provisorische Seele, ein Teil ihrer selbst.

Für Simone Signoret war Kino kein narzißtisches Spiel, sondern bedingungsloses Engagement, das jedesmal von neuem begann. »Sie bitten sie, sich in eine Badewanne zu legen, und sagen ihr, daß sie unter Wasser bleiben soll. Nach zwei Minuten ist sie ertrunken.«[2] Mit weitaufgerissenen Augen, wie ein Kind, das sich in ein Bild von *Mary Poppins* hineinträumt, mit dem Wunsch, den unüberwindlichen Graben zwischen den Menschen zuzuschütten, aus sich herauszugehen und zu entdecken, was in anderen Köpfen, anderen Körpern und anderen Erinnerungen vor sich geht, stürzte sie sich in einen Film. Sich zu verändern bedeutet gleichzeitig, sich selbst, aus der Distanz und viel besser als in einem Spiegel, genauer kennenzulernen.

Doch stets blieb etwas Unveränderliches zurück: eine aus der Tiefe erklingende Melodie, ein undefinierbarer Charme in den Blicken oder in der Stimme. Genau das ist es, was man erfassen müßte. Dieses unerklärlich Unvergleichliche, diese Stärke der Persönlichkeit, diese geheimnisvolle Präsenz, die die Aufmerksamkeit auf sich zog, sobald diese Frau auf der Leinwand erschien, die sie in den Mittelpunkt ihres Freundeskreises stellte und die sie im Frankreich der letzten zwanzig Jahre zu einem Symbol für die Dramen und Freuden ihrer Generation machte. Vielleicht ist es gerade die Spannung zwischen dieser inneren Treue, diesem einzigartigen Klang, und ihrer Aufgeschlossenheit und Wandlungsfähigkeit, die ihre Kraft ausmachte.

Es gibt Menschen, die auf Anhieb und dank der Beschaffenheit ihrer Wünsche zueinanderfinden, die dieselbe Richtung einschlagen und unermüdlich dieselbe Furche ziehen, bis sie bestenfalls einen Sturzbach, einen Fluß, ein Werk daraus geschaffen haben. Sie schlagen sich durch den Dschungel des Möglichen, räumen alles aus dem Weg, das nichts mit ihrem persönlichen Projekt zu tun hat. Von diesen Privilegierten heißt es, sie hätten eine Berufung – mehr weiß man darüber nicht zu sagen. Man beneidet sie, man bewundert die Übereinstimmung zwischen ihrem Denken und Handeln, die Beständigkeit ihrer Entscheidung.

Andere öffnen sich der erschreckenden Vielfalt der Welten. Sie bemühen sich nicht, einen Wald auszulichten, in dem jedes einzelne Blatt sein Geheimnis birgt. Sie lassen sich von Entdeckungen, Freunden und Plänen überwältigen, reisen rastlos von einem Universum ins andere, von der Literatur zum Forum, von der Schauspielerei zur Poesie, vom Traum zum Ruhm, so als müßten sie jeden Ort kennen, alle erdenklichen Erfahrungen machen, die eigenen wie die der andern, so als würden sie sich einer Art Askese der Vielseitigkeit unterwerfen, einer »Diaspora« des Wissens. Simone Signoret gehörte zu dieser Gruppe der Erforscher. Ob in Leinenschuhen oder mit Pfennigabsätzen, sie wollte alles wissen, alles ausprobieren. In diesem Moment ihres Lebens, als ihre glorreiche Karriere begann, gab sie sich dem Rausch aller Anfänge hin.

»Es war soweit, ich war in Fahrt! Ich machte Film auf Film: ich konnte mir nicht mehr vorstellen, einen Film zu drehen, ohne den Vertrag für den nächsten bereits unterschrieben zu haben.« Nach *Zur roten Laterne* arbeitet sie erneut mit Marcel Herrand zusammen, den sie während der Dreharbeiten zu *Satansboten* kennengelernt hatte. In einer modernen Version mit Helikoptern, elektronischen Spielereien und Todesstrahlen ist er der in seinen Umhang gehüllte *Fantômas*. Seine Tochter, Simone Signoret, läuft durch einen langen

Gang voller Totengebeine. »Das grelle Licht eines auf sie und die Gebeine um sie herum gerichteten Scheinwerfers läßt ihre blassen Haare leuchten, verleiht ihrem Blick beinahe etwas Übernatürliches und betont die sehr klaren Linien ihres Gesichts«, schreibt ein Journalist, der den Dreharbeiten beiwohnt.

Doch erst *Die Schenke zum Vollmond* wird nach 1947 einen vollbeschäftigten Star aus ihr machen. In dieser Rolle, die Jacques Sigurd und Yves Allégret eigens für sie geschrieben haben, erweitert sie die mit *Die Dämonen des Morgens* eingeleitete Palette ihrer Ausdrucksmöglichkeiten, ohne das Register zu wechseln. Denn auch diesmal spielt sie eine Hure, die von der Liebe »erlöst« wird.

Es regnet in der grauen Hafenstadt Antwerpen, wo die Melancholie des Nordens sich in den Silhouetten der Passanten und den Gesichtern der in den Pfützen herumstehenden Mädchen widerspiegelt. Die schöne Dédée arbeitet als Animierdame in der Bar eines gutmütigen Kupplers (dargestellt von Bernard Blier). Doch sie ist anders als die andern, sie ist für diesen Beruf nicht geschaffen, sie hat zuviel Würde, zuviel Format. Bereitwillig läßt sie sich von ihrem geizigen und gemeinen Zuhälter (hervorragend dargestellt von Dalio) mißhandeln. Doch eines Morgens läuft ein Schiff im Hafen ein. Ein Mann steht auf der Brücke und leitet das Manöver: Marcel Pagliero, ein Mann von bewegender Würde. Dédée begegnet seinem Blick, während die Nebelsirene wie ein Signal ertönt. Eine große Liebe wird geboren. Dédée will ein neues Leben beginnen, diese düstere Stadt, wo die Liebe nichts anderes als ein Geschäft ist, verlassen und mit ihm übers Meer flüchten. Doch dafür hat Dalio, ihr Zuhälter, kein Verständnis. Nachts schleicht er in den Hafen, und dort, zwischen den großen, stummen Frachtern, erschießt er von hinten den Mann, der ihm seine einträglichste Nutte rauben wollte.

»In *Die Schenke zum Vollmond* hat Simone Signoret endlich die langerwartete Rolle bekommen, die sie auf Anhieb zu einer unserer großen Filmschauspielerinnen macht. (...) Wenn sie ihr Talent nicht vergeudet, wird sie es weit bringen«, schreibt der Kritiker von *Paris-Presse* und gibt damit die allgemeine Meinung wieder. Simone Signoret hat es geschafft. Sie besitzt Talent und wird geliebt. Vor allem aber scheint sie wirklich anders zu sein als all die andern. Sie ist keiner dieser zerbrechlichen Stars, die die Illustrierten bevölkern. Alle spüren es, alle wissen es: sie ist einzigartig. Vielleicht liegt es an den verächtlich herabgezogenen Mundwinkeln, dem Stolz, den jede ihrer Gesten zum Ausdruck bringt. Ihre Art ist mit keiner anderen zu vergleichen. Sie identifiziert sich voll und ganz mit ihrer Figur, legt alles in einen Blick, ein kaum wahrnehmbares Schulterzucken, einen beschleunigten Schritt, eine Bewegung ihres hübschen Mundes, in ein angedeutetes Lächeln. Was Simone so sehr von allen andern unterscheidet, ist diese bemerkenswerte Sparsamkeit ihrer Mittel und die geheime Leidenschaft, die sie antreibt und sie erstrahlen läßt – eine winzige Geste genügt.

Das Wichtigste jedoch muß sie erst noch beweisen. Nämlich daß sie keine dieser Schauspielerinnen ohne kreative Vitalität ist, die sich selbst ständig wiederholen und sich immer in den gleichen Rollen wiederfinden. Sie weiß, daß sie Gefahr läuft, »auf die Hure festgelegt zu werden«, und hat bereits sehr klare Vorstellungen von dem, was sie nicht tun wird, ohne sich allerdings einen festen Karriereplan zurechtgelegt zu haben. »Es gibt Dinge, zu denen man mich nicht zwingen kann. Nein bleibt nein. Ich habe in meinem Leben nicht alles das tun können, was ich tun wollte, doch ich habe nie etwas getan, was ich nicht tun wollte.«[3]

In der Folge werden diese volksnahen Rollen, die so wunderbar zu ihr passen, ihre Persönlichkeit endgültig prägen. Bis zur *Madame le juge* der achtziger Jahre wird sie etwas »Volksnahes«, etwas Plebejisches behalten. Die Rollen der großen Damen bleiben in ihrer Karriere eine Ausnahme. In *Das Narrenschiff* von Stanley Kramer wird sie als eine – allerdings morphiumsüchtige – Gräfin auftreten. In *Ein harter*

Tag für die Königin ist sie nur in der Phantasie einer Putzfrau eine Königliche Hoheit. Selbst »Thérèse Humbert«, diese Herrscherin, hat ganz Paris nur aufgrund eines kolossalen Schwindels in der Hand. Ihre Rolle als *Lady Macbeth* im Royal Theatre in London wurde hingegen zum größten Mißerfolg ihrer Karriere.

Rückblickend kann man sie sich nur schwer in der Rolle einer Anfängerin oder einer schüchternen Jungfrau vorstellen. Dieses Mädchen aus dem Bürgertum, das in Neuilly aufgewachsen war, hatte die Allüren und das Herz einer kleinen Pariserin. Immer wurde sie vom Flair der einfachen Leute, der Vorstädte und der politischen Linken angezogen. Auch ihre Begegnung mit Yves Montand wird, über die gegenseitige Anziehung hinaus, unter diesem Zeichen stehen. Dieser populäre Sänger, der die kleinen, einfachen Leute zum Träumen bringt, muß ihr einfach gefallen. Sie hat einen natürlichen Hang zur Spottlust und zum Argot, zum Schurkenhaften, zu Rotwein und zu Zigaretten der Marke Gauloises Caporal. Lauter Symbole, die ihre Zugehörigkeit zur großen Familie der Linken kennzeichnen. In einer Zeit, da die Intellektuellen dem Mythos des Proletariats verfallen waren und aus dieser politischen Idee einen Lebensstil machten, eine Mode, die ihnen half, ihre bürgerliche Herkunft zu vergessen, war dies eine Art, »in« zu sein. Doch es war auch das, zu dem sie sich seit früheren Zeiten, als ihr Vater sie vergeblich für Boni de Castellane zu begeistern versuchte, spontan hingezogen fühlte. Bourgeoises Wohnen konnte sie nie reizen. Sie zog Trödelware den Stilmöbeln vor, einfache, fast grobe Manieren waren ihr lieber als geziertes Benehmen. Ihre Vorstellungen von der Linken, der Kultur und der Modernität bestimmten ihre Haltung und ihre Kleidung. Sie hatte die Unnachgiebigkeit ihrer Mutter geerbt, die ihrer bescheidenen Herkunft treu geblieben war und sich stets geweigert hatte, sich von ihrem Mann zu der gewünschten wohlsituierten Ehrenhaftigkeit verleiten zu lassen.

Im darauffolgenden Jahr spielt sie mit Marcel Herrand,

Paul Meurisse und Danièle Delorme in dem letzten Film von Maurice Tourneur. *L'Impasse des Deux-Anges* wird von den Kritikern verrissen. Doch Simone Signorets Bild leidet nicht unter diesem teilweisen Mißerfolg. »Ihr Schweigen ist so wichtig wie ihre Worte. Sie spielt mit ihrem Mund, mit ihren Augen, mit ihrer Haut. Ihr Temperament ist in diesem Film viel stärker als ihre Rolle«, schreibt Jean-Jacques Gautier in *Le Figaro*.

Das Abenteuer geht weiter: Yves Allégret bietet ihr in *Eine Frau im Sattel* ihre erste »schwarze« Rolle an. Diesmal spielt sie kein heruntergekommenes und großherziges Mädchen, sondern eine »metaphysische Nutte«, wie Georges Sadoul es ausdrückt. Dora ist durch und durch schlecht, bösartig bis zu ihren hübschen, spitzen Fingernägeln, wird von ihrer teuflischen Mutter (dargestellt von Jane Marken) manipuliert und dazu ermutigt, ihren naiven, von Liebe geblendeten Mann (Bernard Blier) bis aufs Blut auszunehmen. »In aller Unschuld machte ich mich an die Dora in *Eine Frau im Sattel* heran, an dieses Monstrum, dieses Ekel, diese Lügnerin, diese Hure ohne Straßenecke und ohne bösen Zuhälter, die mir Sigurd und Allégret zusammengebraut hatten«, schreibt sie in *Ungeteilte Erinnerungen*.

Nachdem *Eine Frau im Sattel* in die Kinos gekommen ist, stellt sie plötzlich fest, daß die Leute auf der Straße ihr abweisend begegnen. Sie nehmen es ihr übel, diesen armen Bernard Blier derart grausam behandelt zu haben. Nach *Die Schenke zum Vollmond* hingegen begegnete man ihr mit komplizenhaftem Lächeln. Sie entdeckt, wie schwierig es für einen Schauspieler ist, sich in den Augen des Publikums von den Figuren zu unterscheiden, die man in einem Film darstellt. Hinsichtlich dieser fast unweigerlichen Identifikation wird sie später erzählen, daß Yves Montand hin und wieder über seine eigene Feindseligkeit erstaunt war, mit der er einem Schauspieler begegnete, der in einem seiner Filme einen Schurken gespielt hatte. »Wenn die Leute Dédée derart geliebt haben, so nur aufgrund des Unglücks dieser armen, so liebenswürdigen und so großzügigen Dédée, die letztlich ein totales Opfer der Gesellschaft war. Wenn ich das begriffen hätte, hätte ich nur noch sympathische Figuren dargestellt. Und auf große Freuden verzichten müssen.«[4] Später, nach *Die Teuflischen* von Clouzot, wird sich die Erfahrung von *Eine Frau im Sattel* unzählige Male wiederholen. Doch sie liebte ihre Rollen, sogar die bösesten. Was vor allem für sie zählte, war der Film als Ganzes. »Ich kann ohne weiteres einen Gestapo-Spitzel in einem antifaschistischen Film spielen. Aber nicht eine bewundernswerte Mutter oder eine große Liebende in einem faschistischen Film.«[5]

Mit *Die Schenke zum Vollmond* gelangt der Ruf des neuen französischen Filmstars zum erstenmal über den Atlantik. Der Erfolg des Films in den New Yorker Kinos macht die großen kalifornischen Filmstudios auf das Tandem Signoret-Allégret aufmerksam. Nach langen Diskussionen unterschreibt Simone Signoret einen Vier-Jahres-Vertrag mit Howard Hughes über jeweils einen Film jährlich, den sie gemeinsam auswählen. Eine bevorzugte Behandlung in einer Zeit, in der der berüchtigte leonische Sieben-Jahres-Vertrag die Regel ist, der die Schauspieler den Launen der Produzenten sonst wehrlos ausliefert. Doch das Schicksal wird einen wertlosen Fetzen Papier aus diesem Vertrag machen. Die Zeiten ändern sich. Niemand konnte es voraussehen: *Eine Frau im Sattel* wird der letzte Film sein, den Signoret und Allégret zusammen drehen. Noch hat die Stunde der Eroberung Amerikas nicht für sie geschlagen.

Nach den Dreharbeiten zu *Eine Frau im Sattel* fährt sie zur Erholung mit Catherine und Gilles, dem Sohn von Allégret, nach Saint-Paul-de-Vence in jenes idyllische Colombe d'Or, das sie während der Dreharbeiten zu *Satansboten* so neidisch bewundert hatte. Nun kann sie es sich leisten. Sie gehört zur verzauberten Welt der Stars. Endlich wird sie sich ihrer Tochter widmen können. Einige Tage lang...

»Vor einem schwarzen Vorhang
geht ein roter Vorhang auf.«
Jacques PRÉVERT

7

Ein Mann kommt auf sie zu, auf der Terrasse, inmitten der Blumen und der Tauben, unter dem strahlenden Blau, den Dächern der Provence und den dürren, in die Höhe gewundenen Ästen. Auch er ist ein Star. Yves Montand, der aufgehende Stern der französischen Music Hall. Dynamit auf der Bühne. Die jungen Mädchen werden ohnmächtig, wenn sie ihn singen hören. Die Hausfrauen, die Arbeiter, die kleinen Jungen, alle bewundern ihn. Er ist ein großer, schlaksiger Kerl aus einer anderen Welt, mit einem unschuldigen Lächeln, das seine breiten Ohren im Gebüsch seiner Haare hochrutschen läßt, mit der langgliedrigen, geschmeidigen Figur eines Gauklers, einem schaukelnden Gang, gewaltigen Würgerhänden, feurigen Augen, einer Stirn, so breit wie eine Landschaft, und der warmen Stimme eines begnadeten Schlagersängers aus Marseille.

19. August 1949. Eines dieser Daten, an denen eine neue Zeitrechnung beginnt.

Die Nachkriegszeit ist vorbei, die Wunden vernarben, die Zukunft läßt sich verheißungsvoll an. In Frankreich, das sich mitten im Wiederaufbau befindet, werden Hunderttausende von Kindern geboren – eine gesegnete Zeit für Chansons und Lachen, eine gute Zeit für die Liebe. Yves Montand ist jener Sohn aus dem Volk, der das Bürgertum bezaubert, weil er »auf wunderbare Weise den Metallarbeiterkumpel mit den schmutzigen Händen und dem sauberen Herzen verkörpert«.[1]

Er ist umgeben vom Nimbus des Selfmademan, denn er stammt aus einem Vorort von Marseille, aus einer italienischen Immigrantenfamilie, die sich in La Cabucelle niedergelassen hat, in einem Elendsviertel, wo man tatsächlich eine besondere Begabung besitzen muß, um sich ein anderes Leben vorstellen zu können.

Montand hat sich aus eigener Kraft aus dem Nichts hochgearbeitet, mit einem Lied von Fred Astaire, einer Melodie von Trenet, mit seiner Lust am Singen, am Tanzen, am Verführen, mit seinem Talent, die Frauen zum Lachen zu bringen. Er hat nicht studiert, sondern alles auf der Straße gelernt. Die Livis, eine antifaschistische Bauernfamilie, hatten die Toskana verlassen, um Mussolinis Schergen zu entkommen. Yvo, der kleine Italiener, hat sich ständig am Hafen herumgetrieben und ist inmitten der Hafenarbeiter groß geworden. Mit elf Jahren hat er in einer Fabrik, mit dreizehn in einem Friseurladen gearbeitet. Doch er ist und bleibt ein Singvogel. Nach und nach, getragen von seinem Traum und von der Kraft seiner Jugend, wird aus Yvo Livi der Schnulzensänger Yves Montand. Mit siebzehn Jahren tritt er zum erstenmal in einer leerstehenden Scheune der Marseiller Vorstadt auf, vor fünfzig Familienmüttern, die Erdnüsse knabbern, »auf einer Bühne aus Bohlen und Maurerböcken, die wochentags zum Gerüsteaufbau dienten«[2]. Während des Krieges hat er »seine großen Auftritte« als Pausenfüller in den Kinosälen.

Eines Tages im Jahre 1944 erhält er einen Einberufungsbefehl und beschließt, sich auf seine Weise den Widerstandsgruppen anzuschließen: indem er nach Paris fährt! Auf kleinen Theaterbühnen und in Nachtlokalen leistet er dort auf seine Art Widerstand, indem er Cowboylieder singt. *Les Plaines du Far West, Il vendait des hot dogs à Time Square.* Er betritt die Bühne und begrüßt die Deutschen, die sich in den Saal verirrt haben, mit einem lauten »Hello boys«.

Dann geschieht das Wunder – die Begegnung mit Edith Piaf. Sie ist bereits berühmt, singt jeden Abend vor ausverkauftem Haus im Moulin-Rouge und ist auf der Suche nach einem Sänger, um bei ihren Vorstellungen als Duo aufzutreten. Ihr erster Eindruck ist vernichtend. Sie mißtraut diesem Verführer, mag sein »aufschneiderisches Benehmen, seine Art, alles an sich zu reißen«[3], nicht. Doch er singt für sie, und wie alle andern ist auch sie von dem Charme dieses großen Jungen mit den ungezwungenen Bewegungen fasziniert. Er findet sie bezaubernd und äußerst humorvoll, eine unabhängige und fröhliche Frau, die mit der tragischen Persönlichkeit ihrer letzten Jahre noch nichts gemein hat. »Sie war ein sehr komisches Mädchen, das gern lachte. Als ich ihr begegnete, war sie sehr, sehr hübsch. Die andern haben dies vielleicht erst am Ende ihres Lebens entdeckt, als sie bereits völlig zerschlagen war, weil sie wegen ihres Autounfalls begonnen hatte, Drogen zu nehmen.«[4]

Drei Jahre lang treten sie gemeinsam auf, vermischen Liebe und Arbeit, werden unzertrennlich. Für ihn wird sie sogar zur Textdichterin. Sie rät ihm klugerweise, keine amerikanischen Lieder mehr zu singen, da diese nicht mehr gefragt sind. Der Krieg ist vorbei, die Welt hat sich in zwei Blöcke geteilt, und die Vereinigten Staaten stehen nicht mehr besonders hoch im Kurs. Sie sagt zu ihm: »Such dir Lieder aus, die für immer und nicht nur für einen Tag bestimmt sind.« Montands Repertoire wird umfangreicher, vielseitiger. Sein Freund Prévert schreibt die Texte, Kosma die Musik dazu. Eines Tages macht Prévert ihn mit Francis Lemarque bekannt, einem mittellosen jungen Mann, der seine Zeit damit verbringt, Lieder für Montand, und nur für Montand zu schreiben, obwohl er ihn nicht kennt, ihn nur ein einziges Mal singen gehört hat. Er wird Dutzende von Liedern für ihn schreiben, und ihre Namen werden für immer miteinander verbunden bleiben.

Als gute Tragödin versteht Edith Piaf es jedoch auch, grausam zu sein. Nach drei Jahren Liebe und Glück, als sie Montand von einem Tag auf den andern verläßt, weiß sie, daß ihre Arbeit als Pygmalion beendet ist. Sie hat Montand künstlerisches Raffinement und Perfektion beigebracht, sie hat aus diesem Provinzler einen Pariser, aus diesem Schnulzensänger für Hausfrauen einen wehmütigen Schlagersänger gemacht. Sie hat Chansons für ihn geschrieben, sein, wie man heute sagen würde, »Image« verändert, sein Repertoire der Zeit angepaßt, kurzum: sie hat ihn lanciert. Zum Teil ihrer Hilfe und ihren Ratschlägen hat Montand seinen Ruhm zu verdanken. Und jetzt, da sie auf der Bühne praktisch gleichwertig sind, die gleichen Säle füllen, das gleiche Publikum zum Lachen und zum Weinen bringen, jetzt braucht er sie nicht mehr. Dabei war das, was sie über seine männliche Anziehungskraft hinaus am meisten an ihm liebte, eben seine Unvollkommenheit, seine schwache Seite, die ungenutzte Kraft dieses Anfängers. Sie hat ihm das nötige Werkzeug, die richtigen Ratschläge gegeben, damit er seine künstlerischen Ausdrucksmittel vervollständigen konnte. Er hat auf sie gehört, hat sich verwandelt, und nach und nach begann er, auf eigenen Füßen zu stehen. Es gibt nichts mehr, was sie ihm noch beibringen kann, sie kann ihn nicht mehr lieben. Ohne Vorwarnung, erschüttert, gibt sie ihm die Trennung bekannt.

Unmittelbar danach schreibt sie wundervolle Chansons, die das Publikum mitreißen. Denn sie braucht den Liebeskummer, um zeigen zu können, wozu sie in der Lage ist. Entweder das eine oder das andere, entweder Leidenschaft oder Tragödie. Sie kann diese langen Phasen nicht ertragen, in denen die Leidenschaft wie ein sich selbst überlassenes Kaminfeuer langsam erlischt und Freundschaft zu einem wesentlichen Bestandteil der Liebe wird. Das Drama bildet den eigentlichen Mittelpunkt ihrer Kunst, und wenn es sich nicht spontan ergibt, hilft sie etwas nach. »Unbewußt war dies für sie die einzige Möglichkeit, derart großartig zu singen. Sie sang wundervoll, wenn sie verliebt war, und sie sang wundervoll, wenn sie unglücklich war.«[5] Am Anfang ist Montand verzweifelt, doch dann findet er sich mit der Trennung ab. Er tröstet sich mit den jungen Mädchen, die sich ihm nach jeder

Vorstellung an den Hals werfen. Nichts Ernsthaftes, ein Zeitvertreib, eine angenehme Art und Weise, seiner Eitelkeit zu schmeicheln, seine Verführungskunst auf die Probe zu stellen.

Wo immer er in seinem legendären braunen Anzug, ohne Krawatte auftritt, begeistert er ausverkaufte Säle. Seine Leistungen sind so groß wie das ungeheure Lampenfieber, das ihn jeden Abend überkommt, wenn er auf den schicksalhaften Augenblick wartet, in dem der Vorhang sich hebt. Ab sechs Uhr ist er nicht mehr ansprechbar, in sich selbst zurückgezogen. Man schirmt ihn von der Außenwelt ab, man vermeidet es, ihn anzusprechen. Er kämpft gegen die Angst an, die ihn zu Schweißausbrüchen treibt. Er trocknet sich ständig Hände und Stirn ab, spricht mit sich selbst. Wenn man ihn auf diese Angst anspricht, antwortet er, daß das Lampenfieber ein notwendiges Übel sei, daß Jacques Brel sich übergeben mußte, bevor er die Bühne betrat.

»›Vor einem schwarzen Vorhang geht ein roter Vorhang auf‹, schreibt Prévert. Mit dem Blick seiner Augen, seinem strahlenden Lächeln, der Bewegung seiner Hände bestimmt er die Szenerie...«[6] Diese Leichtigkeit ist das Resultat harter Arbeit. Dieses unermüdliche Arbeitstier verbringt Stunden damit, mit Hut und Stock vor einem Spiegel seine Tonleitern zu üben. Yves Montand hat enorme Energie. Jeden Abend, allein vor der schwarzen Masse des Publikums, hat er das Gefühl, an einem Abgrund zu stehen. »Das Schwierige an diesem Beruf ist die Tatsache, daß man in jeder Sekunde das richtige Gespür haben muß. Jeden Abend, in jeder Sekunde, bei jeder Bewegung, bei jedem Wort muß man etwas neu erfinden, was man bereits tausendmal gemacht hat.«[7] Eine Kunst, das Lachen mit dem Weinen, Nostalgie mit Hoffnung, Liebe mit Wut zu verbinden... Vor allem aber verfügt Montand über das angeborene Talent, jede Zuhörerin davon zu überzeugen, daß er ganz allein für sie singt.

An jenem Sommerabend ist er achtundzwanzig Jahre alt. Er ist stolz auf den Erfolg und gespannt auf die Zukunft. Bereit, neue Erfahrungen zu sammeln. Am Abend hat er keine Vorstellung. Zusammen mit seinem Gitarristen Henri Crolla, einem ehemaligen Stammgast des Flore, und seinem Pianisten Bob Castella, mit denen er gerade an der Côte d'Azur auf Tournee ist, geht er zum Abendessen ins Colombe d'Or.

Und die Zeit bleibt stehen.

»Ein sonnendurchfluteter Hof, alte Häuser mit schuppenartig verlegten Dachziegeln, eine Hügelkette: es ist die Provence, und der Wind weht so sanft, daß nichts sich bewegt. In der Mitte des Hofs, umgeben von unberechenbaren Tauben, sitzt eine junge Frau mit ungeheuer blonden Haaren.

Sie trägt eine blaue Hose, ein kurzärmeliges Sporthemd mit offenem Kragen. Sie lächelt wie die jungen Mädchen auf den Gemälden alter italienischer Maler. Ich weiß, daß sie Simone Signoret heißt, ich habe keinen ihrer Filme gesehen, ich kenne sie nicht, aber ich weiß, daß ich auf sie zugehen und dabei versuchen werde, die Tauben nicht aufzuschrekken, daß ich zwei oder drei Sätze zu ihr sagen werde, damit sie mich ansieht, zwei oder drei Sätze, ohne die Tauben zu erschrecken...«[8]

Die Tauben rühren sich nicht. Denn die Zeit steht still. Ein einziges Bild: Liebe auf den ersten Blick in der prallen Sonne. Der Schürzenjäger ist bis ins Herz gerührt von dieser strahlenden und blühend aussehenden jungen Frau, die alle Gunst auf sich vereint. Die Schönheit des Teufels, den Glanz des Ruhms, Offenherzigkeit und Intelligenz. Sie verwirrt und beeindruckt ihn. Ihr Gesicht ist nicht nur auf den Titelseiten der Illustrierten zu sehen, sie hat auch alle Bücher gelesen, sie ist eine Intellektuelle. Dieser Don Juan ist im Grunde ein sehr schüchterner junger Mann. Doch er läßt es sich nicht anmerken. Er spielt den Eroberer, den unwiderstehlichen Charmeur, bringt sie zum Lachen, deutet einen Luftsprung an. Sehr schnell weicht der Reiz des ersten verführerischen Blicks einer tiefen, naiven, überwältigenden Liebe. Sie reden miteinander, halten sich bei der Hand, küssen sich, gurren wie verliebte Täubchen. Sie sind unersättlich. Das Colombe d'Or ist zu einem Liebesnest geworden. »Es ist ein wunderschöner Tag«, fährt Montand fort, »an dem ich nicht müde werde, die unveränderlichen Details eines nach dem anderen, wie durch ein Fernglas, zu beobachten, die blonden Haare, das Knistern der Sonne und den Moment, in dem Simone mich auf sich zukommen sah...«

In den geheimen Höhlen unseres Gedächtnisses gibt es einige Augenblicke, einige Szenen, deren Erinnerungen wir hegen wie ein Geizhals sein Gold, auf die wir in den Zwischenräumen des Alltags immer wieder zurückkommen wie auf eine Liebkosung des Gedächtnisses, um uns zu vergewissern, daß wir sie wirklich erlebt haben.

In dem Hotel sind alle in großer Aufregung: die Kinder, die Hotelbesitzer, die Gäste. Yves und Simone sind noch keine dreißig Jahre alt, doch über die flüchtigen Schwärmereien der Jugend sind sie längst hinaus. Sie spüren genau, daß es sich nicht um eine Liebelei von kurzer Dauer handelt. Sehr bald wird Montand seine Bedingungen stellen: ein unwiderrufliches Ultimatum. Entweder alles oder nichts, er will kein flüchtiges Abenteuer, er will diese Frau für sich allein haben, ein Leben lang. Er wird ein echter italienischer Ehemann sein: besitzergreifend und eifersüchtig. Sie wird keine Sekunde lang zögern. Angesichts dieser Gewißheit hat Allégret keine Chance. Simone will mit Montand zusammenleben. Wenn er weniger fordernd gewesen wäre, hätte er sie vielleicht verloren. Indem er sie für sich allein beanspruchte, indem er sie, im doppelten Sinn des Wortes, bezauberte, sicherte er sich seine Eroberung. Angesichts dieses derart heftigen Verlangens trat sie in die Liebe ein wie in ein Kloster.

So wie Yves Montand ein Einzelgänger ist, der sich auf seine Arbeit, seine Karriere konzentriert, so hat Simone ihre Zeit stets damit verbracht, neue Freunde zu gewinnen. In der Oberschule in Neuilly lernte sie Chris Marker kennen. In Vannes, wo sie ihr Abitur machte, kannte sie Alain Resnais, den Sohn des Apothekers. Im Flore machte sie Bekanntschaft mit Prévert, der auch Montands Freund war, und mit Henri Crolla, seinem Gitarristen, der an jenem Sommerabend des Jahres 1949 ebenfalls im Colombe zugegen ist. Es sind bereits eine ganze Menge Leute um sie versammelt, und dabei ist dies erst der Anfang. Simone macht Montand mit dieser Welt, mit ihren Freunden vertraut, als wären sie ein Teil von ihr.

In der Art einer älteren Schwester hatte Edith Piaf einen Profi aus ihm gemacht, ihm die Tür zum Ruhm geöffnet. Simone Signoret wird diese Arbeit fortsetzen. Sie ist genauso alt wie er, doch sie ist eine Frau von Charakter und Bildung. In intellektueller Hinsicht ist sie ihm überlegen. Deshalb gibt sie sich um so unterwürfiger, anbetender, weiblicher. Er ist der Gebieter, sie würde ihm bis ans Ende der Welt folgen. In ihren Gedanken muß der Mann im Vordergrund stehen. Wer Montand nicht mag, wird nicht mehr in ihrer Nähe geduldet. Im Zentrum des Kreises, in der Mitte des Hofs, sind sie nun zu zweit. Der König und die Königin. Die Place Dauphine in Paris, wo sie wohnen werden, werden ihre Freunde insgeheim umtaufen in die Place Yves-et-Simone. Damit ist alles gesagt. Doch statt sie zu blenden, wird die Liebe Simone noch umsichtiger, noch aufmerksamer für die Schwächen des geliebten, jedoch verwundbaren, narzißtischen, zu Maßlosigkeit, Taktlosigkeiten und Kindereien neigenden Mannes machen. Und sie wird sich Mühe geben, ihn vor sich selbst zu schützen. Indem sie das Boot mit der erfahrenen Hand eines Seefahrers, mit mütterlicher Ausdauer und instinktiver Geschicktheit steuert, wird sie ihm dabei helfen, neue Wege in Richtung Politik, Film, Ruhm einzuschlagen. Dieser Frauenheld hat einigen außergewöhnlichen Frauen sehr viel zu verdanken.

Denn man darf nicht vergessen, daß ihre Liebe von Anfang an ein öffentliches Ereignis, eine Filmszene ist. Von dem Tag an, an dem sie mit ihrer strahlenden Gewalt auf der Terrasse eines Hotels inmitten aller Freunde ausgebrochen war, in

»dem einzigen Vier-Sterne-Hotel, dessen Bar die Theke einer Dorfkneipe war«,[9] wird sie immerzu den Stempel dieser spektakulären Geburt tragen. »Wenn ich Montand in einer fremden Stadt getroffen hätte, weit entfernt von meinen vertrauten Gesichtern, von seinen und von denen Allégrets, ohne Zeugen, hätte es nicht diese Blicke gegeben, die alles verzehnfachen.« Diese Blicke, die alles verzehnfachen, sind unsere Blicke, die Blicke der anonymen Zuschauer, die die Stars am Leben erhalten.

Dieses ideale, strahlende Paar verkörperte von Anfang an sämtliche Träume. Die Liebe, die Jugend, die Schönheit, den Ruhm – und das alles unter dem makellos blauen Himmel der Provence, inmitten der Tauben. Und diese große Liebe sollte für eine ganze Generation zum Mythos werden. Denn sie war – o Wunder – von Dauer. So lautete jedenfalls die offizielle Version. Und gewiß lag in der Fiktion dieser unvergänglichen Liebe ein Quentchen Wahrheit, das aus diesem Paar Nationalhelden machte. Doch darüber hinaus müßte man nach der Wahrhaftigkeit dieses Idealbildes fragen. Sie allein hätten es tun können, doch selbst dann... Wußten sie, wissen wir jemals genau, was wir gerade durchleben?

Einige Tage später wird Yves Allégret im Colombe d'Or erwartet, wo er sich mit seiner Frau und seinen Kindern treffen soll. Ihn anzulügen steht außer Frage. Die Dinge sind bereits völlig klar. Simone will nicht, daß er die Wahrheit aus den betroffenen Blicken seiner Freunde erfährt. Sie muß es ihm sagen. Sie entzieht sich dieser schwierigen Pflicht nicht. Sie verläßt das Hotel, geht ihm entgegen, um ihm die schlechte Nachricht zu überbringen. Doch so sehr sie ihren Blick auch zu verschleiern versucht, es gelingt ihr nicht, ihre Erregung zu verbergen. Denn sie ist im Begriff, neu geboren zu werden, und das sieht man ihr an, es steht ihr im Gesicht geschrieben.

»Wir waren sozusagen verlobt,
aber den Bund fürs Leben schlossen wir nicht.«
Simone SIGNORET

8

Von nun an ist nicht mehr die Rede davon, nach Amerika zu gehen, weder für den einen noch für den andern. »Ohne Montand hätte man mich nicht von der Porte de Vincennes bis zur Porte d'Asnières gekriegt. Geschweige denn nach Amerika ...«[1] Mit ihren Koffern, jedoch ohne Catherine, die vorläufig bei ihrem Vater bleibt, richtet Simone sich in Neuilly ein, wo Montand ein kleines Appartement bewohnt. Sie ist von dieser Rückkehr in das Viertel ihrer Kindheit nicht besonders begeistert. Zu viele Erinnerungen kreisen unter dem Blattwerk der Bäume. Und dann hängt in dem Schlafzimmer noch der Duft der hübschen Mädchen, mit denen der Junggeselle seine Nächte verbracht hat. Und die Hauswirtin teilt mit unverschämter Miene mit, daß Mademoiselle Josette um vier Uhr noch einmal angerufen hat ... Sie brauchen eine andere Bleibe, eine neue Wohnung.

Sie trennen sich nicht mehr. Sie begleitet ihn auf seinen Tourneen. Sie will nichts anderes mehr tun. Sie vergißt sogar das Filmen. Nichts erscheint ihr schöner als ihr neuer Beruf als »Groupie«. Jeden Abend für ihn zittern, während der Vorstellung hinter den Kulissen bleiben, die Frauen im Saal beobachten, das Maß ihrer Begeisterung abschätzen, ihn mit den Augen verschlingen, ihn anschließend, erschöpft und schweißgebadet, in die Arme nehmen. Diese Freude scheint ihr stärker zu sein als alles, was sie bisher kennengelernt hat. Dieser Mann, der die Herzen in den dunklen Sälen höher schlagen läßt, gehört ganz allein ihr. Er ist ihr Mann, ihr Sänger, ihr Held. Sie atmet die Düfte der Anbetung, die zu diesem Halbgott der Music Hall hochsteigen, tief ein. Es gefällt ihr zu wissen, daß Montand von den Frauen geliebt wird.

Nicht daß sie ihn mit jemandem teilen will, im Gegenteil. José Artur[2] erinnert sich an ein Konzert, das Montand zu Beginn der fünfziger Jahre im Alcazar in Marseille gab. »Yves Montand kündigt *Amour, mon cher amour* an. Die verliebte und sehr laszive Stimme einer ganz jungen Frau auf dem Balkon stößt einen langen Seufzer aus, der beinahe an einen Orgasmus erinnert. Simone hebt den Blick, und mit köstlichem Feingefühl murmelt sie, kaum wahrnehmbar: ›Schlampe‹... Von dem Moment an hat sie angefangen mir wirklich zu gefallen.« Zu dieser Zeit betrachtet sie ein gesundes Maß an Eifersucht als einen wesentlichen Bestandteil der Liebe. Später, nach der Marilyn-Episode, wird sie ihre Theorie den Umständen anpassen müssen. Die Eifersucht wird dann nicht mehr die stolze Forderung einer geliebten und triumphierenden Frau sein, sondern ein geheimes Übel, eine uneingestandene und nie vernarbende Wunde.

Zur Zeit jedoch sieht sie sich als Groupie auf Lebenszeit, als die entzückte kleine Frau des Sängers. »Und dann Amerika, wo denken Sie hin...« Yves Montand hat den Fehler begangen, einen dieser berühmten Sieben-Jahres-Verträge bei Warner zu unterschreiben. Es ist nicht so einfach, aus einem solchen Vertrag wieder herauszukommen. Wie dem auch sei, ein Jahr später sind es die Amerikaner, die weder von Simone Signoret noch von Yves Montand noch etwas wissen wollen. Sie sind zu roten Teufeln geworden, denn sie haben den Stockholmer Appell unterschrieben. Zwei große Löwen haben die politische Arena betreten.

Es ist die Zeit, als die Vereinigten Staaten noch die einzigen sind, die die Atombombe besitzen. Aus Angst, den Krieg gegen die Japaner zu verlieren, die die Schiffe der amerikanischen Kriegsflotte mit Kamikaze-Fliegern angriffen, hat Harry Truman auf den roten Knopf gedrückt und Hiroshima von der Weltkarte gelöscht. Mit der Atombombe, die aus Hitlers Eskalation des vorsetzlichen Tötens hervorgegangen ist, beginnt ein neues Zeitalter, in dem die Menschheit zum erstenmal die Mittel besitzt, sich selbst zu zerstören. Für die Intellektuellen verkörpert die Bombe, zusammen mit den Konzentrationslagern der Nazis, das Übel schlechthin. Aber noch geben sie sich der verrückten Hoffnung hin, sie wieder beseitigen zu können. Sie verbieten zu können. Das ist das Ziel des Stockholmer Appells.

Und da die Atombombe eine amerikanische ist, richtet sich ihr Protest gegen die Vereinigten Staaten von Amerika. Die deutsche Besatzungszeit, als das Singen eines Cowboyliedes als ein Akt des Widerstands galt, ist längst vorbei. Nun, da der Kalte Krieg die Welt in zwei Blöcke teilt, sind die Amerikaner nicht mehr die Befreier, die Helden der Landung in der Normandie, die Wohltäter des Marshall-Plans, sondern die Hersteller und alleinigen Besitzer einer absoluten Waffe, die imstande wäre, den Planeten Erde zu zerstören. Auch sonst stehen sie in einem schlechten Licht da. Die Erregung über den Kalten Krieg löst die von den Hirngespinsten eines Senator McCarthy angeschürte Jagd auf die Kommunisten aus, die die Vereinigten Staaten wie ein böses Fieber befällt. Verdächtig sind all jene, die sich irgendwann in ihrem Leben als Sympathisanten der Linken schuldig gemacht haben. Es genügt, vor dem Krieg für das republikanische Spanien gespendet zu haben, um jetzt verhört, von der allmächtigen Kommission antiamerikanischer Aktivitäten in die Mangel genommen zu werden. Denunzianten werden ermutigt und belohnt. Unter dem Schock der langen Reihe von Denunziationen, unter anderem die von Elia Kazan, gerät Hollywood in eine tiefe Krise. Joseph Losey, Jules Dassin, John Berry verlassen für immer das Land. Dashiell Hammett, der Verfasser des *Malteserfalken*, sitzt im Gefängnis. Bald wird sich, unter dem untröstlichen Blick seiner Frau

Marilyn Monroe, auch Arthur Miller unglaublichen Verhören unterziehen müssen. Julius und Ethel Rosenberg werden der Spionage beschuldigt und ohne die geringsten Beweise nach einem Schauprozeß hingerichtet. Der gewaltige Schatten von McCarthy lastet auf den Tanzschritten von Fred Astaire.

Zur selben Zeit bauen auf der andern Seite des Globus, unter der leuchtenden Sichel vom »kleinen Vater des Volkes«, andere Befreier, andere Helden des antinationalsozialistischen Kampfes eine bessere Welt auf, in der verkündet wird, daß die Arbeiter endlich selbst über ihr Schicksal bestimmen können und die Unterdrückten von gestern nun Gerechtigkeit und Gleichheit herrschen lassen. Als Beweis dafür gilt die Tatsache, daß sich die europäischen Länder, die die tapfere Rote Armee vom nationalsozialistischen Joch befreit hat, sich eines nach dem andern zu den neuen Ideen bekennen.

Am Ende des bewegten Jahres 1989, als Osteuropa den Kommunismus wie ein vergiftetes Essen ausgespuckt hat, fällt es einem schwer, sich daran zu erinnern: damals fiel es nicht schwer, die richtige Wahl zu treffen. Auf der einen Seite die Helden von Stalingrad, die Millionen Opfer des Krieges gegen Hitler. Auf der andern Seite die Verantwortlichen von Hiroshima. Auf der einen Seite eine klassenlose Gesellschaft, die die Abschaffung des Staates und eine glückliche Zukunft anstrebt, die Hoffnung auf die Erlösung des Menschen durch den Fortschritt der Geschichte. Auf der andern Seite der kapitalistische Dschungel, das blinde Streben nach Profit, die Macht des Dollars, die soziale Ungleichheit, der kolonialistische Imperialismus. Wie konnte man sich da irren?

Der Stockholmer Appell ist eine kommunistisch inspirierte Erklärung des Weltfriedensrates, die das umfassende und endgültige Verbot aller Kernwaffen verlangt. Diese internationale Petition, eine »vorrangige Aktion« der PCF jener Zeit, vereint 273 Millionen Unterschriften aus der ganzen

Welt – davon allein, zugegebenermaßen, 115 Millionen Unterschriften aus der Sowjetunion. In Frankreich unterschreiben mehrere Millionen Menschen diesen Friedensappell mit beiden Händen. Zu ihnen zählen Leute aus allen Lagern. Verschiedene Unterzeichner, wie etwa Maurice Chevalier und Fernandel, werden später öffentlich bedauern, ihren Namen für etwas hergegeben zu haben, das von der Rechtspresse als kommunistische Propaganda abgestempelt wird. Für andere hingegen, die klüger und politisch engagierter sind, etwa Gérard Philipe, Picasso, Roger Vailland, Claude Roy oder François Périer, bietet der Stockholmer Appell die Gelegenheit, ihr Selbstverständnis zu überdenken.

Für Simone Signoret war das Terrain durch die Überzeugungen ihrer Mutter vorbereitet worden. Doch ihre erste wirkliche Begegnung mit der Linken fand im Flore statt. Es handelte sich um eine gemischte intellektuelle Linke, die sowohl aus dem Anarchismus und dem Trotzkismus als auch aus der stalinistischen Orthodoxie hervorgegangen war. Ein Stamm, ein Clan, eine Adoptivfamilie. Für Yves Montand jedoch verkörperte die Linke die Familie, die wahre Familie, den antifaschistischen Vater, den seit 1933 in der CGT[3] aktiven Bruder. Und als er seine junge Frau zu seinen Eltern nach La Cabucelle in Marseille mitnahm, entdeckte sie dort die wahre Welt der Arbeiter. »Es war das erste Mal in meinem Leben, daß ich mich zu Leuten an einen Tisch setzte, die alle zumindest einen großen Teil ihres Lebens in der Fabrik gearbeitet hatten.«[4] Sie wurde sich der Abgründe bewußt, die Montand überwunden hatte, um von La Cabucelle bis ins Théâtre de l'Etoile zu gelangen. Sie hatte bis dahin viele linksorientierte Leute kennengelernt, doch das war immer eine abstrakte, ideale Linke gewesen. In Marseille entdeckte sie das Elendsviertel, in dem ihr Geliebter aufgewachsen war. »Die Sirenen der Gasanstalt, der Wursthäutefabrik und der Werften dienten dem ganzen Stadtviertel als Zeitmesser.«[5]

Von nun an werden Simone Signoret und Yves Montand ihr Leben lang zu den großen Fragen ihrer Zeit Stellung nehmen.

Auf ihre leidenschaftliche Art und Weise, mit ihren Launen und ihrer ganzen Liebe werden sie sich immer wieder von neuem entrüsten, sich engagieren, Partei ergreifen für die Verdammten dieser Erde. Auf die Gefahr hin, sich zu irren. In den fünfziger Jahren, als die französische Armee sich im indochinesischen Morast verirrt und MacArthur Korea bombardiert, ist es für die Menschen mit Verantwortungsbewußtsein selbstverständlich, der Linken und der Arbeiterpartei die Treue zu halten. Später, als die traurige Wahrheit über die sozialistischen Paradiese aufgedeckt wird, werden Yves Montand und Simone Signoret sich nicht ohne Schmerzen von einer bedingungslosen Zustimmung lossagen, die politisches Bewußtsein nicht länger ersetzen kann. Sie werden sich in der Folge damit begnügen, sich in Einzelfällen zu engagieren, ohne dabei auf ideologische Bezüge zurückzugreifen. Doch zu jener Zeit ist für Zweifel kein Platz. Der Glaube an den Stalinismus, der das nationalsozialistische Ungeheuer besiegt, die Völker befreit und das ausgebeutete Proletariat verteidigt hat, ist ein unumstrittenes Dogma. »Als Jacques Prévert mich vor dem Stalinismus warnte, sagte ich mir: Jacques ist ein Dichter. (...) Er hat nie insistiert. Er wußte, daß er es mit einem bigotten Menschen zu tun hat. Und mit bigotten Menschen diskutiert man nicht.«[6]

Trotz allem treten Signoret und Montand nicht in die Kommunistische Partei Frankreichs ein. »Wir waren sozusagen verlobt, aber den Bund fürs Leben schlossen wir nicht.« Dies ist keine ganz einfache Position. Der Druck, der auf sie ausgeübt wird, ist stark, vor allem von Julien Livi, dem in der Gewerkschaft aktiven Bruder. Viele bekannte Intellektuelle sind Kommunisten. Aragon zum Beispiel, dessen Bücher Simone Signoret alle mit Begeisterung gelesen hat. Es ist ehrenhaft und verschafft Prestige, der Partei der zwanzigtausend Hingerichteten anzugehören, doch Signoret und Montand lehnen die Mitgliedskarte ab. Sie verstehen sich als engagiert, aber unabhängig. In politischer Hinsicht sind sie überzeugt, zuversichtlich und sicher, auf der richtigen Seite zu stehen. Andererseits fällt es ihnen schwer, sich mit dem kulturellen Geschmack des Sozialistischen Realismus anzufreunden. Schdanovs Richtlinien für die Kunst, die langweiligen Filme über den Aufbau von Zementfabriken in der Ukraine, die heroischen Gemälde von Fougeron, die obligatorische Verachtung von Jazz und Hemingway – damit können sie, trotz ihres guten Willens, nicht einverstanden sein. Denn schließlich ist das Showgeschäft ihr Beruf. Auch wenn Fred Astaire ein Produkt des Kapitalismus ist, so tut das seinem Talent keinen Abbruch. Das spüren sie, das wissen sie, und sie können es nicht völlig verleugnen. In die Kommunistische Partei eintreten würde bedeuten, eine Kulturpolitik gutheißen, die aus künstlerischer Bedeutungslosigkeit ein Dogma und aus kreativer Freiheit ein Verbrechen am Proletariat macht. Also entschließen sie sich, im Hintergrund zu bleiben, wobei sie weiterhin versuchen sich einzureden, daß die Kulturfrage nur ein zweitrangiges Problem sei, eine bloße Folge des Überbaus, verglichen mit der fundamentalen Frage nach der Umgestaltung der Produktionsverhältnisse nur von nebensächlicher Bedeutung. Sie wissen noch nicht, daß die kulturelle Starrheit der kommunistischen Diktaturen auch ein untrügliches Zeichen für ihre große politische Schwäche ist. All ihren Bedenken und allen Widerständen zum Trotz sind und bleiben sie der offiziellen Linie bis 1956 treu.

Auf diese Weise vergrößern sie – wie Sartre, der Wortführer der Genossen – die aus Künstlern und Intellektuellen zusammengestellten Hilfstruppen, die sich bei allen großen Gelegenheiten dafür einsetzen, den Stalinismus *à la française* zu verteidigen. Die Strategie der Kommunistischen Partei schreibt ihnen eine klare Funktion zu. Sie haben nicht das Recht, in den offiziellen Kommuniqués als »Genossen« bezeichnet zu werden. Sie sind die »Freunde« der Partei, unabhängig und deshalb unersetzliche Sprecher und glaubwürdiger als die militante Parteiführung. Und da sie sich ihrer geheimen Vorbehalte zudem ein wenig schuldig fühlen, sich selbst eines kleinbürgerlichen Denkens verdächtigen, verstärken sie ihre Fügsamkeit durch kompensatorischen Eifer.

Für die Öffentlichkeit sind Montand und Signoret Kommunisten, und damit basta. Schluß mit den Subtilitäten. Alle, sowohl die Kommunistische Partei als auch die Rechte, sind sich darin einig, ihnen diese Rolle zuzuweisen. »Ich habe das Gefühl, ausgebeutet, als Reklameschild für eine Idee benutzt worden zu sein wie für ein Shampoo oder einen Apéritif«, wird sich Montand später beklagen. Allerdings muß man feststellen, daß sie sich mit beunruhigender Bereitwilligkeit benutzen lassen. Als *Le Figaro* sie als Kommunisten »beschimpft«, verlangen sie keine Richtigstellung, »um nicht den Anschein zu erwecken, sich rechtfertigen zu müssen«. Als sie während eines Abendessens eine Anspielung auf die Existenz von Konzentrationslagern in der UdSSR hören, erheben sie sich vom Tisch und verlassen entrüstet den Raum. Wie alle, oder fast alle, glauben sie den Bildern von Epinal, den Bildern von pausbäckigen Bäuerinnen aus der Mandschurei, von den Stachanow-Arbeitern mit den kräftigen Armen und von anderen Männern aus Marmor. Und mit einem gewissen Mut bleiben sie sogar ungerührt, als bestimmte Zeitungen Montand als »Vorzeige-Kominformisten« verspotten, der im Bentley herumfährt, oder Signoret, die »im Nerzmantel die *Huma-Dimanche* verkauft«.

Sie finden sich damit ab, nicht nach Amerika reisen zu dürfen, da ihnen von nun an das Einreisevisum verweigert wird. Nachdem sie von Howard Hughes und Warner hofiert worden waren, hat man sie nun in die kommunistische Hölle verbannt. Trotz allem fällt es ihnen schwer, damit zu leben. Für die Schauspieler ihrer Generation ist Hollywood der Gründermythos, der moderne Traum, das Große Kino. Sie sind deprimiert. Doch sie fügen sich ins Unvermeidliche und sind sogar stolz darauf, eine zweifelhafte Freude für eine bessere Zukunft geopfert zu haben.

Während sie darauf warten, daß die Geschichte einen neuen Kurs einschlägt, finden sie, eher per Zufall, das Haus ihrer Träume, einen ehemaligen Buchladen, den sie den »Zigeunerwagen« nennen werden, in Erinnerung an *Les Enfants terribles* von Jean Cocteau.

Auf der Ile de la Cité gibt es einen kleinen, dreieckigen Platz, der von Bäumen und ehrwürdigen Gebäuden umgeben ist. Eine Ecke des alten, dörflichen Paris zwischen dem Pont-Neuf, wo Heinrich IV. auf seinem Bronzepferd thront, und dem Justizpalast. In dieser Ecke möchte Simone gerne leben. Seit langem schon, seit dem Krieg. Zur Zeit des Flore, als sie eines Abends mit Freunden am Quai des Orfèvres, am Ufer der Insel, entlang spazierenging und die herrlichen, im Schatten liegenden Fassaden betrachtete, hatte sie erklärt: »Dort werde ich eines Tages wohnen.«

Es war nicht das erste Mal, daß sie mit lauter Stimme ihre eigene Zukunft voraussagte. Als sie *Les Nouveaux Temps* verließ, hatte sie Jean Luchaire angekündigt, daß sie Schauspielerin werden würde. So als müßte etwas ausgesprochen werden, damit es Wirklichkeit werden konnte. Eine Frage des Willens. Indem sie verkündete, sie würde Schauspielerin werden, ging sie eine Verpflichtung gegenüber sich selbst ein. Und das war ihr heilig. Also wurde sie Schauspielerin. Ebenso fand sie eine Wohnung in einem dieser friedlichen Häuser, von denen sie erklärt hatte, daß sie eines Tages darin wohnen würde. Ihr Wille schien stark genug zu sein, um sich den Zufall zum Komplizen zu machen.

Man schlug ihr einen ehemaligen Buchladen im Zentrum von Paris vor, dessen Fenster auf den Quai des Orfèvres gingen. Welcher Ort hätte ihr mehr zusagen können? Der »Zigeunerwagen« wird ein Ort der Begegnung, der Freundschaft und des Lachens werden, wo Informationen ausgetauscht und bis spät in die Nacht hinein Diskussionen geführt werden, wo die Erinnerungen sich ansammeln. Und viel später wird er dann zu einem einsamen Refugium werden, einem Ort des Schreibens und der Meditation.

In jener Zeit dreht Simone Signoret drei Filme, von denen einer als Meisterwerk gilt: *Der Reigen* von Max Ophüls, dem Regisseur mit dem »philosophischen Lächeln«.[7] Sie ist überglücklich, mit Danielle Darrieux, die sie seit ihrer Kindheit bewundert, zusammenarbeiten zu können. Montand weicht nicht von ihrer Seite, er verbringt den Tag in ihrer Garderobe, wohnt den Kostümproben bei. Dieser zaghafte, aber beharrliche Verehrer muß einen sehr aufdringlichen Eindruck auf einen Regisseur machen. Doch der geniale Ophüls hat die Situation bestens im Griff.

Anschließend dreht sie *Le Traqué*, einen amerikanischen Krimi von Frank Tuttle und Borys Lewin, und ein russisch angehauchtes Melodram, in dem sie eine Pianistin darstellt, die von einer Tschaikowsky-Melodie besessen ist. Doch *Ombres et Lumières*, der einzige Film, dessen sie sich nach eigener Aussage schämte (es gab noch einen anderen Film, über den zu sprechen sie sich aus unerklärlichen Gründen weigerte: *Les Granges brûlées*), wird in der UdSSR überwältigende Erfolge feiern.

Doch das alles ist ihr ziemlich gleichgültig. Sie meint plötzlich, daß es sie nicht mehr reizt, weitere Filme zu drehen. Die Welt ist voll von Dingen, für die es zu kämpfen lohnt. Und Montand genügt ihr zu ihrem Glück. Sie ist weit davon entfernt sich vorzustellen, daß das Kino aus ihr eine Göttin der Vorstädte namens Goldhelm machen wird.

»Die, die nie wie Könige umjubelt
und gefeiert wurden,
wenn das Licht im Saal wieder anging,
mögen den ersten Stein werfen.«
Simone SIGNORET

9

»Schwach, sehr schwach.« Der belgische Journalist schüttelt den Kopf, es ist ihm peinlich, der kleinen Signoret, die mit hoffnungsvollem Blick vor ihm steht, die traurige Wahrheit sagen zu müssen. Aber einer muß es schließlich tun. Soeben haben in Brüssel zwölf Kritiker der ersten Vorführung des neuen Films von Jacques Becker, *Goldhelm*, beigewohnt. Und ausnahmslos gegähnt.

Es ist eine Katastrophe. Ein glatter Reinfall. Ein Kino-Alptraum. Aber solch gewaltige Irrtümer gehören nun mal zu den Risiken des gefährlichen Berufs des Kritikers.

Nach seiner Weltpremiere in Belgien bleibt Beckers Meisterwerk dort ganze vier Tage auf dem Spielplan. In Paris ist es noch schlimmer, und das schmerzt noch mehr. Ein Fiasko. Einstimmig bemängeln die Kritiker »die Vulgarität der Dialoge und Bilder«, die dürftige Geschichte, die Altertümlichkeit der Kostüme. Der überragende Serge Reggiani mißfällt noch mehr als Claude Dauphin, Raymond Bussières, Loleh Bellon und Simone Signoret. Seine Ungezwungenheit, seine Einfachheit, seine Empfindsamkeit kommen beim Publikum nicht an. Er ist den Filmkritikern zu ergreifend, zu authentisch und entspricht nicht der Vorstellung des guten, breitschultrigen Handwerkers, die sie zu Beginn der fünfziger Jahre von einem Schauspieler haben. Nach *Goldhelm* bleibt er mehrere Jahre ohne Vertrag.

Beckers Vision ist zu genau, zu nah an der historischen

Realität, um nicht zu verwirren. Die an Federbüsche, auf modern getrimmte Louis XV.-Kostüme gewöhnten Blicke finden sich in dieser authentischen Rekonstruktion der Gaunerwelt zur Zeit der Belle Époque nicht zurecht. Jacques Becker beschreitet mit seiner historischen Gewissenhaftigkeit, seiner Liebe zum Detail, seiner Genauigkeit neue Wege. Er mogelt nicht bei seiner Reise durch die Zeit. Und gerade diesem dichten Realismus, diesem Willen nach Wahrheit entspringt die unnachahmliche Poesie von *Goldhelm*, die diesen Film unsterblich macht. Denn die Authentizität der Ausstattung, der Vision überträgt sich auf die Figuren. Da sie in dieses Universum eingebunden sind, sagen sie zwangsläufig die Wahrheit, tragen sie das Gesicht und das Kostüm ihrer Epoche, und sogar in ihren Gesten steckt so etwas wie eine historische Präzision. Die Vision ist zu wahrheitsgetreu, zu unabhängig von Klischees, um ihrer Zeit nicht voraus zu sein. Man muß warten, bis die Klischees sich verändert haben. Erst dann, erst die nächste Generation wird das Werk in seiner zeitlosen Dimension erkennen.

Simone Signoret empfand für diesen Film »jene besondere Zärtlichkeit, die man manchmal den Unverstandenen, den von Geburt an ein wenig mißratenen und sich erst spät entwickelnden Kindern entgegenbringt«[1]. *Goldhelm* ist ein Rätsel der Filmgeschichte. Es ist immer schwierig zu erklären, warum ein Meisterwerk von seinen Zeitgenossen nicht verstanden wird. Mit der Zeit ändert sich der Blick und verschiebt die Perspektiven. Wieso wurde damals nicht erkannt, was uns heute so offenkundig erscheint? Der nostalgische Charme der Ufer der Marne, die tragische Dimension einer Geschichte, die einfache Gauner in Racine'sche Helden verwandelt, die Schlichtheit der Inszenierung, bei der jedes Detail wichtig ist, von der Wahl der Landschaften bis zur luftigen Frisur von Marie, dem »steinernen Abbild« des Erzengels Gabriel – eine Signoret auf der Höhe ihrer Kunst. Die an den Visionen Renoirs und Toulouse-Lautrecs inspirierten Bilder des Films *Goldhelm* sind von einer Frische, einer poetischen Eindringlichkeit und einer Leuchtkraft, die sie unvergeßlich machen. Wie Georges Sadoul schrieb, der einzige Kritiker jener Zeit, der für diesen unverstandenen Film empfänglich war: »Jacques Becker knüpft nicht nur an die besten Traditionen französischer Bildhauerkunst an, sondern versteht es auch, eine realistische Poesie für Paris und seine Vororte wiederzufinden, deren Geheimnis man seit Louis Feuillade, seinen *Vampires* und seinem *Fantômas*, für verloren halten konnte.« Allerdings verdammte derselbe Sadoul *Goldhelm* in *Les Lettres françaises*, vorgeblich aus politischen Gründen: Wäre es nicht ratsamer gewesen, diese wunderbaren Rollen mit guten Gewerkschaftsmitgliedern zu besetzen?

Unter Berücksichtigung aller Unterschiede kann man behaupten, daß *Goldhelm* ein ähnliches Schicksal widerfuhr wie der impressionistischen Malerei. Übrigens galt dem Licht, der Veränderung des Blicks, die durch eine einfache Verfeinerung der Beleuchtung bewirkt werden kann, in Beckers Film dieselbe Sorgfalt wie bei Auguste Renoir oder Monet. Der Schwarzweiß-Film *Goldhelm* bleibt einem im Gedächtnis wie eine Symphonie aus Farben.

Goldhelm war natürlich ein genialer Titel. Man schaut sich den Film an und denkt an dieses Wort, und sogleich wird der Blick von Maries »Helm« gefesselt, von diesem oben auf dem Kopf stolz hochgebundenen Haar, das eine Art leuchtende Kuppel bildet. Simone Signorets Gesicht stützt dieses Gebilde wie ein wunderbares Gerüst. Die Frisur verzaubert den Blick, der den Mund verzaubert, der das Licht zurückwirft. Und über all diesem schwebt das Liebesglück wie eine sanfte Wärme. Man begreift nichts von Simone Signoret, wenn man vergißt, daß sie jene Frau war, jene perfekte, von innen heraus strahlende Frau. Sie trug dieses Bild in sich wie eine verborgene Medaille. Und als sie nicht mehr Goldhelm war, machte es ihr nichts aus, älter zu werden. Auf solche Höhen würde sie – zumindest glaubte sie das – nie wieder gelangen.

Das Drehbuch inspirierte sich, wenn auch nur sehr entfernt, an der wahren Geschichte einer gewissen Amélie Hélie, Goldhelm genannt, einer Prostituierten um die Jahrhundertwende im Quartier Point-du-Jour und Begleiterin eines Gauners namens Manda, dem Anführer einer Ganovenbande, die die Besucher von Folie-Méricourt erpreßte. Im Verlauf einer Abrechnung zwischen Ganoven ging Manda auf seinen ehemaligen Stellvertreter Dominique Leca, der Anführer einer rivalisierenden Bande und bei Goldhelm zu seinem Nebenbuhler geworden war, mit dem Messer los. 1902 wurden die beiden Gauner zu Gefängnisstrafen verurteilt, und Goldhelm, die dank dieses schmeichelhaften Ereignisses berühmt geworden war, machte eine kurze Karriere als Nachtclub-Sängerin, während ihre beiden ehemaligen Zuhälter in Cayenne ihre Strafe verbüßten.

Es war ein altes Projekt, eine dieser ewigen Ideen, die in den Köpfen der Filmemacher zirkulieren. Vor dem Krieg hatten Duvivier, dann Clouzot und schließlich Yves Allégret davon geträumt, diesen Bandenkrieg, der sich zur Zeit der Belle Époque in den Pariser Vororten abspielte, in Bilder umzusetzen. Der exotisch-volkstümliche Charme der Vororte und Ausflugslokale war für die Regisseure jener Zeit ein äußerst reizvolles Thema, genauso wie er es für die Impressionisten gewesen war. Die Romantik der kleinen Handwerker traf den Nerv der Zeit.

Jacques Becker veränderte die Geschichte von Grund auf und machte eine Liebestragödie daraus. Bei ihm drehte sich alles um die leidenschaftliche Beziehung von Manda und Goldhelm, die verdammten Geliebten, die von Leca, dem Weinhändler (Claude Dauphin), mit seinem eifersüchtigen Haß verfolgt werden. Nachdem Leca Manda dazu angestiftet hat, Goldhelms ehemaligen Zuhälter im Verlauf eines »fairen« Kampfes zu töten, zeigt er einen Unschuldigen, der kein anderer als Mandas bester Freund ist, bei der Polizei an. Dann geht er zu Manda, der sich mit Goldhelm in einem kleinen Landhaus versteckt hält, und berichtet ihm, daß sein Freund des Mordes angeklagt ist.

Nach vier glücklichen Tagen in dem Landhaus, nach vier Tagen voller Liebe und heißer, aus bäuerlichen Schalen getrunkener Milch, stellt Manda sich der Polizei. Man wird ihn guillotinieren. In der letzten Szene beobachtet Goldhelm die Hinrichtung ihres Geliebten von einem Fenster aus. Im Gegenlicht leuchten ein letztes Mal die Haare, die sich aus dem wundervollen Knoten gelöst haben.

Alle an den Dreharbeiten Beteiligten spürten, daß dies kein gewöhnlicher Film war. Die Dreharbeiten waren zu einem wahren Fest geworden. Es herrschte eine Art kollektive Gnade. Sogar die Natur zeigte sich wohlgesonnen. Wenn Jacques Becker einen leichten Nebel über der Landschaft benötigte, stieg am Morgen der Nebel auf. Am nächsten Tag wünschte er sich Sonne, und die Sonne begann zu scheinen. Die Hauptdarsteller logierten in einer kleinen, rustikalen Herberge, die gut zum Dekor des Films gepaßt hätte, mit Steingutschüsseln in den Zimmern und einem »Gemüsegärtchen, an dessen Ende sich die ›Örtlichkeiten‹ befanden«[2]. Und alle waren an einem Moment ihres Lebens angelangt, in dem sich die Liebe voll entfaltet. »Jacques war in Annette verliebt, und seine Liebe für die Liebe schlug sich in den Bildern nieder. Ich liebte Montand, und Manda hatte den Nutzen davon, und da Manda Serge war, war es köstlich inzestbeladen, so zu tun, als liebten wir uns auch noch anders, wo wir uns doch schon so lange gern hatten. Und Jacques mochte uns alle.«

Diese Liebe übertrug sich auf den Film *Goldhelm*. Doch trotz allem blieb es ein *film noir*, eine Tragödie. Er paßte nicht in diese frivolen Jahre. Das Gespenst der Entbehrungen aus der Nachkriegszeit war entschwunden, der wirtschaftliche Aufschwung ging mit schwindelerregender Geschwindigkeit voran, die Keller von Saint-Germain-des-Prés waren voller Menschen. Françoise Sagan schrieb *Bonjour tristesse*, man gab sich dem *dolce vita* hin, dem Whisky, den schnellen Autos. Mit all dem hatte *Goldhelm* nichts zu tun. Niemand war bereit für diesen Film, für diesen schwarzen Diamanten.

In Paris kam der Film erst zehn Jahre später ins Kino, nachdem er weltweit als Meisterwerk gefeiert worden war. In Deutschland hatte er triumphiert, ebenso in Italien. In Großbritannien war er mit dem British Academy Award ausgezeichnet worden. Doch Jacques Becker, der ein sehr enger Freund von Simone Signoret und Yves Montand geworden war, war im November 1959 gestorben, ohne zu wissen, daß sein Film eines Tages zum Klassiker werden würde.

Dabei hatte Simone sich wirklich überwinden müssen, um ihn zu machen, diesen Film. Es war das erste Mal seit ihrer Begegnung, daß sie sich von Montand trennte. Als Becker sie im März 1951 engagiert, begleitet sie Montand in die Camargue, wo er, zusammen mit Charles Vanel, *Lohn der Angst* von Clouzot dreht. Ein Film, für den Clouzot wochenlang auf Montand einreden mußte, bevor dieser sich entschied. Seine erste Kinoerfahrung mit *Pforten der Nacht*, ein Film von Prévert und Carné, in dem er ohne Überzeugung eine Rolle spielte, die Gabin abgelehnt hatte, war für ihn zu einer großen Enttäuschung geworden. Er sieht sich noch nicht als wirklichen Schauspieler. Wenn er auf der Bühne singt, spielt er seine eigene Rolle, ist er Herr über die Inszenierung und den Rhythmus. Er ist nicht sicher, ob er bereit ist, sich den Anforderungen eines Regisseurs zu unterwerfen. Schließlich geht alles gut, er ist von seinen Fähigkeiten überzeugt, und abends, im Speisesaal des Hotels, albert er mit Vanel herum. Simone erlebt traumhafte Ferien, fährt mit Véra Clouzot zum Einkaufen nach Nîmes, und in endlosen politischen Diskussionen, deren Ton zunehmend gereizter wird, bietet sie Clouzot die Stirn. Später, während der Dreharbeiten zu *Die Teuflischen*, wird es noch schlimmer. Clouzot und Signoret werden sich von Herzen hassen.

Weggehen, Montand verlassen. Es ist ein wahres Sichlosreißen. Schluchzend packt sie ihren Koffer. Schluchzend verabschiedet sie sich von der ganzen Truppe. Montand bringt sie zum Bahnhof nach Nîmes, wo sie den Zug nach

Paris nehmen und zu Becker fahren wird. Der Zug fährt in den Bahnhof ein, und mit einem Mal hört sie auf zu weinen. Sie macht keinerlei Anstalten, nach ihrem Koffer zu greifen. Sie stemmt die Hände in die Hüften und blickt dem Zug herausfordernd entgegen. Sie bleibt ihrer Legende, Dédée d'Anvers, ihrer Rolle als unnachgiebige Geliebte treu und schert sich keinen Deut um den Rest der Welt. Der Zug fährt langsamer, hält an. Zwei Minuten später ist er wieder abgefahren. Wie im Traum, oder wie in einem schlechten Drama, steht sie am Bahnsteig, wie eine Liebesallegorie, die über die Hindernisse des Lebens triumphiert, und schaut dem Zug hinterher.

Sie hat sich durchgesetzt. Sie wird nicht in *Goldhelm* mitspielen – und dann? Sie bleibt bei Montand, an ihrem natürlichen Platz in der Ordnung dieser Welt. Sie wird wieder mit Véra Clouzot in die Kurzwarenabteilung des Geschäfts Dames de France in Nîmes gehen, und das wär's dann. Becker wird schon eine andere finden, sie ist, zum Teufel noch mal, nicht unersetzbar. Übrigens ist niemand unersetzbar. Pierrette zerbricht den Milchtopf. Adieu Becker, *Goldhelm*, Reggiani, Dauphin, die Marne-Ufer und die Ausflugslokale. Adieu Kino. Sie sieht sich als Heldin der Liebe. Sie verzichtet leichten Herzens auf ihren ewigen Traum, auf diese Hauptrolle, die einen Star aus ihr machen und ihr Bild für die Ewigkeit festhalten wird. Sie weiß nicht, daß das Gold des »Helms« ein warmes Licht auf ihr Schicksal werfen wird, so wie das Gold des Hotels »Colombe d'Or« ihre erste Begegnung mit Montand erleuchtete.

Am nächsten Morgen ist sie nicht mehr ganz so stolz. Sie ist nicht mehr die große Heldin. Es wäre ja doch eine wunderbare Rolle. Sie hatte sich bereits genau ausgemalt, welche Frisur sie tragen wollte, wie dieser Helm aus Haaren, so glatt wie eine goldene Kuppel, aussehen sollte. Seit anderthalb Jahren hatte sie keinen Film mehr gedreht. Man wird sie vergessen... Und überdies scheint Montand nicht unbedingt sehr begeistert zu sein von der Vorstellung, daß sie auf ihre

Karriere verzichtet, um bei ihm zu bleiben. Er fühlt sich geschmeichelt, natürlich, wer täte das nicht? Aber er möchte keine Eheliebste an seiner Seite haben. Er besteht darauf, daß seine Frau das bleibt, was sie war, als er sie kennenlernte: eine Schauspielerin, ein Star. Er ist glücklich über ihren Erfolg, er nimmt sie ernst. Er möchte sie vorbehaltlos bewundern, er wünscht sich zu wissen, daß sie auch von andern Männern begehrt und von den Frauen beneidet wird, daß man ihr den Hof macht und sie vor Schönheit strahlt. Und schließlich braucht er, auf eine sehr männliche Art, dieses Gefühl von Abwesenheit, um sich seiner Liebe für sie sicher zu sein. Alles in allem war es vielleicht gar nicht so schlecht, daß sie fortging. Während die Freunde überrascht waren, sie nach dem feierlichen Abschied erneut auftauchen zu sehen. Sie haben sie liebenswürdig gefeiert, sie für ihren Mut beglückwünscht, doch sie begreift durchaus, daß es ihnen peinlich ist, daß sie es nicht wagen ihr zu sagen, was sie denken. Daß sie möglicherweise die größte Dummheit ihres Lebens begangen hat...

Jacques Becker wartet bis zum nächsten Tag, bevor er anruft. Zwei Tage lang wartet sie gespannt und wie auf heißen Kohlen. Sie hat sich darauf vorbereitet, schlagfertig auf seine Fragen zu antworten. Doch er geht viel geschickter vor. Er regt sich nicht einmal über sie auf, so wie sie es erwartet hatte. Im Gegenteil, er beglückwünscht sie für ihren Mut: »Die große Liebe muß man wie ein Pflänzchen hegen und pflegen. Du hast vollkommen recht, meine Liebe.« Dann nennt er die Namen von zwei Schauspielerinnen, die die Rolle durchaus spielen könnten.

Am nächsten Morgen sitzt Goldhelm im Zug nach Paris.

Als Abenteurerin wird Signoret zur unbestreitbaren Unsterblichkeit der Stars gelangen und einen vorderen Platz im Herzen des Kinopublikums, der Kinoenzyklopädien, der Filmotheken, der französischen Kultur einnehmen. Sie wird diejenige sein, der Millionen von Frauen ähneln wollen. Diejenige, deren Gesicht die Schönheit, die Liebe und den

Traum einer ganzen Epoche verkörpert. Von nun an zählt sie zu jenen Göttinnen der Leinwand, die in der Mythologie unseres Jahrhunderts nach und nach den Platz von Aphrodite einnehmen. Doch der Nutzen, den sie aus diesem außergewöhnlichen Film ziehen wird, betrifft auch ihr Inneres. Nach seiner Fertigstellung wird sie das Gefühl haben, in ihrer Kunst als Schauspielerin einen entscheidenden Schritt nach vorne getan zu haben.

Denn indem sie *Goldhelm* verkörpert, wird sie sich des seltsamen Phänomens der Persönlichkeitsspaltung eines Schauspielers bewußt, dessen Geheimnis bisher keine auch noch so gelehrte Abhandlung auf die Spur gekommen ist. Wie bringt ein Schauspieler es fertig, sich selbst zu vergessen und völlig hinter der Figur, die er darstellt, zu verschwinden? Sie hatte nie darüber nachgedacht. Sie spielte instinktiv, und auf ihren Instinkt konnte sie sich jederzeit verlassen, im Alltag wie im Beruf. Doch diesmal war da die Sache mit den Stiefeln.

Sie kleidete sich für die Szene an, in der Marie sich zu Manda begibt, der in seinem Kunsttischleratelier auf einem unbebauten Gelände in Belleville arbeitet.

»Meine gewohnte Garderobiere war krank, und die Frau, die sie vertrat, kannte sich nicht darin aus, welche Kostüme für welche Szenen passen mußten. Sie zieht mich also an, schnürt mir mein Korsett, und gibt mir die Kleidungsstücke, die ich ihr nacheinander anweise. Im Film hatte ich zwei Paar Stiefel: ein Paar sehr hübsche Stiefel aus grauem Wildleder, das mit schwarzem Lack verziert war, und ein anderes, sehr gewöhnliches Paar aus braunem Ziegenleder. Die Garderobiere hält mir die schönen Schuhe hin, und ich sage zu ihr: ›Ach nein, die ziehe ich erst am Abend an. – Warum? Drehen wir denn auch nachts? – Nein, nein! Vergessen Sie's...‹ Und da merkte ich, daß ich im Begriff war, mich im Schlafzimmer einer mir unbekannten Bistro-Wirtin vor einem unbebauten Gelände von Belleville anzuziehen, um hinzugehen und zu Manda, das heißt zu meinem Freund Serge Reggiani zu gehen und zu ihm zu sagen: ›Komm' heute abend, ich werde dich im

Erzengel Gabriel erwarten‹... und daß es nicht ich war, die sich anzog – ich, die Frau von Montand und die Mutter von Catherine – sondern Marie, die bereits daran dachte, was sie am Abend tragen würde, um mit Manda auszugehen... für eine Szene, die erst drei Wochen später im Atelier von Billancourt gedreht wurde, wo der Erzengel Gabriel zur Zeit noch gar nicht aufgebaut war...

Das erschien mir sehr seltsam. Ich entdeckte, daß mir Dinge widerfuhren, die ich absolut nicht beabsichtigte, für die weder mein Wille noch mein Hirn in Funktion getreten waren. Infolgedessen war ich jemand anders. Das verblüffte mich, und ich sagte mir: ›Also das ist es, was sie Persönlichkeitsspaltung nennen! Das ist es, worüber es tonnenweise Literatur gibt!‹«[3]

Simone Signoret sagte oft, daß sie es nicht mochte, ihre Arbeit zu analysieren. Da sie überzeugt war, daß es, um eine Rolle richtig interpretieren zu können, nötig sei, sich bedingungslos mit der Figur zu identifizieren, untersagte sie sich, zuviel darüber nachzudenken, diese leidenschaftliche Verschmelzung zu sehr zu intellektualisieren. Es handelte sich um eine spontane, eher gewünschte als gewollte Identifikation. Die Theorien erschienen ihr fade und steril im Vergleich zu dieser vielschichtigen Veränderung, die ihr ganzes Wesen beanspruchte. Sie war Marie, sie war zwei Personen auf einmal, sie hatte zwei Identitäten, zwei Pässe: einen für den Traum und einen für die Wirklichkeit. An diesem Abend ging Marie auf einen Ball, und Maries Leben überlagerte plötzlich Simones Leben, die diese Ballszene erst drei Wochen später drehen würde. Das geträumte Leben griff auf das wirkliche Leben über, die Phantasie übernahm die Macht. »Das war die Antwort auf alle die naiven Fragen, die einem so häufig gestellt werden: ›Wie machen Sie das, wenn Sie weinen wollen...?‹ Es ist überhaupt nicht schwierig zu weinen, wenn man unglücklich ist: wenn die Frau, die ich spiele, unglücklich ist, weint sie, und folglich weine ich.«

Doch selbst das ganze mit einem einzigen Film verbundene

Glück befreite sie nicht von ihren Widersprüchen. Sie war der Prototyp jener modernen Frau, die Tag für Tag das nicht unproblematische Privileg genießt, mehrere Leben gleichzeitig zu leben. Die Zeiten, in denen eine »Schauspielerin« abseits lebte, in einer Art Halbwelt, waren längst vorbei. Da war Catherine, ihre Tochter, die sie nach dem Einbruch des »Sängers« in ihre Familienmutter-Ferien vernachlässigt hatte. Sie erinnerte sich an ihre eigene Mutter, die niemals verreiste, die immer da war, um für sie das Essen zu bereiten und sie zu ihrer Klavierstunde zu begleiten. Ganz am Anfang hatte sie Catherine ihrem Vater überlassen, einige Monate lang, in denen sie wieder zu sich finden und die erste Aufregung vorübergehen lassen wollte. Doch das war keine dauerhafte Lösung. Catherine wohnte nun bei ihr und wuchs mit diesen beiden Berühmtheiten auf, zwischen dem »Zigeunerwagen« und der Grundschule in der Rue du Jardinet pendelnd, die so hübsch am Ende schmaler, gepflasterter Straßen mit alten, aristokratischen Häusern lag. Eine von Palästen und Bäumen umgebene Schule, in der sie zahlreiche Preise erntete. In Wirklichkeit jedoch wurde Catherine eher von der Familie von Montands Bruder, der mit seiner Frau und seinen Kindern ein Stockwerk höher wohnte, als von Simone erzogen.

Simone entschuldigte ihre mangelnde Sorgfalt damit, daß sie sich sagte, dies sei eben die Kehrseite der Medaille. Catherine hatte das Glück, inmitten von Künstlern, interessanten, berühmten, phantasievollen Menschen wie Montand, Becker, Semprun, Prévert, Carné, Gérard Philipe, Serge Reggiani, Danièle Delorme usw. aufzuwachsen. Zumindest würde ihre Tochter keine gewöhnliche Kindheit erleben. Doch Simone spürte ganz genau, wie sehr sie Catherine fehlte. Wenn sie das Filmen aufgeben würde, könnte sie sich endlich um ihre Tochter kümmern.

Und vor allem könnte sie ständig mit Montand zusammensein. Sie gab sich große Mühe, ein anderes Bild von sich zu konstruieren, nämlich das einer bescheidenen, am Kaminfeuer strickenden Ehefrau und Mutter. Doch es fiel ihr schwer, die wahre Simone, die Königin der Leinwand, die Kämpferin, die Ehrgeizige zu vergessen.

Im Dezember 1951 heirateten Yves Montand und Simone Signoret im Bürgermeisteramt von Saint-Paul-de-Vence. Es war eine Hochzeit im kleinen Rahmen, mit Prévert als Trauzeuge. Und die Tauben waren da, wie am ersten Tag. Picasso schickte aus Vallauris seine Glückwünsche, eine Zeichnung, die er mit den ersten nach Frankreich importierten Filzstiften angefertigt hatte.

Später sollte Simone Signoret verstehen, daß die Tatsache, daß sie ihre Karriere fortgesetzt hatte, ihre Ehe keineswegs bedroht, sondern zu ihrem Fortbestand beigetragen hatte. Doch damals wehrte sie sich dagegen. Nach *Goldhelm* sorgte sie für große Aufregung, als sie der Presse ihren Rückzug aus dem Filmgeschäft bekanntgab.

In der Tat lehnt sie sämtliche Angebote tapfer ab. Da *Goldhelm* nicht den Erfolg hat, den der Film verdient, gibt es für sie keinerlei Grund, einen weiteren Mißerfolg zu riskieren. Es geht auch ohne sie. Sie hat Besseres zu tun. Sogar den Brüdern Hakim und ihren großen Produktionen erteilt sie eine Absage. Dabei ist die Rolle, die sie ihr anbieten, äußerst verlockend: *Thérèse Raquin* von Emile Zola, unter der Regie von Marcel Carné. Überdies ist Simone Signoret eine leidenschaftliche Zola-Leserin. Und mit Marcel Carné lernte sie 1942, während der Produktion von *Satansboten*, die Freuden der Dreharbeiten kennen. Was die Rolle von Thérèse angeht, dieser Frau vom Land, die von ihrem kleinen, schwachen Gatten gequält wird und deren Leidenschaft für einen gutaussehenden Italiener blutig endet – diese Rolle scheint ihr von Zola auf den Leib geschrieben worden zu sein. Es gibt also allen Grund, sich die Sache zweimal zu überlegen.

Auch Carné hat lange gezögert. Jacques Feyder, den er damals als seinen Lehrmeister betrachtet, hatte *Thérèse Raquin* bereits als 1927 in Berlin gedrehten Stummfilm auf die

Leinwand gebracht. Allerdings ist Carné der Meinung, daß es Zolas Geschichte, die Feyder peinlich genau umgesetzt hatte, an dramatischer Kraft fehlt. Die zu Mördern gewordenen Geliebten Thérèse und Laurent werden vom Geist des getöteten Ehemannes verfolgt. Carné hat die glänzende Idee, das Phantom durch den Erpresser zu ersetzen. Von nun an nimmt das Drehbuch Form an. Raf Vallone soll Laurent spielen, Thérèses Geliebten, einen unwiderstehlichen italienischen Lastwagenfahrer. Die Rolle des Erpressers übernimmt Roland Lesaffre, ein alter Freund Carnés. Fehlt nur noch Simone. Doch sie bleibt unnachgiebig. Sie hockt im »Zigeunerwagen« und strickt Masche für Masche an einem Schal für ihren Mann.

In *Ungeteilte Erinnerungen* erzählt sie humorvoll von einem kleinen Ehestreit, der sie schließlich umstimmt. Montand sucht verzweifelt nach einem kleinen Zettel, wendet sich an sie und beginnt sich über sie zu ärgern: »Was machst du da? Du hockst herum und strickst... – Ich hocke da, weil ich mich wohl fühle, und wenn ich nicht da wäre, wäre ich beim Arbeiten. – Arbeiten, das sagst du so. Zum Arbeiten müßte dich erst mal jemand wollen. (...) – Zum Arbeiten müßte dich erst mal jemand wollen? Ich könnte jetzt schon dabei sein, *Thérèse* zu drehen! – Für *Thérèse* wollten sie dich doch in Wirklichkeit gar nicht. Übrigens hat es den Anschein, daß die X... das machen wird.«[4] Sie fühlt sich gekränkt, legt das Strickzeug zur Seite und geht langsam zum Telefon. Mit klopfendem Herzen wählt sie die Nummer der Brüder Hakim und zittert bei dem Gedanken, daß sie tatsächlich bereits eine andere engagiert haben könnten. Am nächsten Tag unterschreibt sie den Vertrag zu *Thérèse Raquin*.

Dies sollte ihr letzter Versuch gewesen sein, von der Bühne abzutreten. Von nun an wird sie nicht mehr mit dem Gedanken spielen, einen Rückzieher zu machen. Und sie hofft, daß ihre Erwartungen sich erfüllen werden. »Wir würden uns von neuem während der Trennung zerreißen können, um uns dann wiederzufinden und festzustellen, daß das fehlerlose

Sich-wieder-Finden wie ein Wunder ist.« Von nun an wird es ihr schwerfallen, ihre Suche nach der Illusion von der behüteten Zweisamkeit im abendlichen Kerzenschein fortzusetzen. Sie muß sich den Tatsachen beugen. Die Nebenrolle, die sie sich selbst auferlegt hat, ist in ihren eigenen Augen nicht mehr glaubwürdig. Zu sehr liebt sie es, Schauspielerin zu sein, sich zu verkleiden, etwas vorzutäuschen, geleitet, gehätschelt, geführt zu werden. Die Arbeit in der Gruppe, die Wärme der Drehabende, die engen Freundschaften, die bei der gemeinsamen Anstrengung entstehen, die Komplizität des geteilten Lampenfiebers machen sie glücklich. »Die, die nie wie Könige umjubelt und gefeiert wurden, wenn das Licht im Saal wieder anging, mögen den ersten Stein werfen.«[5] Das Kino ist für sie nicht mehr der Tick eines kleinen Mädchens, das seine Augenlider auseinanderzieht, um wie Danielle Darrieux auszusehen. Es ist eine Lebensart, eine Leidenschaft, mehr noch: es ist ihr Beruf. Sie ist ebensowenig reif für den Ruhestand wie Montand.

Einen Moment lang, als sie in Nîmes den Zug nach Paris fahren sah, glaubte sie, auf das alles verzichten und ein ausschließlich der Liebe gewidmetes Leben führen zu können. Als sie *Goldhelm* spielte, wurde ihr klar, daß das Kino und die Liebe einander nicht ausschließen. Ganz im Gegenteil. Ihre Liebe für Montand ließ Goldhelms Gesicht erstrahlen. Und Goldhelm imponierte Montand. Beckers künstlerischer Erfolg hat der außergewöhnlichen Verbindung von Liebe und Kino, die in jenem Jahr Simone Signorets Leben bestimmte, viel zu verdanken. Trotz allem wollte sie glauben, daß *Goldhelm* ihr letzter Film wäre. Indem sie die Rolle der *Thérèse Raquin* annahm, akzeptierte sie endlich ihr Schicksal, ihre Karriere, das intensive, auf mehrere Welten verteilte Leben.

Carné verlegt *Thérèse Raquin* in die Gegenwart der fünfziger Jahre. Es ist die erste wichtige Rolle, in der Simone Signoret keine wunderbare Hure verkörpert. Ihre »Thérèse Raquin« mit der grauen Weste, dem schwarzen Kleid, ihren schlicht nach hinten gekämmten Haaren, ihrem sehr blassen Gesicht und ihrem feurigen Blick ist eine faszinierende Persönlichkeit. Ein Vulkan unter dem Eis.

Thérèse ist nur noch die Krankenpflegerin ihres gehässigen Ehemannes namens Camille (Jacques Duby), der selbst der willige Sklave seiner alten Mutter (Sylvie) ist, eines weiblichen Monsters, die ihre Schwiegertochter mit unauslöschlichem, hinter den verschlossenen Türen des provinziellen Kleinbürgertums gärenden Haß verfolgt. Obwohl ihre Leidenschaft für Laurent (Raf Vallone) sie ganz und gar erfüllt, weigert sich Thérèse, mit ihm zu fliehen. Also wird Laurent häufiger Gast der kleinen Gesellschaft um Camille und seine Mutter, mit denen er in einem düsteren Salon, dessen Geruch nach Mottenkugeln und Bohnerwachs man förmlich riechen kann, Mensch-ärgere-dich-nicht spielt. In der Art, wie Carné diese fröhliche Stimmung im Familienkreis darstellt, gerät sein Realismus beinahe zur Karikatur.

Doch dann fährt Camille mit Thérèse nach Paris, wo er sie unter strenge Bewachung stellen will. Als Laurent von ihrer Abreise erfährt, schleicht er sich in den Zug. Als Thérèse glaubt, ihr Mann wäre eingeschlafen, verläßt sie das Abteil und geht zu Laurent. Camille folgt ihr, und nach einer heftigen Auseinandersetzung mit Laurent wird er durch die offene Wagentür aus dem Zug gestoßen. Niemand sah, wie Laurent den Zug bestieg. Gegenüber der Polizei erklärt Thérèse, während der Fahrt die ganze Zeit geschlafen und nicht bemerkt zu haben, wie ihr Gatte das Abteil verließ. Sie kehrt nach Hause zurück und tritt den haßerfüllten Blicken ihrer Schwiegermutter, die alles begriffen hat, aber nicht mehr sprechen kann, gelassen gegenüber. Ein Anfall hat sie gelähmt. In diesen Szenen ist die Schauspielerin Sylvie unvergeßlich: ihr auf ewig erstarrter Blick einer besiegten Hexe, in dem sich die Flammen aus dem Kamin spiegeln, der ganze, endlich gerechtfertigte, doch machtlose Haß einer Xanthippe vom Land, die ihren Sohn, ihren einzigen Lebensinhalt, verloren hat und ihre Rivalin triumphieren sieht.

Das Verbrechen wäre perfekt, wenn es nicht diesen Zeugen im Abteil gegeben hätte. Die von Roland Lesaffre dargestellte Figur, ein alter, charmanter Haudegen und Gelegenheitserpresser, hatte Carné erfunden, um das Phantom zu ersetzen, das Zola sich ausgedacht hatte. Laurent und Thérèse beugen sich seinen Forderungen und geben ihm Geld. Sie sind frei und können flüchten. Doch der Erpresser wird von einem die Straße hinabrollenden Lastwagen überfahren und kommt nicht mehr rechtzeitig in sein Hotel, um das Zimmermädchen daran zu hindern, den Brief einzuwerfen, in dem er das Paar denunziert.

Trotz der Veränderungen, die Carné an Zolas Text vorgenommen hat, feierte *Thérèse Raquin* große Erfolge. Die ewige Diskussion über die Verfilmung literarischer Werke war in vollem Gange. Auf der Biennale von Venedig wurde der Film 1953 mit dem Goldenen Löwen ausgezeichnet. Im *France-Soir* nannte Jean Dutourd Simone Signoret einen »weiblichen Gabin«. Er hatte recht. Die beiden besaßen dieselben Qualitäten, waren vom selben Kaliber. 1987 zählte eine Umfrage von *Paris-Match* Gabin und Signoret zu den zwölf markantesten französischen Persönlichkeiten dieses Jahrhunderts, zusammen mit General de Gaulle, Dr. Schweitzer, Picasso und Marcel Pagnol.

»Ich kann nichts vergessen, nichts.«
Simone SIGNORET

10

Mein erster Klavierlehrer hieß Maurice Martenot, ein älterer Herr mit einem kleinen, borstigen Schnurrbart voller weißer Fäden, wie ihn die Brüder Dupondt trugen. Jahrelang beherrschte ich mich, diesen Schnurrbart nicht anzufassen mit meinen jungen Pianistinnenhänden, deren Aufgabe es war, fehlerfrei auf den Tasten zu spielen und nicht an Schnurrbärten herumzufummeln. Meine Mutter begleitete mich stets zu meinen Unterrichtsstunden, die, zumindest in den ersten Jahren, in der Schule abgehalten wurden, die seine Schwestern Ginette und Madeleine in der Rue Saint-Pierre in Neuilly gegründet hatten, in einem kleinen Haus aus rotem Backstein, das von einem mit Bäumen bepflanzten Hof umgeben war. Ich bewunderte Monsieur Martenot sehr; man hatte mir erzählt, er sei der Erfinder des einzigen Instrumentes, das, wie die menschliche Stimme, ohne Unterbrechung von einem Ton auf den andern überspringen konnte. Wenn ich, sehr viel später, zufällig im Radio ein Konzert für »Martenot-Wellen« hörte, empfand ich eine mit Enttäuschung vermischte Freude. Der Klang des sagenhaften Instrumentes erschien mir unmenschlich, künstlich, ausdruckslos. Mittlerweile hat man auf diesem Gebiet große Fortschritte erzielt, dank der Elektronik... Dennoch war Monsieur Martenot ein Vorreiter und ein bemerkenswerter Musiker, ein aufmerksamer und geduldiger Lehrer. Er siezte die Kinder, vor allem die kleinen Mädchen. Als meine Mutter ihn eines Tages fragte, warum er dies tue, antwortete er, daß die kleinen Mädchen größer werden würden und daß es sich für einen Klavierlehrer nicht gezieme, seine Schülerinnen zu duzen, wenn sie zu jungen Damen geworden seien. Ich war natürlich sehr stolz darauf, mit »Sie« angeredet zu werden. Er erhob nicht die Stimme, schimpfte nicht, wenn ich mit klopfendem Herzen zur Unterrichtsstunde kam, weil ich in der Woche nicht genug geübt hatte. Seine Sanftmut flößte Respekt ein. Er behauptete, ihm sei es bei seiner Arbeit mit den Kindern wichtig, ihnen die Freude an der Musik beizubringen. Für mich war er ein Meister, ein Lehrmeister.

Meine Überraschung war ebensogroß wie meine Rührung, als ich ihm, zu einem anderen Zeitpunkt meines Lebens, in *Ungeteilte Erinnerungen* wiederbegegnete. Nicht in der Gestalt des ehrwürdigen Monsieur Martenot, sondern in der eines jungen, leidenschaftlichen Erfinders. Zu jener Zeit, als Simone Signoret in Neuilly die Oberschule besuchte, nahm sie bei den Martenots Musikunterricht. »Diese Schule wurde von den zwei Schwestern Martenot, Madeleine und Geneviève, geleitet« – zu meiner Zeit sprach man nur noch von »Ginette«, die ein altes Fräulein geworden war und immer noch in dem großen Raum im Souterrain mit den Kindern aus der Nachbarschaft musizierte – »und befand sich in einem kleinen Privathaus in der Rue Saint-Pierre. Sie hatten eine sehr hübsche Methode mit einem Musiklotto erfunden und Übungen, um die Finger gelenkig zu machen, die ich heute noch weiß!« – Ich erinnere mich ebenfalls an die Kartenspiele, die die Intervalle darstellten und mit denen wir »Aux sept familles« spielten. Wer hat eine »Quinte«? Ich tausche meine »Sixte« gegen eine »Tierce«... »Sie hatten einen jüngeren Bruder, der im Krieg für den Nachrichtendienst gearbeitet hatte. Bisweilen sah man ihn wie einen Verrückten durch die Gegend flitzen, immer in einem weißen Arbeitskittel. Er arbeitete in einem Pavillon hinten im Garten, aus dem fürchterliche Geräusche hervordrangen: eine Art menschlicher Stimme, ganz eigenartige Töne. Er arbeitete an einer

Erfindung, die schließlich auch das Licht der Welt erblickte: die Martenot-Wellen. Mit einem Schlag wurde die Schule der Martenots berühmt. Donnerstags trafen wir uns dort mit den Mädchen aus der Sainte-Marie...«

Es ist nichts weiter als ein Zufall. Aber es ist bisweilen nicht verboten, diesen Dingen eine tiefere Bedeutung beizumessen, auch wenn der Zufall blind ist. Die Erinnerungen zweier Menschen treffen, aus verschiedenen zeitlichen Richtungen kommend, zusammen und legen die Bilder desselben Mannes übereinander, den sie zu verschiedenen Phasen seines Lebens gekannt haben. Was hiermit geschieht. Wenn man unser vollendetes Leben mit dem Bild eines Malers vergleicht, so ist ein winziges Ereignis wie dieses nichts weiter als einer dieser unsichtbaren Pinselstriche, die von hundert anderen überdeckt, vergessen, jedoch in unendlich kleiner Form in dem malerischen Werk vorhanden sind, so wie die Trümmer eines vergangenen Zeitalters in der Erde verbleiben. Es sind ganz kleine Dinge, die Unterhaltung mit einem Taxifahrer, das mit einer strickenden Frau in der Metro ausgetauschte Lächeln, ein Ball, den man den spielenden Kindern über den Zaun zurückwirft.

Simone liebte Zufallsbegegnungen, sie forderte andere geradezu heraus, sich ihr anzuvertrauen, sie besaß das Talent, unverhofft in das Leben von Zufallsbekanntschaften einzutreten: in das der Friseuse, des Hotelportiers in London, des Technikers bei dem Film, den sie gerade drehte, der Gäste, die unter den Linden im Moulin d'Andé am Nebentisch zu Mittag aßen.

Monsieur Martenot hat in meinem Leben eine viel wichtigere Rolle gespielt als in ihrem. Für sie war er lediglich eine romantische Persönlichkeit, ein vorbeihuschender Schatten, ein Anhaltspunkt. Übrigens erwähnt sie die Schule der Martenots nur als den einzigen Ort in Neuilly, wo sie sich mit den alles andere als »verlorenen« Mädchen der Bourgeoisie traf, mit den kleinen Mädchen aus gutem Hause, die ihre Kommunion im weißen Kleid feierten und deren Mütter zu

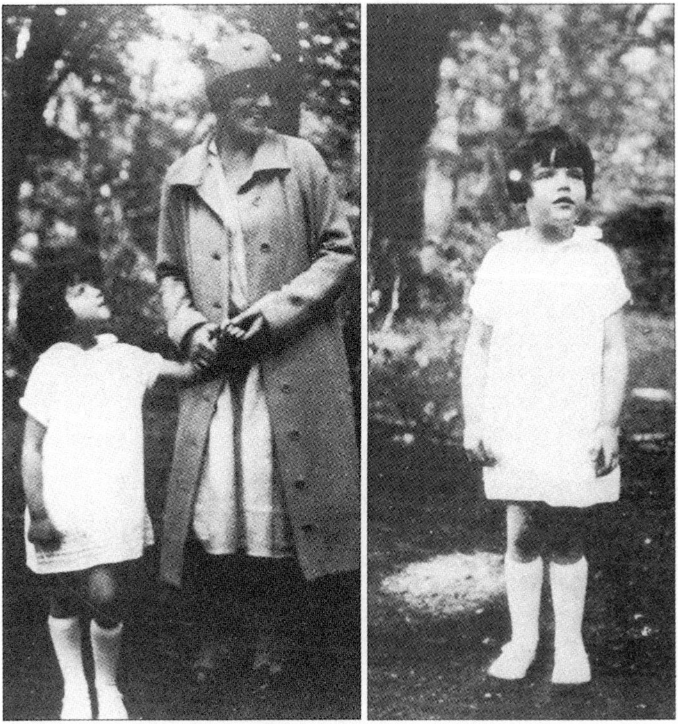

Als Sechsjährige mit ihrer Mutter.
»Sie war keine von den Damen, die ihr Kind ins Bett legen und dann tanzen gehen.«
(Archiv Le Nouvel Observateur)

Auf dem Pont-Neuf, im Herzen von Paris,
am Eingang der Place Dauphine.
»Auf unserer Insel wird es nie Wolkenkratzer geben.«
(Sammlung Sipa Press)

Links: Mit ihrer Tochter Catherine Allégret.
Die Ähnlichkeit ist verblüffend,
und die Freude am verrückten Lachen grenzenlos.
(Sammlung André Sas/Gamma)

Zu Hause an der Place Dauphine,
im »Zigeunerwagen«, wo sie Wurzeln geschlagen hat.
»Ein Buchladen neben dem Restaurant Paul.«
(Sammlung Sipa Press)

In *Der Reigen* von Max Ophüls.
»In meiner Jugend sagte man den Mädchen nicht,
daß sie hübsch seien.«
(Prod. Sacha Gordine/Cofadis. Privatsammlung D. R.)

Mit Laurence Harvey in *Room at the Top*,
der ihr den in Frankreich
leider nur wenig beachteten Oscar einbrachte.
(Sammlung Paramount)

»Es war echte Leidenschaft,
mit allem, was dazugehört.«
(Sammlung Interpress)

Die Oscarverleihung: »Die, die nie wie Könige umjubelt und gefeiert wurden, wenn das Licht im Saal wieder anging, mögen den ersten Stein werfen.«
(Sammlung Sipa Press)

»Ohne Montand hätte man mich nicht
von der Porte de Vincennes
bis zur Porte d'Asnières gekriegt.«
(Sammlung Sipa Press)

eleganten Abendessen einluden. Von dieser Begegnung zwischen uns dreien wird Monsieur Martenot nie etwas erfahren, und auch Simone Signoret nicht, denn ich habe es versäumt, ihr davon zu erzählen, als wir uns kannten. Folglich bin ich die einzige noch lebende Zeugin einer Begegnung, die nur in meiner Phantasie stattgefunden hat und auf deren Erinnerung ich dennoch großen Wert lege, da sie für mich, beim Schreiben dieses Buches, ein geheimes Zeichen, ein Funken, ein Hinweis des Schicksals war. Denn diese geheimen Zeichen sind Brücken zwischen den Menschen, Kreuzungen, kleine Kreuzstiche auf diesem großen, kompliziert geknüpften Teppich des Lebens, die, zusammengezählt oder multipliziert, dem Farbe und Sinn geben, was man, in Ermangelung eines Besseren, eine Epoche nennt und das niemand genau zu definieren weiß.

Simone Signoret sprach oft von diesen unzähligen und leicht zerreißbaren Fäden, die sich manchmal zu Knäueln zusammenfügen und schließlich feste Bindungen, dauerhafteste Beziehungen entstehen lassen. »Nicht mit Ketten läßt sich eine Ehe aufrechterhalten. Es sind diese Tausende von Fäden, die die Menschen aneinanderbinden.«[1] Und da sie, vielleicht mehr noch als andere, darauf angewiesen war, daß Liebe und Freundschaft nicht zerbrechen, sondern, wie in Bronze gegossen, Bestand haben, brachte sie diesen Details äußerste Aufmerksamkeit entgegen. Nichts schien ihr unbedeutend zu sein – weder zufällige Blicke noch unverhoffte Begegnungen noch die schmalen Brücken, jene Öffnungen, in denen die verschiedenen Leben sich miteinander vermischen, die Erinnerungen miteinander verschmelzen.

Und wie selbstverständlich ereigneten sich solche Dinge in ihrem Leben. Sie war einer jener Menschen, die offenbar eine besondere Begabung dafür haben, den Stoff der Zeit zu zerreißen, Zufälle herbeizuführen. »Man muß auf jede Koinzidenz, auf jede scheinbar unmögliche Begegnung gefaßt sein, wenn man mit Simone Signoret zu tun hat. Ich weiß sehr wohl, daß Simone eine Göttin der Koinzidenzen, der bedeutsamen Zufälle ist. Eine Art Nadja unseres banalen Alltags.« Diese wenigen Zeilen von Jorge Semprun[2] gehören zu den schönsten Komplimenten, die Simone Signoret jemals gemacht wurden. Semprun hatte sich auf diese Zufälle eingestellt, seit er sie kannte, und es verwunderte ihn kaum, daß genau in dem Moment, da er Lust hatte, noch einmal die – schrecklichen – Seiten in *Ungeteilte Erinnerungen* zu lesen, die Aragon gewidmet waren, im Radio der Tod des alten Dichters gemeldet wurde.

Semprun wunderte sich über nichts mehr, doch er staunte nicht schlecht, als im Dezember 1981 ein Taxifahrer in New York Montand als den Sänger wiedererkannte, den er 1956 in Moskau singen gehört hatte. »Uns blieb der Mund offen, Simone und mir. Wir sahen diesen Russen an, der Montand in Moskau hatte singen hören. Und vielleicht war es im Uljniki-Stadion gewesen. Vielleicht war er eine jener winzigen Gestalten, die man auf dem Foto erkennen kann, das ich bereits erwähnt habe und das man immer noch an der Place Dauphine sehen kann. Er muß 1956 ein Knirps gewesen sein, in Anbetracht seines jetzigen Alters. Es überraschte mich nicht allzusehr, daß es zu dieser Begegnung gekommen war, kaum nachdem Simone wieder in unserem Leben aufgetaucht war. Solche Sachen passieren dauernd in ihrer Gegenwart. Ich müßte daran gewöhnt sein. Aber es war trotzdem überraschend. Sonderbar bedeutsam. (...) Die Wege dieser Leben, die sich zweimal gekreuzt hatten, in Moskau und in New York, würden sich zweifellos nicht noch einmal überschneiden. Es war an uns, das Zeichen in unserem Gedächtnis zu bewahren, als Kostbarkeit.« In dieser Hinsicht konnte er sich auf sie verlassen. Sie vergaß nichts. Sie sammelte die Erinnerungen, hatte ganze Schubladen voll davon. Sie tat sie zu den andern Fragmenten ihres Lebens, die sie von ihren Dreharbeiten, ihren Reisen mitgebracht hatte.

Manchmal multiplizierten sich die Zufälle in ihrer Umgebung, wie es sonst nur im Traum vorkommt. In der Villa in Autheuil, wo sie während fünf schicksalhafter Tage vor einem Tonbandgerät saß, das Dominique Roussillon, die Tochter von Simonne Lacouture, ein- und ausschaltete, und Maurice Pons die Geschichte ihres Lebens erzählte, die sie später noch einmal neu schreiben sollte, gab es »Verschnaufpausen«, Momente, in denen der Apparat nicht lief und Simone sich nicht mehr unter der Kontrolle dieser mechanischen Ohren, sondern frei und in der Lage fühlte, von den Gleisen der Chronologie abzuweichen und mit lauter Stimme zu träumen. Simone Signoret mochte das Tonbandgerät nicht, weil es lebendige Erinnerungen durch eine Aufnahme ersetzte. Sie mißtraute dieser künstlichen und dummen Zuverlässigkeit, die alle Sprachticks, »Ähs«, Sätze wie »Verdammt, mir will der Name nicht mehr einfallen« oder »Nein, nein, ich muß mich geirrt haben...« festhielt. Sie atmete auf, wenn Dominique Roussillon die kleine Kontrolllampe ausschaltete. Sie redete bereits seit Stunden. Jetzt konnte man endlich miteinander plaudern.

Während einer dieser Pausen erzählte sie ihnen von jenem seltsamen Tag in den siebziger Jahren, an dem ihre Kindheitserinnerungen plötzlich, eine nach der andern, wie Sterne aufzuleuchten begannen. Alles hatte mit der Vorführung von *La Solitude d'un chanteur de fond* begonnen, einem Film, den ihr langjähriger Freund Chris Marker über Montands Konzert zugunsten der chilenischen Flüchtlinge gedreht hatte. Als sie den Korridor betrat, begegnete sie dem Filmemacher René Vauthier, der kurz zuvor eine Reportage über den Tod ihres jüngeren Bruders, Alain Kaminker, fertiggestellt hatte. Im Dezember 1958 war Alain bei den Dreharbeiten zu einem Film über das Leben der Fischer vor der Insel Sein ertrunken. Alain, das war der kleine Bruder, der wie ein Weihnachtsgeschenk, am 28. Dezember 1930, in das Leben des neunjährigen kleinen Mädchens namens Simone eingetreten war und in ihr all die mütterlichen Instinkte geweckt hatte, zu denen sie fähig war.

Alain war Regisseur geworden, der einzige aus der Familie Kaminker, der einen Beruf ausübte, der ihn der großen

Schwester näherbrachte. Er war wenige Tage vor seinem achtundzwanzigsten Geburtstag gestorben. »Der kleine Halbjude, den der Pastor Ebershold ›wegen der Papiere‹ zum Protestanten gemacht hatte, ruht auf dem sehr katholischen Seemannsfriedhof der Ile des Veuves«, schreibt seine große Schwester nüchtern in *Ungeteilte Erinnerungen.*

Im Korridor erzählt René Vauthier ihr also von seiner Reportage, *Mort d'un cinéaste*, in der die Bewohner der Insel von ihren Erinnerungen an den bei einem Unwetter umgekommenen jungen Mann erzählen, der ihnen so viele der eigenen Erinnerungen genommen hatte. Wie alles, was Simone an Alain und dessen absurden Tod, eines der schlimmsten Ereignisse in ihrem Leben, erinnerte, wühlte auch diese Begegnung sie im Innersten auf.

Am Nachmittag dann besucht Chris Marker sie an der Place Dauphine. Er ist sehr aufgeregt. Er hat soeben mit einem Bekannten, einem Buchhändler, gesprochen, dessen Laden mit lauter Krimskrams vollgestopft ist. Er suchte nach einem Geburtstagsgeschenk für sie und fragte den Buchhändler nach einem *sabot bleu*, einem blauen Holzschuh. Das ist, in der Geheimsprache ihrer alten Freundschaft, ein Ausdruck für die Erinnerung an den Zeitungsladen in Neuilly, den berühmten »Sabot bleu«, wo sich die Jungen aus dem Lycée Pasteur mit den Mädchen aus der Oberschule trafen, um die Welt neu zu gestalten. »Dort begann der Bummel, der von der Rue d'Orléans bis vor das Kaufhaus Julien Damoy ging. Wir schlenderten dahin und redeten... Zunächst und vor allem redeten wir über Charles Trenet (...) Und wir sprachen auch über Bücher, die wir für wichtig hielten, wie *Poussière* und *Spartenbroke*...«[3] Der Buchhändler hat keinen blauen Sabot, doch als er erfährt, daß Chris Marker soeben einen Film über Montand fertiggestellt hat, kommt er sogleich auf Simone zu sprechen. Er kannte sie, als sie noch ein kleines Mädchen war, er wohnte in Neuilly im selben Haus wie sie. Chris Marker glaubt, daß dieser Zufall ein sehr schönes Geburtstagsgeschenk wäre, genauso kostbar wie ein blauer Sabot. Und so schaltet sich ein zweites Blinklicht in Simones Erinnerungen ein.

Am Abend desselben Tages besucht sie Montand in den Studios von Epinay. Nach den Dreharbeiten trifft sich das Team in einem Café, und Simone glaubt, dort einen etwas älteren Mann wiederzuerkennen, der sie lächelnd ansieht. Sie geht auf ihn zu, und er schließt sie in seine Arme: »Bonjour, Kiki Kaminker!« Seit Jahren hat niemand sie Kiki genannt. Es ist Zuber, der Fotograf, der mit ihrem Vater zusammen bei Etienne Damour arbeitete und die einzigen Familienfotos gemacht hatte, auf denen alle vier zu sehen sind: Kiki-Simone, ihre Mutter und ihre beiden kleinen Brüder, Alain und Jean-Pierre. So endet der Tag, der mit Alain, dem auf hoher See umgekommenen Filmemacher, begann, mit der ergreifenden Erinnerung an denselben Alain als Dreijährigen im Matrosenanzug.

An bestimmten Tagen strebt die Vergangenheit danach, wieder an die Oberfläche zu gelangen, wie die Luftblasen der Kindheit, die an der frischen Luft der Gegenwart zerplatzen. In diesen Momenten werden Erinnerungen zu einem Fest. Zu einem fröhlichen und gleichzeitig traurigen Fest mit Lichtern, Musik, Düften. Die Augenblicke prallen aufeinander, überschneiden sich, es kommt zu unmöglichen Begegnungen, die Chronologie gerät durcheinander, die Gesetze der Wahrscheinlichkeit gelten nicht mehr. Alte Geschichten aus verschiedenen Epochen fallen zusammen, die Vergangenheit verändert sich und wird undurchdringlich wie das Wasser eines schlammigen Flusses.

Die meiste Zeit jedoch ist das Gedächtnis eine dunkle Krypta, in die das Licht der Erinnerung nur zufällig, in ganz und gar unvorhersehbaren Momenten eindringt, indem es sich einen Weg durch das schlammige Wasser des Vergessens bahnt. Für Simone Signoret war das Vergessen eine Tragödie, eine Verletzung, ein Verbrechen an der lebendigen Vergangenheit. Sie konnte sich nie damit abfinden. Sie war eine

Kämpferin, und sie kämpfte darum, das Gedächtnis zu erweitern, Spuren und Anhaltspunkte zu sammeln, sie tat nichts, ohne hinter sich, wie Däumling, weiße Kieselsteine auszustreuen: Wörter auf einem Blatt Papier, Gegenstände auf einem Regal, gerahmte Fotografien. In ihrem Roman *Adieu Wolodja* erkennt man deutlich die wesentliche Rolle des »Rahmens«, dieses Mosaiks aus Bildern, die für die Helden die verschiedenen Etappen des langen Weges zwischen Polen und der Ukraine darstellen. Alle, die den »Zigeunerwagen« an der Place Dauphine gekannt haben, erinnern sich an die unzähligen Souvenirs über dem Kamin, die Rubel, die Dollarscheine, die Fotografien. Im »Rahmen« wie über dem Kamin des »Zigeunerwagens« sind die Erinnerungen dauernd in Bewegung, alte Begegnungen wiederholen sich und rufen neue hervor, so als führten die Spuren der Vergangenheit ihr eigenes, stilles Leben, das durch einen Blick, eine Frage, einen frechen Sonnenstrahl plötzlich wiederbelebt wird.

Simone Signoret hegte den geheimen Traum eines absoluten Gedächtnisses, das – wie jenes der Figur in einer Erzählung von Borges – alle Blätter eines Waldes, alle ausgesprochenen Wörter, sämtliche Träume, sämtliche Nächte und sämtliche, zu allen Augenblicken ausgedrückten Gesten in Erinnerung behalten könnte. Sie bewahrte alles auf: die Zettelchen, auf denen ein Freund einen Satz gekritzelt hatte, das kleine Geschenk einer Verehrerin, das Foto eines jungen Griechen, der eine Nelke in der hochgestreckten Hand hält und später ermordet wurde.

Sie hatte ein übermäßig gut entwickeltes, beinahe furchterregendes Gedächtnis. »Ein wahrer Lagerraum«, ein unerschöpfliches Reservoir an Geschichten, Namen, Daten, alten Scherzen, Gesichtern, Details, Ereignissen. Für ihren Beruf war dies von großem Vorteil, denn mit erstaunlicher Mühelosigkeit merkte sie sich ihre Rollen. »Es ist gar nicht schwierig, einen Text zu lernen (wenn er gut ist), weil das genau die Worte sind, die die Person in eben dieser Situation sagen würde.« Sie erinnerte sich an Unbekannte, denen sie

Jahre zuvor begegnet war und mit denen sie ein bißchen geplaudert hatte. »Wir Schauspieler werden von allen Orten geprägt, an denen wir irgendwann einmal waren. Wie alle andern Menschen auch. Von dem Leben, das man geführt hat (...) Ebenso von den gesellschaftlichen Milieus, in denen man sich aufgehalten hat, von den Häusern, die man betreten hat, weil gegenüber gerade gedreht wurde. ›Madame, kann ich mich in Ihrer Küche umziehen?‹ Wir haben unsere eigene Art zu reisen. Es sind nicht die Museen, die ich von einem Land kenne, sondern ich habe Unmengen von Informationen über die Menschen, über ihre Geheimnisse: warum sie dort leben, von wo sie herkommen...«[4] Ohne dieses bemerkenswerte Gedächtnis wäre ihr erstes Buch, *Ungeteilte Erinnerungen*, ein zwar von Talent zeugendes, aber banales Werk geworden, noch eines dieser Erinnerungsbücher von Schauspielerinnen, das über den Durchschnitt dieses Genres nicht hinausragt. Die Genauigkeit ihrer Erinnerungen hat es ihr jedoch erlaubt, eine wahrhaftige Chronik unserer Zeit daraus zu machen, eine Saga der französischen Intelligentia von 1941 bis heute, in der mehrere Generationen von Schauspielern, politisch aktiven Menschen, von Journalisten und Schriftstellern sich wiedererkannt haben. Dabei hatte sie ihre Reserven damit noch längst nicht alle ausgeschöpft, und ihr Roman *Adieu Wolodja* sollte sich insgeheim an denselben Quellen nähren.

Am Schluß des Romans, seine Eltern sind vor langer Zeit bei einem Zugunglück ums Leben gekommen, steigt Maurice Guttman, ihr Held, nachts in die tiefen Gewässer seiner Erinnerungen hinab. Während er vor einem Glas Alkohol sitzt, überläßt er sich diesen Abstiegen, »so wie ein Taucher weiß, daß er die Schätze heil wiederfinden wird, deren genaue Lage er am Vortag überprüft hat, die er jedoch keineswegs an die Oberfläche bringen will, weil solche Schätze die Luft nicht überstehen würden«.

Simone Signoret beschreibt Maurice' innere Reisen mit der Präzision einer Frau, die diese geheimen Sphären mit Ausdauer und Planmäßigkeit erkundet hat. »Er wählte sich ein Thema und verbot sich, die Grenzen zu überschreiten. Es konnte zum Beispiel vorkommen, daß er sich alle Kleider vorstellte, die er seine Eltern in allen Zeiten seines eigenen Lebens hatte tragen sehen, seit seinen ersten Erinnerungen. Er zählte sie, und wenn er eins vergessen hatte, fing er wieder von vorne an, denn ein Kleidungsstück auszulassen hieß, ein Datum zu überspringen. Neue Kleider hingen stets mit einem wichtigen Datum zusammen. Manchmal schwankte er auch, vor allem bei den Damenkleidern, er wußte nicht mehr, war es Sonja oder Olga gewesen, die er unter den oder den Umständen in einem blaugeblümten Kleid sah, denn sie liehen oft ihre Sachen untereinander aus. Dann betrieb er seine Fahndung wie ein hartnäckiger Spürhund, der Indizien und Beweise sucht, Tatbestandsmerkmale aneinanderreiht.« Ich weiß nicht, ob Simone Signoret sich an sämtliche Kleider ihrer Mutter erinnern konnte, doch ich halte es für durchaus möglich. Wenn sie von einer »Fahndung«, von der »Unnachgiebigkeit des Spürhundes« spricht, dann ist damit ihre eigene, sogenannte »Polizisten-Art« gemeint, ihre Passion für Genauigkeit, die sie auf Maurice überträgt.

Worauf Simone Signoret mehr Wert legte als auf alles andere, das waren die – wie sie es nannte – geteilten Erinnerungen. Wenn sie mit jemandem zusammen ein Ereignis erlebt hatte, ertrug sie es nicht, wenn die Erinnerungen des andern nicht mit ihren Erinnerungen übereinstimmten. »Es kommt vor, daß Montand sich an etwas nicht erinnert, weil er nicht aufmerksam zugehört hat, weil er mit etwas anderem beschäftigt war, etwas, das für ihn keine große Bedeutung hat, mir hingegen sehr wichtig zu sein scheint. Und oft nimmt dies gewaltige Ausmaße an (...) Doch oft handelt es sich um ganz kleine Dinge, um winzige Details. Es stimmt, daß es mich krank macht, wenn jemand eine Erinnerung, eine Geschichte erzählt und die Frau trägt ein blaues Kleid, während sie in

Wirklichkeit ein rotes trug. (...) Ich gebe gerne zu, daß es absurd klingt, doch ich kann nichts dafür, es ist nun mal so. Wenn man etwas nicht gänzlich mit mir teilt, ist es, als hätte man mir etwas weggenommen.«[5]

Sie konnte Stunden damit verbringen, Nachforschungen anzustellen, die Dinge richtigzustellen, Sachverhalte zu überprüfen, Fragen zu stellen. Und sie wurde jedesmal von einer geradezu kindlichen Wut erfaßt, wenn das Gedächtnis des andern versagte. Als Maurice in *Adieu Wolodja* merkt, daß seine Freundin Zaza sich nicht an die Geschichte von Wolodja erinnern kann, die er ihr erzählt hat, weil sie an jenem Tag ihr erstes Liebesrendezvous hatte, fühlt er sich schrecklich verraten. Für Simone Signoret war das Gedächtnis etwas Heiliges. Die gemeinsamen Erinnerungen mußten bewahrt, wenn möglich, miteinander verglichen, überprüft, vom andern bestätigt werden. Wenn sie nicht übereinstimmten, bekam sie Angst: »Wie denn, du kannst dich nicht daran erinnern!«

Von da an waren Koinzidenzen kein reiner Zufall mehr, sondern eine psychische Notwendigkeit. So als drohten die Ereignisse aus der Vergangenheit unwirklich zu werden, zu zerreißen wie vom Wind auseinandergetriebene Wolken. So als wäre die Vergangenheit selbst von Vergänglichkeit bedroht. Als wäre das Vergessen eine unerträgliche Krankheit, die fähig ist, die Wirklichkeit auszuradieren. Also erinnerte sie sich an alles. Aber das genügte ihr nicht. Von den Vorkommnissen in ihrem Leben mußten zudem äußere Spuren übrigbleiben, die nichts mit ihrem Gedächtnis zu tun hatten. Das konnte ein Gegenstand sein, eine Nippsache, ein Foto oder die Erinnerung eines andern. Oder eher noch ein beschriebenes Blatt Papier.

Indem sie die »Nostalgie der geteilten Erinnerungen« beschwor, gelang es ihr, ihre Memoiren endlich abzuschließen – wie mit der Feststellung eines Scheiterns. Die Konfrontation mit dem Leben hatte sie gelehrt, daß ihr Wunsch nach Transparenz nie gänzlich erfüllt werden konnte. Weder in ihrem Bekanntenkreis noch von ihren Zeitgenossen. »Die Erinnerungen der einen stimmen nicht mit denen der andern überein.« Sie war untröstlich. Die Erinnerungen der Eltern stimmen nicht mit denen ihrer Kinder überein, und sogar die glücklichen Verliebten haben nicht dieselben Erinnerungen an ihr geheimes Glück. Doch nicht sie war gescheitert, sondern die Menschheit; es war ein unvermeidbares Scheitern bei dem Versuch, unauflösbare Bindungen zwischen den Menschen herzustellen, das Scheitern eines Ideals, einer Utopie, an die sie stets hatte glauben müssen.

»Erinnerung kann nie ganz geteilt werden. Wenn man sie der Prüfung einer Konfrontation unterwirft, ist sie oft ebenso rein zum Verzweifeln wie ein Entlastungszeuge, der guten Glaubens versichert, das Kleid sei blau gewesen, während es doch grün war.

Für mich war es grün.

Für einen andern hatte es keine Farbe.

Für einen Dritten war es blau.

Alle diese Menschen liebten sich. Sie sahen nicht die gleichen Dinge. Oder vielmehr, sie sahen die gleichen Dinge zusammen im gleichen Augenblick, aber sie sahen sie verschieden.

Wenn man erzählt, ergreift man Besitz vom Gedächtnis der andern. Allein weil sie da waren, stiehlt man ihnen ihr Gedächtnis, ihre Erinnerungen, ihre Nostalgie, ihre Wahrheiten.

Wenn ich ›wir‹ sage, habe ich Besitz ergriffen. Aber es geschah für den Bericht. Mein Gedächtnis oder meine Nostalgie ließen mich Fäden spinnen. Keine Ketten schmieden.«

Fäden spinnen... In *Le Lendemain, elle était souriante*[6], diesem kleinen, zornigen und bissigen Pamphlet, das all jenen, die sie verleumdet hatten, beweisen sollte, daß kein anderer als sie selbst ihr erstes Buch geschrieben hatte, nimmt sie die Metapher des Webens wieder auf und entwickelt sie weiter. Sie spricht von der Vorliebe, die sie seit jeher für »Kanevas-

Stickerei, die Verarbeitung von Baumwollgewebe, Handarbeit« hatte. Sie erzählt, wie sie sich zum Schreiben in ihr Haus in Autheuil, im Eure, zurückzieht, wie sie vergeblich versucht, die im Sommer im Colombe d'Or begonnene Arbeit fortzusetzen, den Faden ihres Schreibens, ihrer Erzählung wiederaufzunehmen. »Bevor ich einschlafen konnte, was einige Zeit dauerte, versuchte ich das Wollfädchen zu lokalisieren, an dem ich gezogen hatte, um im Colombe in Gang zu kommen. Dieses Fädchen hatte bereits den Kern eines kleinen Knäuels gebildet, doch dieses Knäuel – das vielleicht einem halben Ärmel entsprach – hatte ich dummerweise weggelegt, anstatt es in die restlichen Teile des noch zu strickenden Pullovers zu rollen, wie man es tun muß, wenn man strickt, und vor allem, wenn man Gestricktes wieder auftrennt. Ich hatte die Wolle durchtrennt. Drei Tage zuvor war ich noch so selbstsicher gewesen. Und während ich auf den Schlaf wartete, glaubte ich zu sehen, wie Dutzende von Mottenlöchern sich in Dutzende von Wollfäden fraßen, an denen ich hätte ziehen müssen, doch sie hatten sich aufgelöst.«

Stricken, spinnen, sammeln, zusammenlegen. Auf dieselbe Art und Weise, wie sie im alltäglichen Leben darum bemüht war, Beziehungen zu knüpfen, Freundschaften zu einem immer enger werdenden Geflecht von Maschen zu vereinen, war das Schreiben für sie ein Beruf, der geduldige Arbeit verlangt; Arbeit, die sich aus einander überschneidenden Erinnerungen zusammensetzt, ein über die Vergangenheit gespanntes Netz.

Schreiben bedeutete für Simone Signoret, das Gedächtnis zu plündern, ihr eigenes Gedächtnis genauso wie das der andern. Als sie *Ungeteilte Erinnerungen* schrieb, wußte sie, daß sie nicht nur ihre eigenen Erfahrungen festhielt, sondern die Erfahrungen ihrer Generation. Sie wußte, daß sie weitere Zufälle, weitere unmögliche Begegnungen bewirken würde. Wie im Fall von Monsieur Martenot, der übrigens – ja auch mit Vornamen Maurice hieß, wie Maurice

Guttman, ihr Held, und wie Maurice Pons, ihr Vertrauter... Und auch ich weiß, daß ich mich heute, eine Generation später, beim Schreiben dieses Buches, beim Zusammenlegen der verstreuten Fäden ihrer Erinnerungen, der weißen Kieselsteine, der Fotografien und der Wörter auf den Seiten ihrer Bücher genußvoll und bewußt dieser Plünderung schuldig mache.

Ich glaube es ist kein Zufall, daß Simone Signoret in *Le Lendemain, elle était souriante*, beim Spinnen ihrer Metapher, einige Seiten später erklärt, »den Wollfaden, den richtigen« endlich gefunden zu haben; den Faden, der es ihr ermöglichen wird, die Arbeit wiederaufzunehmen, an den *Ungeteilten Erinnerungen* weiterzuschreiben, dieses berüchtigte weiße Blatt Papier, das sich ihr am Tag zuvor noch so heftig widersetzt hatte, zu entjungfern. Und es ist ebensowenig ein Zufall, daß dieser Wollfaden ein Satz von Montand ist, der noch lange nachklingt: »Im Grunde sind wir Überlebende...«

Denn für jene, die wie ich kurz nach dem letzten Krieg geboren wurden – nach dem entscheidenden Bruch, zu jenem Zeitpunkt der Geschichte, an dem der Weltuntergang bereits stattgefunden hatte –, ist der Raub der Erinnerungen eine Pflicht, eine Notwendigkeit, die einzige Möglichkeit, an die verlorengegangene Welt der Vorkriegszeit, in der die menschliche Katastrophe noch keine Gewißheit war, anzuknüpfen.

»Ihre Ziele waren klar,
und ihre Tränen waren Krokodilstränen.«
Simone SIGNORET

11

Nach *Thérèse Raquin* kann Simone Signoret endlich wieder die Frau des Sängers sein. Montand singt im Etoile. Zum ersten Mal steht er jeden Abend allein auf der Bühne.

Sechs Monate lang, von Oktober 1953 bis April 1954, kommt das linke, über den Indochina-Krieg entrüstete Publikum in die Konzerte von Montand, wie man zu einer Kundgebung in die Mutualité geht, und verlangt nach Chansons wie *Le Dormeur du Val* und *Quand un soldat*, das berühmte Lied von Francis Lemarque, das damals nicht im Radio gespielt werden durfte. Doch Montand singt weiterhin sowohl politische Lieder als auch Liebeslieder. Allerdings fühlt er sich ein bißchen schuldig, weil es ihm so viel Spaß macht, »bourgeoise« Lieder wie *C'est si bon* oder *Une demoiselle sur une balançoire* anzustimmen. Die Lage ist ernst.

Für die Rechte ist er der Mann, den es zu beseitigen gilt. Er erhält Drohbriefe. Biaggi, ein faschistisch orientierter Rechtsanwalt, läßt sich mit etwa zwanzig Unruhestiftern, die den Auftrag haben, während des Konzerts in einer weit aufgeschlagenen Zeitung zu lesen, in der ersten Reihe nieder. Es beginnt die Zeit der mit Teer beschmierten Plakate, der Stinkbomben und der in die Säle geworfenen Tränengasbomben. Im Vertrauen auf seine Überzeugungen und mit Unterstützung von Simone Signoret hält Montand diesen Provokationen stand. Es bedarf eines gewissen Mutes, doch die dumme Gewalttätigkeit der Rechten ist Wasser auf seine Mühlen.

Er vertraut auf das Engagement des Volkes. Seit dem 5. März 1953 ist Stalin tot, doch in den Köpfen existiert seine Herrschaft weiter. Die Parole jener Zeit, »US go home«, steht in großen Buchstaben auf den Mauern. Eisenhower gilt als Faschist. Der Korea-Krieg und der Rosenberg-Prozeß sind so offenkundige Skandale, daß sie den Intellektuellen zum Anlaß werden, ihre Empörung laut hinauszuschreien. Kurze Zeit später löst das Massaker von Sétif den Algerien-Krieg aus.

Noch machen die Intellektuellen sich keine großen Gedanken über das, was im Jahr zuvor in Prag geschehen war. Im Verlauf eines ungerechten Prozesses – eine Neuauflage des Prozesses gegen den Ungarn Rajk – werden Rudolf Slánský und zehn seiner »Komplizen« zum Tode verurteilt und gehängt. Die ideologisch mißbrauchte Sprache treibt üppigste Blüten. Mit Begeisterung begrüßt die tschechische Presse die Hinrichtung dieser »widerwärtigen Bande von Anhängern und Spionen des Imperialismus, von internationalen Verrätern, die sich für eine Handvoll Dollar und mit derselben Bereitwilligkeit in den Dienst der britischen Geheimdienste, der Gestapo und des CIA stellen«[1]. Die in der Tschechoslowakei geführten Prozesse werden so geschickt manipuliert, daß niemand daran Anstoß nimmt. Oder fast niemand.

Allerdings beginnt das stalinistische System in Moskau allmählich zu zerbröckeln. Die »Weißhemden«, jene jüdischen Ärzte, die man eines Mordkomplotts gegen Stalin beschuldigt hatte, sind rehabilitiert worden. Doch die französischen Intellektuellen, die den amerikanischen Richtern anläßlich des Rosenberg-Prozesses Antisemitismus vorwerfen, stellen sich bewußt blind gegenüber dem offenkundigen Antisemitismus der sowjetischen Führung. »Wer soll einem westlichen Mitstreiter verständlich machen, daß das russische Volk seit mehr als einem Vierteljahrhundert von allmächtigen, unantastbaren, unwiderruflichen McCarthys regiert wird, die über ihr Leben und ihren Tod entscheiden?«[2] Diese Frage, die sich in der Tschechoslowakei eine entfernte Kusine, von deren Existenz Simone Signoret nicht die geringste Ahnung hat, täglich voller Angst stellt, dringt zu Beginn der fünfziger Jahre nicht bis nach Paris durch. Ho Chi Minh ist der große Held jener Tage. Aragon schreibt *Les Communistes* und verhöhnt Paul Nizans Gedächtnis, weil dieser das deutsch-sowjetische Bündnis von 1940 nicht akzeptierte. Sartre erklärt, daß man im Hinblick auf Billancourt die Hoffnung nicht aufgeben darf, und Paul Eluard beweist, daß auch Dichter sich klar auszudrücken verstehen: »Ich habe zuviel mit den Unschuldigen zu tun, die ihre Unschuld beteuern, um mich um die Schuldigen zu kümmern, die ihre Schuld beteuern.« Diesen Satz unterschreibt Montand mit beiden Händen.

Und er ist nicht der einzige.

»Wir waren gleichzeitig ungeheuer ehrlich und vollkommen pervers«, schreibt Emmanuel Le Roy Ladurie.[3] Mit derselben Begeisterung wie die Aktivisten und Weggefährten und mit schizophrener Verbissenheit kämpfen diese »jungfräulichen Intellektuellen« um ihr imaginäres Paradies, selbst wenn sie, wie Le Roy Ladurie, die niederschmetternden Augenzeugenberichte von Boris Suvarin, Victor Serge und Leo Trotzki oder den Roman *Sonnenfinsternis* von Arthur Koestler gelesen haben. »Letztendlich brachte die Lektüre von *Sonnenfinsternis* mich vielleicht sogar dazu, Mitglied der Partei zu werden«, gesteht Le Roy Ladurie mit rückblickendem Erstaunen.

In sechs Monaten kommen zweihunderttausend Zuhörer ins Etoile. Ein Triumph, der Montand gleichzeitig ein kleines Vermögen einbringt, mit dem er das Haus in Autheuil, im Département Eure, kauft, das nach dem Colombe d'Or und der Wohnung an der Place Dauphine zur dritten Unterkunft des Paares Montand-Signoret werden wird. In jedem Leben gibt es eine bestimmte Geographie, Städte, Häuser, Kreuzungen, wo die Wünsche und Zeichen sich niederschlagen, wo die Kraftlinien zusammenlaufen. Im Fall von Simone Signoret entfaltet sich diese Geographie sternförmig – von Neuilly nach Saint-Germain-des-Prés und von Moskau nach Hollywood – um jene drei Fixpunkte, von denen aus sie die Welt eroberte, drei Orte, an die sie immer wieder zurückkehrte, um neue Kraft zu sammeln, um erneut mit dem in Kontakt zu treten, was die Erde ihres geheimen Gartens ausmachte. Das Colombe d'Or war der erste dieser magischen Orte. Danach kam das Appartement an der Place Dauphine, und schließlich dieses große, weiße, warme Haus, das in einem schattigen Park lag und mit den Möbelstücken ausgestattet war, die sie zufällig in Antiquitätengeschäften aufgestöbert hatte. Hier wird sie Wurzeln schlagen, denn das braucht sie, mehr als jede andere.

Montand und Signoret werden ein für die Freunde jederzeit offenstehendes Haus daraus machen, eine Art Kommune, ehe es diesen Begriff überhaupt gab. »An manchen Wochenenden waren bis zu zwanzig Gäste da, alle Zimmer bewohnt. Kinder und Hunde waren geduldet, ja sogar ausdrücklich erwünscht. Um die Zimmer auf der ersten Etage belegen zu dürfen, mußte man alt, sehr bekannt oder zum erstenmal Gast im Haus sein. Ich schlief auf der zweiten Etage, denn ich war weder alt noch berühmt, und ich kam jede Woche«, erzählt José Artur in *Micro de nuit.* »Ich bin François Périer auf meinem Stockwerk begegnet, und Françoise Arnoul, Roger Pigaut, Serge Reggiani, Pierre Mondy und Jacques Becker. (...) Man spielte ›Ambassadeur‹, Lügenpoker, ›Bachot‹, Volleyball; man badete im Swimmingpool und wusch sich sogar. Man schoß mit dem Gewehr auf die Schallplatten der ungeliebten und beneideten Sänger und Sängerinnen, die ich mitbrachte.« Mit dem Honorar für *Die Teuflischen* ließ Simone den Swimmingpool bauen. Doch dieser Ort zum Feiern ist auch ein Ort zum Arbeiten. Montand hat ein Klavier dort stehen und eine Bühnenecke, in der er seine Auftritte probt. In Autheuil wird Simone Signoret später die meisten ihrer Bücher schreiben. Und dort wird sie, eines Tages im September 1985, auch sterben.

Als Henri-Georges Clouzot ihr das Drehbuch zu *Die Teuflischen* bringt, hat sie sich gerade entschlossen, im Theater aufzutreten. Und zwar mit Montand zusammen in *Hexenjagd*, einem Stück von Arthur Miller, von dem Elvire Popesco, aber vor allem Jules Dassin und John Berry ihnen erzählt haben, zwei Regisseure, die zu Opfern der McCarthy-Ära geworden waren. In New York hatte man das Stück mit kühler Zurückhaltung aufgenommen. Das Publikum war nicht bereit, die Botschaft dieses Stücks zu begreifen, das, hinter der Geschichte von John und Elizabeth Proctor, einem puritanischen Ehepaar, das im 17. Jahrhundert Opfer einer Hexenjagd geworden war, den sehr aktuellen Prozeß um die jüdischen Wissenschaftler Julius und Ethel Rosenberg anklagte. Die Rosenbergs wurden, ohne daß entsprechende Beweise vorlagen, beschuldigt, den Sowjets geheime Informationen über die Atombombe geliefert zu haben.

An demselben Tag, an dem die Rosenbergs in Sing Sing auf dem elektrischen Stuhl hingerichtet werden, erhebt sich ein Teil des New Yorker Publikums, um schweigend dem Erhängen von John Proctor am Ende des Stücks beizuwohnen. Von jener Schweigeminute bis heute werden die Aufführungen von *Hexenjagd* auf der ganzen Welt immer wieder zu Protestkundgebungen gegen Fanatismus und Intoleranz. »Ich weiß beinahe, wie die politische Situation eines Landes aussieht, wenn das Stück dort ein Erfolg wird – entweder ist es die Warnung vor einer kommenden Tyrannei oder die Erinnerung an eine gerade überwundene«, schreibt Arthur Miller in seinen wundervollen Memoiren.[4] Und er erzählt, daß *Hexenjagd* 1980 in Shanghai als eine Metapher für die Verhöre während der Kulturrevolution verstanden wurde. Für Simone Signoret ist es ein mitreißendes Projekt, das es ihr endlich erlaubt, alles unter einen Hut zu bringen: Montand, die Politik, ihren Beruf. Doch es ist zugleich ein gewaltiges professionelles Wagnis. Ihre bisher einzige Theatererfahrung, im Théâtre des Mathurins, inmitten der Volksmassen von Theben, hatte kläglich und im allgemeinen Gelächter geendet. Sie fühlt sich nicht wohl auf der Bühne. Ihre Stimme trägt nicht weit genug. Beim Film hat sie die Gewohnheit angenommen, »die Effekte so weit wie möglich zurückzuschrauben, alles in einen Blick oder in eine Geste zu legen«[5]. Das Théâtre Sarah-Bernhardt kommt ihr riesengroß vor. Auch für Montand ist es eine große Premiere. A priori gibt es keinen Beweis dafür, daß »ein Music-Hall-Sänger und ein Filmstar imstande wären, eine Tragödie zu spielen«[6].

In dieser hektischen Situation wendet Clouzot sich an sie. Dabei steht es um ihre Beziehungen – wohlwollend ausgedrückt – nicht zum allerbesten. Während der Dreharbeiten zu *Lohn der Angst* führten sie erbitterte Diskussionen. »Clouzot hatte nicht den geringsten Humor, und er wußte das nicht. Notgedrungen. Denn wer weiß, daß er keinen hat, hat bereits welchen. Bei ihm war das nicht der Fall.«[7] Er steht in dem Ruf, seine Schauspieler zu tyrannisieren, vor allem jene »Schauspieler, die denken«, und als er feststellt, daß Simone sich das Denken nicht verbieten läßt und nicht besonders versöhnlich ist, macht er sich auf das Schlimmste gefaßt. »Clouzot nahm sich vor meinen schlimmen Fehlern in acht, und ich mich vor seinen.« Doch er bewundert ihr Talent, und seine Frau, Véra Clouzot, hält bedingungslos zu Simone. Sie soll die andere weibliche Rolle übernehmen, und da sie keine Schauspielerin ist, verspricht sie sich von der Präsenz ihrer Freundin Sicherheit. »Simone Signoret erzählt, daß sie während der Dreharbeiten zu *Die Teuflischen* viel unter Clouzot gelitten hat. Das war fatal, denn sie waren Freunde«[8], schreibt Paul Meurisse ironisch.

Die Dreharbeiten sollten zwei Monate dauern, doch schließlich werden sechzehn höllische Wochen benötigt, um diesen harten und spannungsgeladenen Film fertigzustellen, der die Nerven aller Beteiligten aufs äußerste strapaziert. Seinen Höhepunkt erreicht das Drama in dem Moment, da die Proben zu *Hexenjagd* beginnen, die vier Monate dauern werden. »Nach diesen Spannungen wurde es die reine Hölle und dann der Weltuntergang. (...) Aus der Mörderin verwandelte ich mich übergangslos in die Puritanerin aus Neu-England, um dann am nächsten Morgen in den Ateliers von Saint-Maurice wieder die Mörderin zu spielen, wo mein Regisseur, seine Frau und ich kein Wort mehr miteinander wechselten.«[9] Wie alle andern behält Paul Meurisse diese Dreharbeiten, in deren Verlauf er sich von Clouzot unter dem Vorwand beschimpfen lassen muß, er sei nicht in der Lage, die Augen so weit zu verdrehen, daß nur mehr das Weiße darin zu sehen ist, in furchtbarer Erinnerung.

Doch das Resultat ist verblüffend. »Der Film wurde zu einem Triumph. In den Kinosälen verbreitete er Angst und Schrecken.«[10] Sogar Véra Clouzot, die Paul Meurisse für eine unbedeutende Schauspielerin hält, zieht Nutzen aus der allzu realistischen Angst, die sie in ihrer Rolle als blaßhäutiges Opfer darzustellen hat. Clouzot war ein Meister der unheilverheißenden Atmosphären, wie er bereits mit *Der Mörder wohnt Nr. 21* und *Der Rabe* bewiesen hatte. In einer Zeit, als Hitchcock seine Filme in Technicolor zu drehen beginnt, bleibt er bei der Verfilmung dieser gemeinen Geschichte eines falschen Verbrechens, die auf einem Roman von Boileau und Narcejac basiert, dem geheimnisvollen Schwarzweiß treu.

In einem Jungenpensionat quält der Direktor (Paul Meurisse) seine Frau (Véra Clouzot), eine reiche und empfindliche Erbin aus Südamerika. Er hat ein Verhältnis mit einer der Professorinnen (Simone Signoret), einer hübschen, starken und eigensinnigen Frau mit Stöckelschuhen. Doch zwischen der pathetischen Erbin und der Geliebten, die über die Art und Weise, wie ihr Geliebter seine Frau behandelt, schokkiert ist, entsteht eine weibliche Komplizenschaft, die schließlich zu einem Mordplan führt. Paul Meurisses Ertrinken in der Badewanne und der Abtransport der Leiche in einem Weidenkorb, der sich jeden Augenblick zu öffnen droht, zählen zu den paar Szenen der Filmgeschichte, an die Filmfreunde sich immer wieder gerne erinnern. Am Ende des Films bittet Clouzot die Zuschauer mittels eines bedruckten

Schildes, den Ausgang des Dramas nicht zu verraten. Und obwohl der Film mittlerweile etliche Jahre hinter sich hat, gilt diese Anweisung bis heute. Wir werden also keine weiteren Einzelheiten dieser düsteren Geschichte preisgeben.

Noch nie hatte Simone Signoret so intensiv gearbeitet. Die Aufführungen von *Hexenjagd*, in der Bearbeitung von Marcel Aymé und inszeniert von Raymond Rouleau, beginnen im Dezember 1954 und werden ohne Unterbrechung bis in den nächsten Sommer fortgesetzt. Da Arthur Miller aufgrund ideologischer Subversion der Paß verweigert wird, kann er nicht nach Paris reisen. Nicole Courcel, in der Rolle der verführerischen Hexe, erscheint auf dem Titelbild von *Paris-Match*. In den *Nouvelles littéraires* vergleicht Gabriel Marcel Simone Signoret mit einem Holbein-Porträt. In *Le Monde* bezeichnet Robert Kemp sie als »sophoklesianisch«. Mit dieser frostigen Rolle einer in ihrem Schmerz der betrogenen Ehefrau erstarrten Puritanerin knüpft sie an jene Ausdrucksmöglichkeiten an, die sie erstmals in *Thérèse Raquin* unter Beweis gestellt hatte. Die Begeisterung ist eine innere, und die Leidenschaft wirkt um so stärker, da sie kaum erkennbar, sondern verborgen, in den Kettenpanzer der Konventionen eingeschnürt ist.

»Bei der dritten Vorstellung kam Sartre sich das Stück ansehen. Er kam in die Garderobe (...) und erklärte: ›Das war für mich gedacht, warum habe ich die Bearbeitung nicht gekriegt?‹ Wir rieten ihm, seinem Sekretariat besser auf die Finger zu sehen.«[11] Sein Sekretariat, das war Jean Cau, dessen spätere Ansichten ihn in diametralen Gegensatz zu Sartre stellten. Als das Stück ihm vorgelegt wurde, beschloß er das Adaptationsprojekt abzulehnen, in Sartres Namen und ohne ihn darüber zu informieren. Sartre begnügte sich dann damit, auf den fahrenden Zug zu springen und das auf dem Stück basierende Filmdrehbuch zu verfassen.

Leider ist er zu jener Zeit nicht in seiner fruchtbarsten Schaffensperiode. Nachdem er den Existentialismus »erfunden« und allen französischen Intellektuellen den Ton angegeben hat, wird Sartre, wie so viele andere zu Beginn der fünfziger Jahre, vom Gesinnungseifer erfaßt. Er ist, besser als viele andere, über die Existenz von Arbeitslagern in der UdSSR informiert, da er diese bereits zwei Jahre zuvor in seiner Zeitschrift *Les Temps Modernes* angeklagt hatte. Doch es erscheint ihm notwendig, Prioritäten zu setzen, in einer Zeit, da der Prozeß der Entkolonialisierung beginnt, der in wenigen Jahren die ganze Erde verändern wird.

Die französischen Fallschirmjäger greifen in Indochina ein, was sich später in Algerien wiederholt, während die Gewerkschaftsführer der CGT beschuldigt werden, »die Nation zu demoralisieren«. Antoine Pinay ist der Wortführer der französischen Rechten, während die USA immer tiefer in den Wahn der McCarthy-Ära geraten. Dem gegenüber steht der kommunistische Block, der trotz seiner »Schönheitsfehler« ein fortschrittliches System zu sein scheint, in dem die Zukunft der Menschheit vorbereitet wird. Trotz seiner Vorbehalte hat Sartre sich entschieden. Er riskiert es, Weggefährte der PCF zu sein, so wie der Kellner in *Der Ekel* es riskiert, Kellner zu sein, und so wie die Katze bei Mallarmé es riskiert, Katze zu sein. »Er wurde zum Garant, zur Kaution, zum neuen Anhänger, zum Reisenden, zum Kolporteur, zum Handelsreisenden . . .«[12] In seinem dreihundertseitigen Drehbuch fügte er Millers Werk eine ideologische Figur hinzu, deren Zweck es war, die universelle Dimension der Geschichte abzuschwächen. »Jean-Paul Sartres Drehbuch schien mir allerdings die Geschichte mit einem willkürlichen marxistischen Schleier zu überziehen, und das führte zu einigen Absurditäten. Bei Sartre wurde der Ausbruch der Hexerei zum Kampf zwischen reichen und armen Farmern, aber in Wirklichkeit gehörten Opfer wie (. . .) zur Klasse der relativ großen Grundbesitzer.«[13]

Koproduziert wurde der Film von der DEFA, jener Produktionsfirma aus der DDR, die Simone Signoret im Jahr zuvor eine Rolle in der *Mutter Courage* von Brecht und in einer Aufführung des berühmten Berliner Ensembles angeboten hatte. Diese erste Reise nach Ostberlin war für Simone Signoret die Gelegenheit gewesen, ihre Überzeugungen mit der Wirklichkeit eines kommunistischen Staates zu vergleichen. Im Gegensatz zu Bernard Blier, der sie auf dieser Reise begleitete, hatte sie es mit löblicher Hartnäckigkeit abgelehnt, es sich in einem Luxushotel in Westberlin bequem zu machen. Noch gab es die Mauer nicht, und Blier wechselte jeden Tag von einer Seite der Grenze zur andern. Signoret jedoch blieb, wie es ihre Gewohnheit war, konsequent und bestand darauf, daß ihre Ideen mit ihren Handlungen übereinstimmten. »Auf eine recht kindliche Art war ich tatsächlich davon überzeugt, daß im ganzen Ostblock (...) alles aus Ver- und Austausch bestand. Ich glaubte dort auf chinesische Ananas zu stoßen, die im Tauschhandel gegen polnische Kohle importiert worden waren, auf Zeiss-Gläser, die man gegen ukrainischen Weizen tauschte, auf russischen Kaviar, den man gegen ungarisches Uran eintauschte.«[14] Ihre linksintellektuellen Scheuklappen führten sie dazu, alles zu verstehen, alles zu entschuldigen. Und ihre Überzeugungen erlaubten ihr tatsächlich, die kleinen Unannehmlichkeiten des Alltags, die nicht funktionierenden Telefone, den Stacheldraht und die Wolfshunde an der Grenze, bestens zu ertragen. Auch der rätselhaften Unterbrechung der Dreharbeiten widerstanden diese Überzeugungen. Eines Tages, als der Film erst zur Hälfte fertig war, weigerte sich Helene Weigel, die Frau von Brecht, ohne jede Erklärung, weiterzudrehen. Zu jener Zeit gab es in diesem Teil der Erde tatsächlich nicht wenige Rätsel.

Nachdem sie widerwillig nach Mexiko geflogen ist, wo sie, mit ihrem Kollegen Vanel zusammen, *Pesthauch des Dschungels* von Luis Buñuel dreht, kehrt Simone Signoret ohne Mißfallen nach Ostberlin zurück, wo der Film *Hexenjagd* entsteht, der im Frühjahr 1957 in Paris herauskommt.

Doch zuvor findet ein wichtiges Ereignis in ihrem Leben statt: die große Tournee von Yves Montand durch die sozialistischen Staaten. Diesmal wird sie endgültig gezwungen, ihre

Überzeugungen in Frage zu stellen. Doch es sollte noch Jahre dauern, bis sie begriff, inwiefern Montand und sie, und mit ihnen so viele andere, naive Phantasten gewesen waren, die im Kontext einer geopolitischen Strategie, deren Ziele ihre Köpfe weit überstiegen, wie Marionetten manipuliert wurden.

Die große Illusion erreicht ihren Höhepunkt. Im Juni 1956 veröffentlicht *Le Monde* den Chruschtschow-Bericht, der vom Februar desselben Jahres stammt. Der Generalsekretär spricht darin von den »Exzessen« des Stalinismus, von den »sechzehn Millionen Toten«. Er erklärt, daß die Wege, die zum Sozialismus führen, von Land zu Land verschieden sind und daß der Endsieg »nicht dadurch erreicht werden kann, daß die Armee sozialistischer Länder sich in die inneren Angelegenheiten anderer Staaten einmischt«. In der UdSSR, in Polen, in Ungarn sind Tausende von Menschen überzeugt, daß dies den Beginn einer neuen Ära bedeutet. Sogar in den Gulags kommt Hoffnung auf. Aus seinem slowakischen Gefängnis schreibt ein gewisser Oskar Langer, der zu 22 Jahren Haft verurteilt worden ist und von dessen Existenz Simone Signoret noch nichts weiß, an seine Frau: »Dieser Mann, der sich endlich erhoben hat, um zu sprechen, ist ehrlich und menschlich. Die Zeiten und Umstände, die ehrliche Individuen in Feiglinge verwandelten, sind vorbei.«[15]

Die französischen Kommunisten, denen so viel Ehrlichkeit bei der Aufdeckung peinlich ist, stellen den Inhalt in Zweifel, indem sie von einem »angeblich von Chruschtschow stammenden Bericht« sprechen. Viel subtiler gehen die zahlreichen Genossen vor, die die ungeschminkten Worte des Generalsekretärs als Beweis für die Fähigkeit zur Selbstkritik des sowjetischen Systems feiern. Einmal mehr offenbart ein Denksystem, daß es anscheinend fähig ist, auf dem paradoxen Weg, der unaufhaltsam in eine strahlende Zukunft führen soll, alle möglichen Verdrehungen zu schlucken.

Die Oktober-Ereignisse in Polen scheinen den Beginn einer neuen Ära zu bestätigen. Eine viertägige Konfrontation zwischen streikenden Arbeitern und sowjetischen Panzern findet mit der Rückkehr Gomulkas, dem ehemaligen Feind des Stalinismus, an die Macht ein friedliches Ende. Auch in Ungarn herrscht Aufruhr. Mit einem feierlichen Aufmarsch gedenkt man Rajks Tod. Die Parteiführung schlägt sich an die eigene Brust und bekennt sich offiziell dazu, seinen Prozeß manipuliert zu haben. In Budapest wird das riesige Stalin-Denkmal niedergerissen. Imre Nagy und János Kádár arbeiten in der Regierung eng zusammen und scheinen sich einig zu sein, den starken Volkswillen zu unterstützen und zu begleiten. Doch die Befreiung der Völker wird noch einige Zeit auf sich warten lassen.

Am 4. November eröffnen die sowjetischen Panzer in Budapest das Feuer. Die Niederschlagung des Aufstandes wird Tausende das Leben kosten. Die Chruschtschow'sche *Perestrojka* ist mit einem Mal zu Ende. Es kommt nicht zum Kompromiß nach polnischem Modell. Der Mann, der die Rolle eines ungarischen Gomulka übernehmen wollte, der Präsident des Rates der Volksrepublik Ungarn, Imre Nagy, appelliert an die Weltöffentlichkeit: »Die sowjetischen Truppen haben Budapest in der eindeutigen Absicht attackiert, die demokratische Regierung Ungarns zu stürzen. Unsere Truppen kämpfen.« Zwei Jahre später wird Imre Nagy heimlich und auf Befehl von János Kádár, der auf seiner Seite zu stehen vorgab, gehängt.

Das Faß läuft über. Sartre, der gewaltsam aus seinem ideologischen Schlaf aufgeweckt wurde, gibt den Ton an: »Ich verurteile voll und bedingungslos die sowjetische Aggression. Ohne die Verantwortung dafür auf das russische Volk schieben zu wollen, wiederhole ich, daß die derzeitige Regierung ein Verbrechen begangen hat... Und das Verbrechen besteht in meinen Augen nicht *nur* darin, daß die Panzer Budapest angegriffen haben, sondern daß dieser Angriff von zwölf Jahren Terror und Dummheit... ermöglicht wurde...

Ich behaupte, daß es nicht möglich ist und nie wieder möglich sein wird, mit den Männern, die derzeit an der Spitze der Kommunistischen Partei Frankreichs stehen, erneut in Verbindung zu treten.«[16]

Für Yves Montand und Simone Signoret, die sich in Ostberlin gerade Gedanken darüber machen, welche Kleidung sie in ihre Koffer packen sollen, um der großen Kälte in Moskau widerstehen zu können, bedeutet die sowjetische Intervention in Ungarn eine persönliche Katastrophe. Zu ihrem Pech mußte Montands Tournee, die eigentlich im Oktober beginnen sollte, wegen bürokratischer Verzögerungen bei den Dreharbeiten zu *Hexenjagd* um einen Monat verschoben werden. Wäre der Film früher fertiggestellt worden, wäre Raymond Rouleau weniger um Perfektion bemüht gewesen und der Drehplan nicht unablässig verändert worden, so hätten sie vor dem ungarischen Drama aufbrechen können, keiner ihrer Freunde wäre auf die Idee gekommen, ihnen deswegen Vorwürfe zu machen, und ihre Reise wäre nicht zu einer Staatsaffäre geworden.

»Was uns anbetrifft, Montand und mich, ist der November 1956 der traurigste, absurdeste, grausamste und lehrreichste Monat der siebenundzwanzig Jahre unseres gemeinsamen Lebens«, schreibt Simone Signoret später in ihren Memoiren.[17] Die französische Rechte frohlockt. Endlich bestätigen die Ereignisse ihre düstersten Voraussagen. Biaggi, Tixier-Vignancour und Georges Bidault marschieren im Triumphzug die Champs-Elysées hinauf. Unter den Linksintellektuellen herrschen Trauer und Bestürzung. Sie haben das Gefühl, wie Vercors in der Mutualité sagt, als »Ausstellungsstücke« gedient zu haben. Der Rückzug wird angetreten. Die Friedensbewegung bricht auseinander. Im *Nouvel Observateur* entrüstet sich Jacques-Francis Rolland über die »brutale und unterwürfige Position der Kommunistischen Partei Frankreichs im Drama von Budapest« und über »die völlige Abhängigkeit der Intelligentia«.

Fahren oder nicht fahren? Diese Frage stellt sich eher Montand als Signoret, denn es handelt sich um seine Tournee, und er hat Obraszow, dem Direktor des Moskauer Marionettentheaters, sein Wort gegeben. Seinem Engagement treu bleiben bedeutet, das Massaker an den Ungarn gutheißen. In Paris bleiben heißt, der Rechten, die ihn all die Jahre über verunglimpfte, recht zu geben. Von der einen wie von der anderen Seite wird der Druck immer stärker. »In Paris gab es zwei Bataillone. Ihre Ziele waren klar, und ihre Tränen waren Krokodilstränen«[18], schreibt Simone Signoret. Ohne Partei zu ergreifen, beschreibt Sartre ihre Position mit lapidaren Worten: »Wenn ihr fahrt, unterstützt ihr die Russen. Wenn ihr bleibt, unterstützt ihr die Reaktionären.«

Was nicht mehr zu erkennen war, war die Unterscheidung zwischen Recht und Unrecht, die bisher so offensichtlich zu sein schien. Um seinem Wort, seinem Vater, seinem linken Ideal treu zu bleiben, war Montand gezwungen, weiterhin einer Sache zu dienen, an die er nicht mehr glauben konnte, an die seine Freunde nicht mehr glaubten, war er gezwungen zu manipulieren, sich und andern etwas vorzumachen, zu lügen. Er war in dem gefangen, was Psychologen den »double bind« nennen, jenen psychischen Gegensatz, der unmöglich zu überwinden ist, da er aus der Notwendigkeit kommt, zwei widersprüchlichen Befehlen zu gehorchen, und für den die berühmte Aufforderung »Seid spontan!« das beste Beispiel ist. Überdies stand er so im Licht der Öffentlichkeit, daß er keine Möglichkeit hatte, diesen Widerspruch für sich, in seinem Herzen zu lösen.

Der Klassenkampf war für den populären Sänger Yves Montand nie ein ideologisches Hirngespinst, sondern eine erlebte Wirklichkeit, eine Mischung aus Gerüchen, kleinen Nöten, unbebauten Grundstücken, zu großen Schuhen, geflickter Kleidung, elenden Mahlzeiten und unbefriedigten Sehnsüchten. Und schließlich hatte er seine ganze Karriere auf diesem Bild, dieser Begeisterung, diesem Engagement für die Schwachen und Unterdrückten aufgebaut. Zu einer Zeit, als die

PCF, mit über 30% Wählerstimmen, noch eine Volkspartei war, hätte die Absage seiner Tournee einen brutalen Bruch bedeutet, auf den er in keiner Hinsicht vorbereitet war.

Am 3. Dezember schreibt Montand, tiefbetrübt, einen verlegenen Brief an Obraszow, in dem er erklärt, daß er trotz »der tiefen Beunruhigung, in die das Drama in Ungarn viele Franzosen gestürzt hat«, beschlossen habe, sein Versprechen zu halten. Er rechtfertigte seine Entscheidung damit, daß er nicht gewillt sei, sich »dem riesigen und ungeheuerlichen Apparat der antisowjetischen Propaganda« anzuschließen. Den Algerien-Krieg und das Suez-Abenteuer stellt er merkwürdigerweise als einen Boten des Weltfriedens hin, der entschlossen ist, »mit allen Mitteln die Rückkehr zum Kalten Krieg zu verhindern, und damit auch die Möglichkeit eines Krieges überhaupt«. In den Wirren der damaligen Zeit war das Maß an Größenwahn, das in dieser seltsamen Formulierung lag, zweifellos weniger offenkundig, als es das heute ist. Indem Montand sich der schmeichelhaften Illusion hingab, das Schicksal des Weltfriedens wäre auf eine obskure Art und Weise von seinen persönlichen Entscheidungen abhängig, rechtfertigte er in seinen eigenen Augen einen widerwillig gefaßten Entschluß, und das zu einem Zeitpunkt, als er, zum erstenmal in seinem Leben, nicht mehr wußte, was er denken *mußte*.

Zahlreiche spätere Stellungnahmen Montands, die monomanische Schärfe, mit der er das Weiterbestehen stalinistischer Verblendung unter Breschnew und Andropow verurteilte, lassen sich erst im Licht jener traumatischen Epoche erklären. Er mußte sich gegenüber sich selbst Genugtuung verschaffen. Wäre er von der bedingungslosen Stalinismus-Hörigkeit nicht so weit entfernt gewesen, dann hätte er seine Rolle in *Das Geständnis* von Costa-Gavras vielleicht nicht mit demselben Eifer spielen können, der so weit führte, daß er in sechs Wochen zwölf Kilo verlor.

Der Trick hatte sofort funktioniert. Unter dem zunehmenden Druck der Polemiken, mitten in einem ideologischen

Streit, bei dem Dinge auf dem Spiel standen, die weit über sie hinausführten, fanden Montand und Signoret sich plötzlich an der vordersten Front eines Kampfes wieder, der bereits nicht mehr wirklich ihr Kampf war. Montand hatte beschlossen, die Leinen zu kappen, wegzufahren, den Anker zu lichten. Tiefbetrübt, gewiß, aber gleichzeitig in seinem Innersten darüber erleichtert, sich diesen allzu pariserischen Tumulten zu entziehen, für einige Monate der öffentlichen Debatte über seine Seelenzustände zu entgehen. Trotz allem wurde es ein mitreißendes Abenteuer, und irgendwie hoffte er sogar, sich nützlich machen zu können.

1978 wurde in Tbilissi, Georgien, ein Psychoanalytiker-Kongreß zum Thema »Das Unbewußte« organisiert. Es war das erste Mal, daß mit westlichen Psychoanalytikern über ein solches Thema in einem Land diskutiert wurde, in dem Freuds Bücher zu jener Zeit nur in einigen wenigen Bibliotheken zu finden waren. In den Monaten vor der Reise nach Georgien wurde die Gesellschaft der französischen Psychoanalytiker mit ähnlichen Diskussionen konfrontiert wie die, die 1956 der Reise von Montand und Signoret vorausgegangen waren. Sich in die Sowjetunion zu begeben war für einen Psychoanalytiker jener Zeit gleichbedeutend mit der Billigung der Politik der psychiatrischen Internierungslager, die darin bestand, all jene, die sich gegen das Regime auflehnten, wie Geisteskranke zu behandeln und unter Umständen sogar durch nervenlähmende Medikamente und Elektroschocks in den Wahnsinn zu treiben. Viele der Psychoanalytiker und Psychiater, die von Leo Chertok zu dieser historischen Begegnung mit sowjetischen Kollegen eingeladen worden waren, sagten ab. Andere jedoch kamen, in der Überzeugung, daß in einem Land, in dem das Wort zensiert wird, nichts wünschenswerter sein kann als der Austausch von Worten, und sei es nur im offiziellen Rahmen. Der Kongreß fand statt und ermöglichte aufregende, bewegende Begegnungen und beiderseitige Entdeckungen. Heute wissen wir, daß dieser Kongreß befreiende und langfristige Wirkungen hatte und die *Perestrojka* im Bereich der Psychiatrie vorbereitete und ermöglichte. Die Reise von Montand und Signoret hatte ohne Zweifel, wenn auch in einem völlig anderen Zusammenhang, Auswirkungen ähnlicher Art.

»Eingemummt in Mantel und Hut
aus pastellfarbenem Nerz...«
Simone Signoret

12

Wenn Simone Signoret in *Ungeteilte Erinnerungen* voller Entzücken über die Erlebnisse auf ihrer Reise in die Ostblockländer erzählt, stiehlt sie Montand in gewisser Weise die Schau. Denn schließlich war es seine Reise, sein Triumph, und sie begleitete ihn nur. Auf den sechzig Seiten jedoch, die sie diesem Abenteuer widmet, berichtet sie vom Triumph des Ehepaares Montand-Signoret, und nie spielt sie dabei nur eine Nebenrolle.

Es ist nicht verboten zu denken, daß es zwischen ihnen beiden eine geheime, wahrscheinlich unbewußte Rivalität gab, die bewirkte, daß ihre jeweilige Bedeutung in der Öffentlichkeit stets ausgeglichen war. Ihre Ehe schien nur dadurch bestehen zu können, daß dieses Gleichgewicht ihrer sich überschneidenden Berühmtheit nicht ins Wanken geriet. Keiner drängte den andern für längere Zeit in den Hintergrund. Sie lösten einander im Scheinwerferlicht der Bühne ab. Zusammen legten sie die Etappen zum Ruhm zurück und achteten darauf, daß keiner von beiden dem andern vorauseilte. Denn das hätte eine ernsthafte Gefahr bedeutet. Es wäre dramatisch gewesen, wenn Montand ein umhegter Prinz geworden und Simone nur mehr ein enttäuschter Star gewesen wäre. Sie waren gleich alt, jeder von beiden hatte eine starke Persönlichkeit, sie ließ ihn an ihrer Bildung, ihrer Intelligenz teilhaben, er teilte mit ihr seine Lebens- und Berufserfahrung. Der Austausch war demnach mehr oder weniger ausgeglichen, auch wenn er sich hin und wieder veränderte, auch wenn die Presse ständig darum bemüht war herauszufinden, wer von den beiden Teilen dieses berühmten Paares denn nun das Sagen hatte, wer den andern dominierte, wer nachgab, wer bei Auseinandersetzungen am lautesten schrie. Bekanntlich verkauft nichts sich besser als ein Artikel über das Kräfteverhältnis zwischen einem berühmten Mann und einer berühmten Frau.

Im Osten nimmt sie nur als die Frau des Sängers Montand an der Reise teil. Die Sowjets kennen sie nur aus einem schlechten Film von Henri Charef, *Ombres et Lumières*, die Geschichte einer Pianistin, die beim Spielen eines Concertos von Tschaikowsky wahnsinnig wird. Da sie nichts anderes zu tun hat, nimmt sie sich vor, alle Details der Reise festzuhalten. Wie groß das Unbehagen bei ihrer Abreise auch immer sein mochte, schließlich war es das Vaterland des Sozialismus, das sie entdecken würden. Ungeachtet dessen, was sie wissen, und ganz zu schweigen von dem, was sie ahnen, verspüren sie bei dieser Vorstellung ein leichtes Kribbeln im Herzen. Sie haben schon so oft von dieser besseren Welt geredet und geträumt. Das Abenteuer, das ihnen bevorsteht, ist ungemein verlockend, trotz der gemischten Gefühle. Nicht die geringste Einzelheit wird Simone Signoret entgehen, sie wird alle Episoden mit äußerster Intensität durchleben und dabei ein so wohliges Gefühl haben, als ob sie die Schule schwänzte.

Tadellos spielt sie ihre Rolle als Frau des Künstlers, mit ihrem Koffer voller Pelzstiefel und Hermès-Kostüme; im GUM kauft sie Zobelmäntel, mit den Dolmetschern versteht sie sich prächtig, sie ist entzückt von der russischen Folklore, den Samowaren und den Gesprächen und bewegt sich auf den obersten Machtetagen mit der Selbstsicherheit einer bourgeoisen Dame aus Neuilly, der die Gewißheit ihrer eigenen Hellsichtigkeit ein gutes Gewissen verleiht.

Ihre Aufmerksamkeit für die geringsten Schwächen des Systems, für diese »traurigen Blicke«, die aus der Ferne und geheimnisvoll auf sie gerichtet sind, wenn sie die Fabriken in ihrer schönen pariserischen Aufmachung besichtigen, bestärken sie in ihrer Zuversicht. Sie bringen Ilja Ehrenburg den Ziegenkäse, den Claude Roy ihnen mitgegeben hat, sie stellen den sowjetischen Verantwortlichen absichtlich provokative Fragen über Ungarn oder den McCarthyismus, dem in der UdSSR seltsamerweise keine besondere Aufmerksamkeit entgegengebracht wird, während er für die kommunistischen Parteien im Westen zum Lieblingsthema geworden ist. Ohne sich dessen bewußt zu sein, wird sie um so mehr geblendet, je aufmerksamer sie sein möchte, da sie sich darauf beschränkt, die äußeren Anzeichen des Dramas zur Kenntnis zu nehmen, ohne sich das wahre Ausmaß der Probleme vorstellen zu können, ohne sich nach der tieferen Bedeutung dieser Anzeichen zu fragen. Das Elend, den wirtschaftlichen Verfall, den Polizeiterror sieht sie nicht. Sie bemerkt die traurigen Blicke und nimmt Notiz davon, so als wäre es höchstens zweitrangig, deren Bedeutung zu erkennen.

Seit dem Flore hat sie sich nicht mehr so amüsiert. *Moskau by night* ist voller Verlockungen. Sie geht zu Ballettvorführungen, die russischen Tänzer sind großartig, und dann sind da noch die aufregenden Abende mit den Dolmetschern, die glücklich sind, sich mitteilen, ihr Wissen über die sowjetische Gesellschaft ein wenig enthüllen zu können. Montand singt im Uljniki-Stadion vor zwanzigtausend begeisterten Zuhörern. Nie zuvor ist er derart leidenschaftlich, derart heftig bejubelt worden. Die nach dem Westen süchtigen sowjetischen Zuhörer feiern diesen Sänger aus Frankreich, von dem erwartet wird, daß er Lobeshymnen auf das Paradies anstimmt, in dem sie ersticken. Er läßt sie den Duft der Freiheit und der Zärtlichkeit einatmen, überschüttet sie geradezu mit menschlichem Mitgefühl.

Und dann war da das berühmte Abendessen mit Chruschtschow. Es ist eines jener unvergeßlichen Ereignisse, die Simone Signorets Leben geprägt haben. Die Entdeckung des Flore, die Begegnung mit Montand, *Goldhelm*, die Veröffentlichung ihrer Bücher... und diese Begegnung mit den höchsten Machthabern des russischen Imperiums.

Der Abend beginnt für sie im Bolschoi-Theater, in Begleitung von Madame Sadoul, die glaubt, ihre große Freundin, die Plessetskaja, tanzen zu sehen, während diese an dem Abend gerade in Kiew auftritt. Über diesen Irrtum haben sie beide gelacht. Zur selben Zeit singt Montand im Tschaikowsky-Theater, wie an allen andern Abenden auch vor ausverkauftem Haus. Ausnahmsweise hat Simone sich die Freiheit genommen, ihren Abend anderswo zu verbringen. Hinter den grauen Satinvorhängen eines riesigen Sim lassen sich die beiden Damen durch Moskau fahren, »eingemummt in Mantel und Hut aus pastellfarbenem Nerz«. Simone Signoret hat die gute Idee gehabt, ihr schwarzes Kostüm von Hermès anzuziehen.

Denn mitten im zweiten Akt holt man sie und bringt sie in aller Eile ins Tschaikowsky-Theater, wo sie sich hinter die Bühne begibt. Und erst dort begreift sie, warum dieser Abend kein Abend wie jeder andere ist: in einer Loge sitzen hintereinander Chruschtschow, Molotow, Mikojan, Bulganin und Malenkow, um den französischen Genossen singen zu hören. Die Chansons gefallen ihnen: begeistert klatschen sie Beifall. Montand ist gleichzeitig gerührt und verwirrt von dem Gedanken, daß sie ihm anschließend in seiner Garderobe die Hand drücken werden.

Statt dessen überbringt man ihm eine außergewöhnliche Mitteilung: Yves Montand und seine Frau sind herzlich zum Abendessen mit den Führern jenes Landes eingeladen, dessen Panzer gerade die Freiheit Ungarns überrollt haben. Wie Montand später sagen wird: »Ich befand mich in einer Situation, in der ich nichts mehr zu verlieren hatte.« Eine Ablehnung war unvorstellbar. Verdutzt und geschmeichelt nehmen sie die Einladung an. Aber sie beschließen, diese einmalige Gelegenheit zu nutzen und auszupacken, Chruschtschow zu sagen, was sie auf dem Herzen haben. Eine Möglichkeit, ihre Reise vor sich selbst zu rechtfertigen, Mut und politisches Bewußtsein zu zeigen. So könnten sie nach Paris zurückkehren, ohne zu erröten, mit dem Gefühl, sich nützlich gemacht, dem leibhaftigen Monsieur C. die Stirn geboten zu haben. Mühelos reden sie sich ein, daß man ihnen die heilige Mission übertragen hat, die linken Intellektuellen Frankreichs zu vertreten, demjenigen ihr Unbehagen mitzuteilen, der der Grund dieses Unbehagens ist und der sich, davon sind sie überzeugt, durchaus für ihre Argumente empfänglich zeigen würde.

Nach der üblichen Begrüßung kommen sie sogleich auf die heiklen Fragen zu sprechen. Sie erklären, warum sie gezögert haben, die Reise anzutreten, sie sprechen vom ungarischen Volk. Sie versichern dem Kreml-Chef, daß in Frankreich nicht nur die Faschisten die sowjetische Intervention verurteilen, sondern daß auch viele andere Menschen, die – wie sie – der UdSSR wohlgesonnen sind, das nicht begreifen und sich Fragen stellen. Sie sind über ihre eigene Kühnheit überrascht. Was auf dem Spiel steht, erklären sie Chruschtschow, der ihnen lächelnd zuhört, sind die revolutionären Erwartungen von Millionen von Menschen, die sich verraten fühlen. Obwohl sie glauben, weiterhin kühlen Kopf zu bewahren, geraten sie in immer größere Erregung, sie setzen sich für die weltweite Revolution, das Proletariat, eine bessere Zukunft ein. Zwei Gaukler, die den Dinosauriern der Macht eine Moralpredigt halten. Sind sie nicht, für einen Abend, die Berater des Kaisers, die Gäste des Zaren? Sie reden sich ein, das Schicksal Ungarns und des Weltfriedens würde in diesem Moment möglicherweise einzig und allein von ihrer Überzeugungskraft abhängen. Sie sind voller Erwartung.

Chruschtschow antwortet ihnen schlagfertig, gutgelaunt, lachend. Das ist seine Art, er bleibt seinem Image des sympathischen Lastwagenfahrers treu. Er rechtfertigt den Einsatz der Panzer, indem er Signoret und Montand zuprostet, und ist von dieser Flut hehrer Gefühle keineswegs beeindruckt. Er wiederholt, daß es das ungarische Volk war, das den großen sowjetischen Bruder um Hilfe bat. Angesichts der Gefahr einer faschistischen Konterrevolution hat das Arbeitervolk den Kreml angefleht, einzuschreiten. Er hat nur seine Pflicht getan, eine schmerzliche Pflicht. Die Folgen sind bekannt. Chruschtschow fühlt sich von diesen Unterhaltungskünstlern nicht bedroht. Er amüsiert sich, er ist entzückt, er verbringt einen bezaubernden Abend, der ihn die Versammlungen mit den Kreml-Funktionären vergessen läßt. Dieser Bauer aus der Ukraine nutzt die Gelegenheit, um die schöne Pariserin zu bewundern. Er hat Geschmack, ist empfänglich für schöne Dinge. Er bewundert ihre Eleganz, ihr Raffinement, würdigt das Kostüm von Hermès...

Zu den andern großen Ereignissen dieser außergewöhnlichen Reise zählt die Begegnung mit Tito, der ihnen stundenlang von seinen Erinnerungen als Widerstandskämpfer erzählt. Sowie ferner, und vor allem, ein verpaßtes Rendezvous in Prag. Wäre Simone Signoret nämlich an jenem Tag in der Halle des Hotels Alkron der Frau begegnet, die eigens aus Bratislava angereist war, um mit ihr zu sprechen, dann hätte sie möglicherweise dazu beitragen können, daß sich die Öffentlichkeit der Wirklichkeit des Gulags ein bißchen früher bewußt geworden wäre. Ihre Augen hätten sich geöffnet, sie hätte die traurigen Blicke endlich richtig zu deuten gewußt. Und bei ihrer Rückkehr nach Paris hätte sie davon erzählen können, was auf der andern Seite des Spiegels vor sich ging. Doch die Begegnung fand nicht statt.

Man behauptete, Simone Signoret würde genauso unwissend bleiben wie Katharina die Große, die man inmitten einer verwüsteten Landschaft Dörfer mit lächelnden und gutgekleideten Bauern besichtigen ließ.

Jahre später, als sie sich ihres unverzeihlichen Versäumnisses bewußt wird, erkennt sie, daß sie von jenen an der Nase herumgeführt worden war, deren Irrtümer sie aufzudecken vorgab. Man muß zugeben: ihr Leben lang wird sie sich öffentlich bemühen, den Fehler wiedergutzumachen.

»Ich kann nicht so recht daran glauben,
daß viele Frauen auf mich achten.«
Simone SIGNORET

13

»Sie ging an mir vorbei, blitzschnell, elegant, vornehm, eilig, mit erhobenem Kopf, und doch konnte ich in diesem wunderbaren Gesicht Zeichen von Verwirrung, Nervosität und Langeweile erkennen.«[1] Die Szene spielt sich in Prag ab, zu Beginn des Jahres 1957 in der Halle des Hotels Alkron. Man muß sich vorstellen, was die pompöse Ankunft ihrer strahlenden Kusine in einem offiziellen Wagen der Regierung für Jo Langer, eine einsame und verängstigte Frau, deren Mann in einem slowakischen Gefängnis dahinvegetiert, bedeutet: Hoffnung, Angst, Unbehagen.

Yves Montand soll zuerst in Prag singen und anschließend ein Konzert in Bratislava geben, der Hauptstadt der Slowakei, wo Jo Langer lebt. Sie nimmt ihren Mut in beide Hände und ruft Simone, ihre Kusine aus Frankreich, an. Sie hat in den Zeitungen gelesen, daß Signoret und Montand in Bratislava erwartet werden, und hofft inständig, sie bei dieser Gelegenheit zu treffen. Am andern Ende der Leitung antwortet eine ausweichende, zerstreute, unnahbare, sehr »starmäßige« Simone: »Die Familie auf einer Tournee treffen, wie schrecklich!« Das eindringliche Flehen in der Stimme dieser unbekannten Kusine ärgert sie, und so ordnet sie Jo Langer unverzüglich in die Kategorie jener »unvermeidlichen Wichtigtuer« ein, »die in ihrem Bekanntenkreis damit glänzen wollen, daß sie mit berühmten Leuten verwandt sind«. Übrigens haben die Veranstalter ihr gesagt, daß das Konzert in Bratislava wahrscheinlich abgesagt werden würde. Eine wahre Erlösung. Denn ein Konzert weniger auf dieser endlos langen Tournee kommt ihr gerade recht.

Doch Jo Langer gerät keineswegs aus der Fassung, sondern beschließt, den nächsten Zug nach Prag zu nehmen. Und nun sitzt sie, zitternd vor Angst und Hoffnung, in der Halle des Hotels Alkron. »Ich hatte nicht die Absicht, viel von ihr zu verlangen. Ich wollte lediglich einem der anwesenden Vertreter des Staates, nach einem Bankett oder einer Cocktailparty, eine kleine Frage stellen, Oskar betreffend, einfach so, ganz harmlos. Wahrscheinlich wäre daraufhin eine so große Panik ausgebrochen, die genügt hätte, daß Oskar unauffällig aus dem Gefängnis entlassen worden wäre.«

Und plötzlich sieht sie Simone am Arm von Montand. Sie steigen aus dem Fahrstuhl und schreiten, umringt von einer Schar dienstbeflissener Offizieller, auf den pompösen Speisesaal des Hotels zu, wo eine Festtafel sie erwartet. Sie gehen an ihr vorbei, sind nur wenige Meter von ihr entfernt, sie kann gerade noch den Duft von Simones teurem Parfüm einatmen. Doch sie wagt es nicht, sie anzusprechen, sie fühlt sich beobachtet, und so geht sie davon, wie sie gekommen war. Völlig verzweifelt setzt sie sich in den Zug nach Bratislava und kehrt in die Hölle zurück, in der sie noch mehrere Jahre lang leben wird.

Jo Langer war die Enkelin der Schwester von Simones Großmutter väterlicherseits, Ernestine, genannt Triny, jener Jüdin aus Österreich, die die Heirat ihres Sohnes mit Georgette Kaminker nie gebilligt hatte. Simone hatte nur gelegentlich Verbindung zu dieser Großmutter, die Wiener Zimttorten nach Neuilly brachte und Simone sonntags manchmal an die »frische Luft des Kinos« mitnahm. Sie konnte sich nicht erinnern, daß ihre Großmutter jemals eine ungarische Kusine erwähnt hatte. Jo Langer gehörte zu jener Welt des Schweigens, jenem unbekannten Universum, das die Familie ihres Vaters für Simone darstellte.

Jo Langer hingegen, die elf Jahre älter war als Simone,

wußte sehr genau, wer die kleine Kiki Kaminker war, und hatte die Etappen ihrer glänzenden Karriere aus der Ferne verfolgt. Aus diesem Grund beschließt sie, sich bei Yves Montand und seiner Frau zu melden, als deren Ankunft in den Zeitungen angekündigt wird. Nicht weil sie sich in ihrem Bekanntenkreis wichtigmachen will, sondern weil es um Leben und Tod geht. Jo Langer ahnte, wieviel Macht das Berühmtsein verleihen kann, vor allem in einem kaputten Land, in dem der kleinste Funken Wahrheit das staatliche Lügengebäude zum Einsturz bringen kann. Sie ahnte – richtigerweise, wenn auch verfrüht –, zu wieviel Energie eine Simone Signoret fähig wäre, wenn es darum ginge, einen Fall wie den ihren zu verteidigen.

Doch die tschechischen Autoritäten sind auf der Hut. Auf höchster Ebene ist man sich der Gefahr bewußt, die ein Treffen zwischen den beiden Kusinen für das offizielle Ansehen der Regierung darstellen würde. An der deutsch-tschechischen Grenze steigen »zwei Herren mit einem Armvoll roter Nelken« zu Montand und Signoret ins Abteil. Nelken – ein böses Omen... Simone Signoret teilt vorbehaltlos den Aberglauben aller französischen Schauspieler, der besagt, daß Nelken Unglück bringen. Die beiden Herren sind gekommen, um Montand zu fragen, ob er damit einverstanden sei, zusätzlich zum geplanten Programm zwei Galakonzerte zu geben: eines für die Polizei und eines für die Armee... Montand lehnt höflich ab, er ist müde; er sagt nicht, daß in seinem Land niemand auf die Idee käme, eine solche Bitte an ihn zu richten. Und in ihrer Besorgnis um Montands Müdigkeit machen die beiden Herren ihm wie beiläufig den Vorschlag, das in Bratislava vorgesehene Konzert abzusagen, was Montand äußerst gelegen kommt, da er wirklich sehr müde ist. »Heute bin ich überzeugt, daß während dieser Woche im Februar 1957 in Prag alles angeordnet oder bisweilen umgeordnet wurde, um ein Zusammentreffen zwischen der Frau des politischen Häftlings Oskar Langer und deren Kusine, der Frau des Sängers Yves Montand, unmöglich zu machen.«[2]

Jo Langer, 1912 in Ungarn geboren, hat Oskar Langer, einen slowakischen Wirtschaftswissenschaftler und fanatischen Kommunisten, geheiratet. Im Jahre 1938, nach dem *Anschluß*, wandern sie in die Vereinigten Staaten von Amerika aus, wo sie acht schwierige Jahre lang im Exil leben. Für Oskar Langer bleibt Chicago immer nur ein »Transitasyl«, in dem er einen vorübergehenden Alptraum durchlebt. Er hat nur ein Ziel: in sein Land zurückzukehren, um beim Aufbau des Sozialismus mitzuhelfen. Im Jahre 1946 ist er glücklich. In einem Brief ruft ihn sein alter Kamerad Karol Bacilek, Sekretär des Zentralkomitees der slowakischen KP, endlich ins Land zurück. Karol Bacilek, »derselbe, dem als Chef der Staatspolizei einige Jahre später das seltene Privileg zufiel, elf seiner treuesten Freunde von früher sowie einige hundert andere, ehemalige treue Kameraden, die er weniger gut kannte, den Henkern auszuliefern«[3].

Oskar Langer ist einer dieser ehrlichen Kommunisten, die trotz allem an die strahlende Zukunft des Stalinismus glauben. Zum Zeitpunkt des deutsch-sowjetischen Bündnisses, als er in Amerika Briefe von früheren Kameraden erhielt, von deutschen Kommunisten, die aus der Partei ausgetreten waren, nachdem sie eine Hakenkreuzfahne auf dem Moskauer Flughafen hatten flattern sehen, verbot er seiner Frau, ihnen zu antworten. Und selbst als sie ihm erzählt, daß sie, völlig erschüttert, Augenzeugenberichte über die in den dreißiger Jahren in Moskau stattgefundenen Prozesse gelesen hat, lehnt er es ab, mit ihr darüber zu diskutieren. Sein Glaube an die Partei ist unerschütterlich.

Im August 1952, nach sechs Jahren guter und pflichtgetreuer Dienste, wird dieser redliche Genosse von der Staatspolizei verhaftet. Er ist nicht der einzige, dem es so ergeht. Zahlreiche langjährige Mitglieder der Partei sind bereits verhaftet worden, und Oskar Langer weiß, daß er überwacht, verfolgt wird. Während eines Spaziergangs mit seiner Frau und seinen beiden Töchtern, von denen die jüngste noch im Kinderwagen sitzt, entging er mit knapper Not einem Mordanschlag.

Zwei große schwarze Wagen kamen auf offener Straße auf sie losgerast, und nur weil sie fluchtartig davonrannten, während der Kinderwagen über die Pflastersteine rasselte wie über die Treppe in dem Film *Panzerkreuzer Potemkin*, konnten sie sich retten.

Oskar Langer ist Jude, und er hat in den USA gelebt, was die Umstände zusätzlich erschwert. Er steht damit in dem doppelten Verdacht, ein zionistischer Spion zu sein. Dabei war der Judaismus seiner Ansicht nach nur ein von der Geschichte verurteilter Archaismus. Wie seine Frau später mit einer gewissen Härte schreiben wird, war er eher »einer jener Kommunisten, die ihre jüdische Abstammung derart haßten, daß sie einen jüdischen Bettler eher getötet als ihm ein Almosen gegeben hätten«. Trotz der Überwachung, trotz des Attentats, bleibt sein Vertrauen in den Kommunismus intakt. Seiner Frau gegenüber rechtfertigt er weiterhin das Handeln der Partei und erklärt, daß »das Schicksal des Einzelnen nur von nebensächlicher Bedeutung sei«. Aber sind nicht viele alte Kameraden verhaftet, vor Gericht gestellt und verurteilt worden? Gewiß haben sie schwere Fehler, wenn nicht sogar Verbrechen begangen. Überdies haben sie Geständnisse abgelegt. »Wenn sie ihre Unschuld beweisen, wird man sie wieder freilassen«, sagt er, ohne zu ahnen, daß er selbst bald ein Opfer dieser teuflischen Logik werden wird. Im August 1952 wird er von der Staatspolizei verhaftet.

Drei Monate später, im November, verkündet eine Spezialnummer der *Prawda* den Beginn des Prozesses gegen die »von Rudolf Slánský angeführten Staatsverschwörer«. Auf der Liste der Belastungszeugen steht der Name Oskar Langer. Er beschuldigt sich, die amerikanische Staatsangehörigkeit beibehalten zu haben, um jederzeit in die Vereinigten Staaten zurückkehren zu können, falls seine Aktivitäten aufgedeckt würden. Dabei weiß seine Frau ganz genau, daß er seinen amerikanischen Paß bereits drei Jahre zuvor abgegeben hatte. Er behauptet, in die Tschechoslowakei zurückgekehrt zu sein, um sich an dem von Slánský inszenierten zionistischen Komplott zu beteiligen, der zum Ziel hatte, die sozialistische Regierung zu stürzen. Als es ihm viele Jahre später zum ersten Mal gelingt, Jo Langer heimlich einen Brief aus dem Gefängnis zukommen zu lassen, ist sie nicht überrascht darin zu lesen, daß sein Geständnis ihm von der ersten bis zur letzten Zeile diktiert worden war. Er hatte es auswendig lernen müssen. Von den vierzehn Angeklagten des Slánský-Prozesses werden elf zum Tode verurteilt und gehängt. Zu den drei Überlebenden zählt Arthur London, der spätere Autor von *L'Aveu.*[4] Er ist »nur« zu elf Jahren Freiheitsstrafe verurteilt worden, weil er dank seiner Frau, der Schwägerin von Raymond Guyot, einem Mitglied des Zentralkomitees der Kommunistischen Partei Frankreichs, von einer bevorzugten Behandlung profitieren konnte. Die Ironie der Geschichte führte dazu, daß Yves Montand und Simone Signoret die Tragödie der Londons einige Jahre später, in einem Film von Costa-Gavras, mit derselben Überzeugung auf die Leinwand brachten, mit der sie 1955 das Martyrium der Rosenbergs noch einmal aufleben ließen. Die Zeiten haben sich geändert.

Oskar Langers Prozeß fand ein Jahr später statt, unter Ausschluß der Öffentlichkeit. Er wurde wegen Hochverrats und Spionage zu zweiundzwanzig Jahren Gefängnis verurteilt. In der Folge lernte Jo Langer die übliche Kette von Armut und Demütigungen kennen, die den Frauen politischer Häftlinge vorbehalten sind. Sie war allein mit zwei Kindern, in diesem Land der Denunziation und der Lüge, aber sie ließ nichts unversucht, um ihren Mann freizubekommen, und stieß doch immer nur auf die verschlossenen Mienen seiner alten Freunde. »Niemand wußte, wo er war. In eben diesem Moment waren sie vermutlich dabei, ihn zu schlagen. Wie hätte man sonst einen Schuldigen aus ihm machen können, den man so lange in Haft behalten konnte... Die Mutter zweier Kinder, die ich ohne Vater ernähren und großziehen mußte, in einer Gesellschaft, die uns wie Aussätzige behandelte, in der wir von der Polizei verfolgt wurden...«[5]

Trotz des Drucks, trotz seiner Geständnisse zweifelt Jo Langer keinen Augenblick lang an der Loyalität und der absoluten Unschuld ihres Mannes; im Gegensatz zu Lise London, die unverzüglich von Arthur Londons Schuld überzeugt ist und in einem offenen Brief seine Hinrichtung fordert. Jo Langer jedoch ist eine kluge Frau. Sie war immer schon mißtrauischer, hellsichtiger als ihr Mann. Sie erinnert sich daran, was sie über die Moskauer Prozesse gelesen hat, und läßt sich deshalb nicht so leicht einschüchtern von den falschen Tatsachen, den erpreßten Geständnissen. Und paradoxerweise ist sie um so stärker von seiner Unschuld überzeugt, als ihre Ehe keine der harmonischsten ist. In Amerika hat es bereits schwierige Momente gegeben. Unter anderem war es wegen Oskar Langers bedingungslosem Glauben an die kommunistische Lehre zu Auseinandersetzungen gekommen. Sie hat demnach gute Gründe, davon überzeugt zu sein, daß ein Mann wie er keineswegs imstande gewesen war, jene zu verraten, die er als seine Verbündeten angesehen hatte. Außerdem besitzt sie die materiellen Beweise seiner Unschuld. »Da stand ich also, ich, die Frau eines Abwesenden, den ich geliebt hatte, den ich vielleicht nicht mehr liebte, mit dem ich mich jedoch mehr denn je verbunden fühlte, aus Mitleid und Loyalität.«

In Simone Signorets Leben gab es einige wirklich existierende und einige fiktive Frauen, für die sich die Frage nach der ehelichen Solidarität in schwierigen Situationen ganz konkret gestellt hatte. In *Hexenjagd*, als John Proctor zum Tod durch Erhängen verurteilt wird, bleibt seine Frau an der Seite des Mannes, der sie gedemütigt und betrogen hat. Bis in den Tod hinein bleibt sie ihm innerlich verbunden. Für Simone Signoret ist das die einzig vorstellbare Haltung. Später, als Costa-Gavras ihr die Rolle der Lise London anbietet, wird sie lange zögern. Die Solidarität mit Montand war eine der großen Gewißheiten ihres Lebens. Sie hatte nicht die geringste Lust, eine Frau zu verkörpern, die, und sei es nur einen

Moment der Verwirrung lang, imstande ist, denjenigen für schuldig zu halten, mit dem sie alles geteilt hat: ihr Engagement, ihren Widerstand, sogar die Verbannung. »Simone Signoret mußte in *Das Geständnis* die einzige Situation spielen, die sie unfähig wäre zu leben. Die einer Frau, die nicht nur bereit ist, an die Schuld ihres Mannes zu glauben, sondern bereit, sie laut zu verkünden, ihn öffentlich zu verleugnen.«[6]

Im Jahre 1963, als sie erschüttert ist über die Hinrichtung von Julián Grimau, dem spanischen Kommunisten, der »am frühen Morgen, im Licht von Autoscheinwerfern« von den Schergen Francos erschossen worden war, bittet sie Jorge Semprun, sie mit der Witwe des Erschossenen, Angela Grimau, bekanntzumachen. Simone stellt sie ihrem Freund Pierre Lazareff vor, und so kann Angela Grimau im Verlauf einer außergewöhnlichen Sendung von »Cinq colonnes à la une« von ihrem Mann erzählen. Ihr Auftritt erschüttert ganz Frankreich. Doch zwei Jahre später begegnet Simone Signoret Angela Grimau zufällig ein zweites Mal. Ihr Freund Jorge Semprun ist soeben aus der Kommunistischen Partei Spaniens ausgeschlossen worden. Sie fragt Angela Grimau, die Semprun so viel zu verdanken hat, was sie von diesem Ausschluß hält. Und Angela Grimau murmelt, daß »die Treue zur Partei, was auch geschähe, Vorrang vor jedem Freundschaftsgefühl habe. Simone Signoret konnte es nicht fassen, daß sie in den Augen einer einfachen und treuen Frau auf den hartnäckigen und sturen Schatten des Parteigeistes gestoßen war«.[7] Später, als sie auf folgenden Satz von Jo Langer stieß, deren Buch sie übersetzte, erinnerte sie sich womöglich an Angela Grimau: »Der Sozialismus hat physisch eine Menge zerstört, doch er schlägt alle Rekorde bei der Zerstörung von Seelen und Gewissen . . .«

Auf der ersten Seite von *Ungeteilte Erinnerungen*, in einer Art Einleitung, schreibt Simone Signoret: »Was ich als ›mein Gewissen‹ bezeichne, ist mein Ansehen bei fünf oder sechs

Personen.« Und sie präzisiert: »Wie ich mir das vorstelle, sind das Männer. Das ist sehr merkwürdig: Ich kann nicht so recht daran glauben, daß viele Frauen auf mich achten.« Möglicherweise hätte sie diese Zeilen nicht geschrieben, wenn sie sich an den anonymen Blick von Jo Langer erinnert hätte, der an jenem Tag im Jahre 1957 in der Halle des Hotels Alkron auf sie gerichtet war. Doch während jener erfolgreichen Konzerttournee gab es viele dieser ohnmächtigen Blikke: in den Fabriken, in den Kulturhäusern. Sie hat zumindest gelernt, diese »eigenartigen Blicke«, die vergeblich versuchen, ihr eine Botschaft zu übermitteln, zu erkennen. Des Blicks von Jo Langer jedoch war sie sich nicht einmal bewußt.

»Ich wußte nichts über die tiefen Überzeugungen von Simone, doch meine Überzeugung sagte mir, daß sie mir zuhören, mir glauben und versuchen würde, mir zu helfen, wenn es mir gelingen würde, einen Augenblick mit ihr allein zu sein und ihr über Oskar Langers Situation im Gefängnis zu erzählen. Es war unvorstellbar, daß sie, nachdem sie entdeckt hatte, was sie entdecken mußte: Budapest, die Schauprozesse in allen Republiken, all die Lügen, daß sie mir meine Geschichte dann nicht glauben würde.«[8] Doch noch hat Simone Signoret all diese Dinge nicht entdeckt. Gewiß, vor ihrer Abreise hatte sie gezögert angesichts der Panzer in Ungarn, angesichts der traurigen Blicke, der versteckten Hinweise, der tausend kleinen Details. Doch sie hat nicht die leiseste Ahnung davon, was diese unbekannte Kusine ihr mitzuteilen hat. »Wir waren meilenweit davon entfernt, uns vorzustellen, daß dreieinhalb Jahre nach Stalins Tod immer noch Menschen im Gefängnis saßen, die erst 1964 rehabilitiert wurden.«[9]

Diese verpaßte Begegnung, die an eine Filmszene erinnert, stellt einen Wendepunkt in Simone Signorets Leben dar. Jo Langer erwies ihr einen unschätzbaren Dienst, indem sie ihr die Gelegenheit gab, an sich selbst zu zweifeln, diese ungeheure Selbstsicherheit in Frage zu stellen, die sie immer gehabt und die der Ruhm über alle Maßen gerechtfertigt hatte. Es ist viel über Simone Signoret gesagt worden, doch eines steht fest: sie war fähig, ihre eigenen Fehler einzugestehen. Als sie die schreckliche Geschichte dieses Mißverständnisses, dieser unterlassenen Hilfeleistung erzählte, beschönigte sie nichts und versuchte nicht, ihr Verhalten zu entschuldigen.

Man muß zugeben, daß sie in ihrer Sorglosigkeit, in ihrer Weigerung zuzuhören, sehr weit gehen wird. Neun Jahre später, in London, als sie widerwillig die Rolle der Lady Macbeth spielt, in der die Engländer sie abscheulich finden, besucht Jo Langer sie im Hotel Savoy. Oskar Langer ist aus der Haft entlassen und rehabilitiert worden und dann, einige Monate später, an den Folgen seines Martyriums gestorben. Er hat »die zehn Jahre der Gefangenschaft und der Zwänge« mit dem Leben bezahlt. »Sein von wiederholten Hungerstreiks völlig ruinierter Körper war am Ende.«[10]

Diesmal ist Jo Langer weniger gehemmt. Es ist ihr gelungen, die Tschechoslowakei für einige Tage zu verlassen, sie hat keinen Pfennig in der Tasche. Aber schließlich ist sie nicht gekommen, um ihre stolze Kusine um einen Gefallen zu bitten. Sie möchte lediglich erklären, erzählen, ihr Herz ausschütten. »Und vor allem wollte ich mir die einmalige Gelegenheit nicht entgehen lassen, endlich mit einem Mitglied dieser Familie zu sprechen, von der ich nicht begreifen konnte, daß es sie noch gab. Ich meine die französischen Linksintellektuellen.«

Simone Signoret unterbricht sie nicht sofort, obschon sie in Eile ist, zum x-ten Male die schwierigen Sätze einer längeren Passage wiederholen will, bei der sie sich ausgesprochen unsicher fühlt. Sie weiß, daß es ein Fehler war, diese Rolle anzunehmen, doch noch versucht sie, das Beste daraus zu machen. Trotzdem läßt sie Jo Langer mit ihrer Geschichte beginnen, aber als diese bei der Verhaftung ihres Gatten im Jahre 1952 angekommen ist, kann Simone sich nicht länger enthalten und fragt sie mit einer gewissen Überheblichkeit: »Glauben Sie etwa, daß Ihr Mann als Kommunist in New York, falls Sie geblieben wären, nicht mit demselben Schicksal konfrontiert worden wären?« Wieder einmal hatte das Gespenst von McCarthy angeklopft. Und einmal mehr reiste Jo Langer in der Überzeugung ab, daß die linken Intellektuellen tatsächlich entschlossen waren, an ihrer Verblendung festzuhalten.

Erst 1969, nach der Zerschlagung des Prager Frühlings, als Jo Langer die Tschechoslowakei endgültig verlassen und sich in Schweden niedergelassen hat, als Simone Signoret sowohl *L'Aveu* von Arthur London als auch die Autobiographie von Slánskýs Frau liest, begreift sie endlich, was mit Oskar Langer passiert ist. Plötzlich und im furchtbaren Bewußtsein des Nichtwiedergutzumachenden wird ihr klar, daß es damals zweifellos in ihrer Macht gestanden hätte, ihn freizubekommen und ihm somit das Leben zu retten.

Es dauert bis 1973, bis die beiden Kusinen, siebzehn Jahre nach der verpaßten Begegnung in Prag, sich endlich in Paris kennenlernen. »Es war wunderbar, daß ich das, was ich um ein Haar niemals mehr hätte tun können, wenigstens jetzt, siebzehn Jahre zu spät tun konnte: Sie anhören und sie umarmen.«[11] Sie wird viel mehr tun. Im Jahre 1981 wird im Verlag Le Seuil Jo Langers Buch *Une saison à Bratislava* erscheinen, das Simone Signoret, zusammen mit dem Historiker Eric Vigne, unbedingt selbst übersetzen wollte. Es ist für sie ein allerletzter Versuch, das Nichtwiedergutzumachende doch noch zu reparieren, ihren Fehler mit aller Konsequenz einzugestehen.

Doch sie wird ihre Schuld gegenüber Jo Langer noch lange nicht abbezahlt haben. Sehr viel später wird das versäumte Treffen im Hotel Alkron sie zu der zentralen Szene in ihrem Roman *Adieu Wolodja* inspirieren. Für Elie und Sonia Guttman, die aus der Ukraine ausgewanderten Juden, die in der Rue de la Mare in Paris wohnen, ist Wolodja »der Freund, der Vetter, der Beinahe-Bruder«, den sie jahrelang für tot gehalten haben. Im Jahre 1927 wird er erneut in ihrem Leben auftauchen, für den Moment eines Lächelns, einer unerträglichen Enttäuschung, eines verpaßten Rendezvous »im Café-Restaurant ›Trois marches‹, an der Place Dauphine, vor dem Palais de Justice«. Denn obschon Wolodja physisch, gutgekleidet und lächelnd im Café »Trois marches« anwesend ist, so ist er in Wirklichkeit doch, wie Jo Langer, in einem unsichtbaren Ghetto, in einem gläsernen Kasten gefangen und wird von Dimitri, dem Dolmetscher, der zweifellos ein Agent des KGB ist, überwacht. Alles spielt sich ab wie in einem Alptraum. Elie und Wolodja fallen einander in die Arme, »sie wiegten sich, Kopf an Kopf, mit geschlossenen Augen, so heftig und so lange, daß sie hin- und herschwankten und sich aneinanderklammern mußten, um nicht auf den Boden des Lokals zu fallen«.

Doch es ist der *Apparatschik* Dimitri, der das Gespräch in einem seltsam wortwörtlichen Französisch leitet, und nach einigen Höflichkeitsfloskeln, einem Austausch der Adressen, verabschieden sich die Gäste aus der Ukraine erneut und kehren in den Gulag zurück, den sie nur für die Dauer einer Maskerade verlassen hatten.

Allein die Tatsache, daß Simone Signoret diese hohle, schreckliche Szene des Schweigens und des Zwangs, dieses schwarze Loch im Leben ihrer Helden zum Mittelpunkt ihres ansonsten doch so beredten, warmherzigen Buches machte, sagt alles über die Vorgänge in ihrem Innern nach jenem Tag im Jahre 1957, an dem sie den verzweifelten Blick dieser Frau ignorierte, die zusehen mußte, wie die einzigen Menschen sich entfernten, die ihr hätten helfen können.

»Hollywood, das ist Le Vésinet...«
Simone Signoret

14

Als Montand und Signoret, die Kolchosen und die begeisterten Menschenmengen noch vor Augen, nach der großen Tournee durch den Osten nach Paris zurückkehren, haben die erhitzten Gemüter sich beruhigt. Die Öffentlichkeit hat andere Sorgen, als sich um das Tun und Treiben des berühmten Paares zu kümmern. In beruflicher Hinsicht ist Simone Signoret an einem toten Punkt angelangt. Niemand verlangt mehr nach ihr. Vorübergehend verschwindet sie von der Bildfläche. Das Alter, die Mode, die Politik – alles scheint sich gegen sie verschworen zu haben, um sie in der Versenkung verschwinden zu lassen. »Die Zukunft gehörte den jungen Mädchen und den hübschen jungen Frauen.« Die Regisseure der *nouvelle vague*, von Godard bis Truffaut, wollen die Siebte Kunst erneuern und wissen mit den Stars von früher nichts mehr anzufangen. Bis auf wenige Ausnahmen vermeiden die Verantwortlichen der Filmbranche es, an Simone Signoret zu denken, »um es sich nicht mit den Amerikanern zu verderben«. Kurzum: sie ist arbeitslos. Ihr bleibt nichts anderes übrig, als an der Seite ihres Mannes glückliche Tage zu verbringen. Doch die Leidenschaft ist nicht mehr das, was sie einmal war, und die Lust daran ist ihr auch ein wenig vergangen.

Ein englischer Regisseur, Peter Glenville, setzt der Monotonie dieser Tage ein Ende, als er ihr die Rolle der Alice Aisgill in *Room at the Top (Der Weg nach oben)* anbietet. Dieser Film, der schließlich von Jack Clayton realisiert wird, feiert in den angelsächsischen Ländern triumphale Erfolge und bringt Simone Signoret im Jahre 1960 den Oscar für die beste Hauptdarstellerin ein. Und dann erhält Montand die Einladung, am Broadway, im Henry-Miller-Theater, zu singen. Drei Jahre nach der Reise in die Sowjetunion machen sie sich auf, die Neue Welt zu entdecken.

Für Simone Signoret war Amerika zunächst ein Wunderland, ein Traumland. Ihre Großmutter mütterlicherseits war dort gewesen, um einen Vetter aus Valenciennes zu besuchen, der ein reicher Mann geworden war. Sie hatte Kiki Kaminker über New York im Jahre 1890 erzählt, von den Wolkenkratzern, den Indianern, dem Duft des großen Abenteuers. Später entdeckte Simone das Kino, den Hollywood-*Glamour*, die glatten Gesichter der Stars, Fred Astaire, Duke Ellington. Ihren ersten richtigen Amerikanern war sie zur Zeit der Befreiung begegnet, in dem großen Haus der Allégrets, in das sie, zusammen mit Serge Reggiani, Danièle Delorme, Daniel Gélin und Yves Allégret, »ins Maquis gegangen« war. »Es regnete, es war ungefähr elf Uhr morgens. Alle die Kerle da aßen gerade dasselbe, eine Art rötlicher Paste, sie waren braungebrannt, sahen gut aus, und keineswegs wagnerisch... Unter ihnen gab es Gary Coopers, Paul Munis, Spencer Tracys, John Garfields und Donald Ducks. Sie lachten.« Man wird nicht zur Romanschriftstellerin gemacht, sondern man wird als Romanschriftstellerin geboren...

Amerika, das war die Fröhlichkeit, die Feste, die Pailletten, die Ballettaufführungen von Vincente Minelli, die beleuchteten Springbrunnen, die braungebrannten jungen Männer, die *Corned beef* aßen, die Beine von Cyd Charisse, die Lebensfreude. Amerika, das war das Abenteuer, die Pioniere, die Western, die Ritte durch wilde Natur. Das war die Heimat des Films, die Mythenfabrik. Das Firmament der Stars, der Olymp der Geisterwesen auf den Leinwänden. Das war das Land der Unschuld, der unbegrenzten Möglichkeiten, der endlosen Ebenen der Zukunft und der Indianer ihrer Großmutter, die »Feuerwasser« tranken und den weißen Eroberern wehrlos gegenüberstanden. In *Die Unbezwingbaren* von Elia Kazan war Amerika das Gelobte Land, der reine Ort, die unberührte Erde, wo das Leben sich radikal veränderte, wo das Glück des einzelnen sich in den Dienst des Glücks der Gemeinschaft stellte.

Während des Kalten Krieges widersprach die Vision eines anderen irdischen Paradieses, in dem starke Arbeiter bereit waren, die Unterdrückung des Menschen durch den Menschen zu bekämpfen, diesem schönen Bilderbogen. Die stalinistische Mythologie drängte allen ihre Bilder auf: rotbäckige Bäuerinnen, muskulöse Männer mit nackten Armen, die ihre Maurerkelle vor einer Ziegelsteinmauer schwingen, grandiose Sinnbilder eines bewaffneten Volkes, das die Kapitalisten mit seiner gerechten Wut verfolgt. Und das Gesicht von Stalin, der schützende Schnurrbart, der durchdringende Blick, der hochgeschlagene Kragen. Nüchterne Visionen, die begeistern wollten, denen es jedoch bei weitem am Charme und an der Frische der Bilder fehlte, die aus Amerika herüberkamen.

Wie auch immer – seit Yves Montand und Simone Signoret den Stockholmer Appell unterschrieben hatten, war es ihnen untersagt, in ein Amerika zu reisen, das seine Unschuld definitiv verloren hatte und die Unterseite seines Kleides, seine Laster, seine beschämenden Gedanken offen zur Schau stellte. Aus den Puritanern wurden Paranoiker. Der Sieg des Marxismus in der UdSSR war der Triumph des Teufels. Ein obskurer Senator aus Wisconsin, Joseph McCarthy, war zum kleinen »Führer« sämtlicher Megären der Vereinigten Staaten geworden. Die ehemaligen Verteidiger des Alkoholverbots, die Südstaatler, die dem goldenen Zeitalter der Sklaverei nachtrauerten, die betrogenen Ehemänner, die Anhänger von Hundefriedhöfen, alle erkannten sich in ihm wieder, teilten seine Entrüstung. Die Hexenjagd verwandelte die Amerikaner in Spione im eigenen Land. »Sie« waren überall.

In den Verwaltungen, in den Filmstudios, und »sie« wurden verdächtigt, verfolgt, eingesperrt.

Simone Signoret und Yves Montand hatten die erschütternden Briefe von Ethel Rosenberg gelesen. Amerika war ihnen verschlossen. Doch da das Land sich selbst derart in Mißkredit gebracht hatte, war es nicht mehr begehrenswert. Es war nur mehr ein Dschungel, ein von wilden, faschistischen Raubtieren bevölkerter Kontinent. Simone Signoret hat den Vier-Jahres-Vertrag, den sie bei Warner unterschrieben hatte, gar nicht brechen müssen. Ihre Anwesenheit war nicht mehr erwünscht. Sie hatte sich mit dem Unvermeidlichen abgefunden. Und dann traf das so sehr erwartete Visum doch noch ein. Es war zwar ein restriktives Visum, ein *waiver*, das diesen roten Teufeln nur widerwillig erteilt worden war, doch die Tür stand jetzt offen.

September in New York: der *Indian summer* bringt den Asphalt zum Schmelzen, in den Simones Pfennigabsätze sich hineinbohren. Manhattan zeigt seinen rauhen Charme so, wie man ihn aus den Filmen kennt: Eisentreppen an den Häuserfassaden, Baldachine über den Eingängen der vornehmsten Gebäude, das typische Nebeneinander grundverschiedener Viertel, die unmittelbare Nachbarschaft zwischen dem Elend und der atemberaubenden Skyline der Wolkenkratzer. Sie wohnen im Hotel Algonquin, der Hochburg der amerikanischen Künstlerszene, mitten auf dem Broadway. In den Nebenzimmern leben Oscar Peterson und Ella Fitzgerald. *Room at the Top* ist ein sensationeller Kinoerfolg. Die Taxifahrer erkennen Simone Signoret wieder, sie reden sie mit Alice Aisgill an, mit dem Namen der Heldin des Films. »In Paris war Montand Montand, und ich war ich, und wir waren Mann und Frau. In Moskau war ich die Frau Montands gewesen. In New York hatte ich in diesen Tagen vor der Premiere große Angst, man könnte Montand für den Mann einer Schauspielerin halten.«[1] Immer noch macht sie sich Sorgen um die Wahrung des Gleichgewichts.

Bald kann sie beruhigt sein. Einige Wochen später ist Montand genauso berühmt wie Maurice Chevalier. Unterdessen bereitet er sich, trotz quälender Zahnschmerzen, fieberhaft auf sein Konzert vor. Die Journalisten fragen ihn, warum er so lange gebraucht hat, um nach Amerika zu kommen. Simone übersetzt die Fragen und die Antworten. Für die Dauer eines Interviews übt sie den Beruf ihres Vaters aus. Ihr Englisch ist einwandfrei, gefestigt durch die Ferien, die sie zu Beginn ihrer Jugend in England verbrachte. Montand versteht kein einziges Wort Englisch. In Lautschrift lernt er mühsam die kurzen Texte auswendig, die seine Chansons zusammenfassen und ein geduldiges Publikum entzücken werden.

Am Broadway entscheidet sich alles an einem einzigen Abend. Als Montand um zwei Uhr nachts die noch druckfrischen Überschriften der Tageszeitungen liest, weiß er, daß er die Partie gewonnen hat. Der Sänger aus Frankreich ist zum Liebling der New Yorker avanciert. Das große Abenteuer beginnt. Er wird in die populäre Fernsehsendung von Dinah Shore eingeladen. Bald wird er mit George Cukor und Marilyn Monroe *Let's make love (Machen wir's in Liebe)* drehen. In dieser Zeit setzt Alice Aisgill ihren unaufhaltsamen Aufstieg in den Kinos fort.

Nach dem Broadway sind Hollywood und seine berauschenden Trugbilder an der Reihe, die Party bei Kirk Douglas und Anne, seiner französischen Frau, die mit einem Empfang von Richard Nixon konkurriert, der am selben Tag in einem Luxushotel in der Stadt stattfindet. Walt Disney ist gekommen, und Jack Warner, und »die Coopers, die Kellys, die Pecks, die Wilders, die Hathaways, George Cukor, Dean Martin...«[2] Yves Montand und Simone Signoret stehen einmal mehr auf einer Stufe mit den Großen dieser Welt. Sie sind für drei Wochen in die USA gekommen, doch Simone Signoret wird mehrere Monate und Montand fast ein ganzes Jahr lang bleiben. Bei ihrer Rückkehr werden beide internationale Stars sein und die erste schwere Krise ihres Zusammenlebens hinter sich haben.

»Hollywood, das ist Le Vésinet«[3], sagt Simone Signoret eines Tages zu Jean Cau, der diese Formulierung hinreißend findet. Es war ein Scherz. Auch wenn sie sich ihr Leben lang dagegen wehrt, sich wie ein Star zu benehmen und in der gängigen Aufmachung, mit Pelzmänteln, Limousinen und Kaviar, zu posieren, so fühlt sie sich deswegen nicht weniger wohl in Begleitung von Henry Ford, Gary Cooper, Lauren Bacall und Vivien Leigh. Sie ist auf dem Familienfoto zu erkennen, in der vordersten Reihe. Und die Jurymitglieder der Oscarverleihung werden sie anderen Nominierten namens Elisabeth Taylor, Audrey Hepburn, Katharine Hepburn und Doris Day vorziehen.

Sie hatte einen langen, beschwerlichen Weg hinter sich. Beim französischen Film galt sie damals als eine Schauspielerin am Ende ihrer Karriere. Die Rettung kam aus England. *Room at the Top* war eine Adaptation des Romans von John Braine, dem Bestseller auf dem englischen Buchmarkt jenes Jahres. Die britischen Schauspielerinnen rissen sich förmlich um die Rolle der Alice Aisgill: »Klug, großzügig, verständnisvoll, mütterlich, sexuell frei, ohne soziale Vorurteile«.

Der Film spielt, unter der Leitung von Jack Clayton, in Bradford, einer kleinen Industriestadt in Yorkshire, dem »Lille-Roubaix-Tourcoing Englands«, in einer Region, in der sich der lokale Nebel mit dem Industriequalm vermischt und junge Leute ohne Zukunft umherirren. Es sind die *angry young men*, dieselben jungen Männer, die einige Jahre später ihre Revolte in eine kulturelle Revolution verwandeln und die Welt mit ihren Liedern erobern werden. In dieser Arbeiter-»Traviata« verkörpert Laurence Harvey einen ehrgeizigen, ängstlichen jungen Mann, der hin und hergerissen wird zwischen seinem Wunsch, eine junge, reiche Erbin zu heiraten, und seiner aussichtslosen Liebe zu einer rührenden, vierzigjährigen Französin, die allein in der Kälte des britischen Exils lebt.

Große Sanftmut kennzeichnet die Gestalt der Alice – ein ungewohnter Aspekt in Simone Signorets Filmographie. Die

Schauspielerin, die Peter Glenville ausgesucht hat und die die Amerikaner mit einem Oscar auszeichnen werden, ist eine andere als die, welche die französischen Kinobesucher jener Zeit zu kennen glaubten. Alice Aisgill ist eine schwache Frau, die sich gegen den Verrat nicht verteidigen, sich vor der Liebe nicht schützen kann. Am Ende des Films, nach vier Tagen des Glücks, wird sie – wie in *Goldhelm* – von ihrem unentschlossenen Geliebten feige im Stich gelassen. Und sie begeht Selbstmord. Zum ersten Mal wurde nicht von Simone Signoret verlangt, sich selbst treu zu bleiben, Verachtung und Arroganz zur Schau zu tragen, die wildgewordene Katze zu spielen, die sie in *Schenke zum Vollmond* oder in *Goldhelm* so überzeugend dargestellt hatte. Sie brauchte nicht mehr stark zu sein. Sie durfte die Krallen endlich einziehen, sich verwundbar zeigen, ihre Sinnlichkeit im vollen Glanz ihrer Reife zum Ausdruck bringen. Die Oscar-Jury hatte recht: *Room at the Top* ist einer ihrer schönsten Filme.

Zweifellos bedurfte es eines von außen kommenden, fremden Blicks, damit sich diese neuerliche Metamorphose vollziehen konnte, damit ihr Bild sich von dem, was dem französischen Publikum bereits als Signoret-Tradition galt, befreien und ihre Karriere noch einmal von neuem beginnen konnte. In New York, wo die Taxifahrer sie Alice nennen, stellt sie überrascht fest, daß, außer ein paar Filmfreunden aus dem »Village«, niemand *Goldhelm* gesehen hat. Peter Glenville und Jack Clayton, wie später auch die Oscar-Juroren, haben eine andere Vorstellung von ihr: die einer Fremden, einer verliebten und zerbrechlichen Französin. In *Room at the Top* wird sie überdies mit der Ungerechtigkeit des Alters konfrontiert. Diese reifer werdende Frau, deren große Liebe in einer Katastrophe endet, wird zu einer Art Übergangsrolle in der Mitte ihres Lebens. Auf der Schicksalskurve von Simone Signoret ist *Room at the Top* der Höhepunkt. Mit dem Oscar rächt sie sich an allen französischen Regisseuren, die glaubten, auf sie verzichten zu können. Mit dem Oscar imponiert sie Montand. Dank dem Oscar kann sie erneut unter den bestmöglichen Bedingungen drehen, sich ihre Rollen selbst aussuchen. Und dabei lernt sie die höchsten Freuden kennen, die der Beruf der Schauspielerin zu bieten hat.

Man erinnert sich an dieses beeindruckende Foto, das am Tag ihres Todes in der *Libération* erschien. Inmitten der festlich gekleideten Zuschauer wartet sie, hofft sie. Sie lehnt nicht, wie die andern, mit dem Rücken an der Lehne ihres Stuhls. Sie ist nach vorn gebeugt, zur Bühne, zum Himmel. Ihr verzücktes Gesicht ist leicht nach hinten geneigt, in der erwartungsvollen Geste einer Verliebten, die sich dem Kuß des Ruhms darbietet; ihre Hände sind gegen ihre Brust gedrückt, die Finger weit gespreizt, ein tiefes, V-förmiges Dekolleté entblößt ihre Schultern. Als Frau und als Künstlerin, mit »ihrem robusten Charme, ihren schäumenden, chablisfarbenen Haaren«, wie die amerikanischen Journalisten sie beschreiben, ist sie auf dem Gipfel angelangt. Sie hört der langen Aufzählung der Preise zu. Der Oscar für den besten Kurzfilm geht an *Poisson rouge*. Der Oscar für den besten ausländischen Film an *Orfeo Negro*. In jenem Jahr erlebte der französische Film in Hollywood eine seiner größten Stunden. Yves Montand, der von Fred Astaire, dem Helden seiner ersten Träume, vorgestellt wird, betritt die Bühne und singt. Man jubelt ihm zu. »Gut, sage ich mir, so wird wenigstens einer aus der Familie seine Sache ordentlich gemacht haben.« Dann endlich öffnet Rock Hudson den schicksalhaften Umschlag und schreit: »Simone Signoret!«

»Dann höre ich ein Brüllen, die gewaltigste Ovation, die ich je erlebt habe«[4], erzählt sie später Jean Cau. »Jemand versetzt mir einen solchen Schlag in den Rücken, daß davon ein Rind zu Boden gegangen wäre. Ich erhebe mich. Ich renne. Ich weine. Ich renne, renne wie eine Wahnsinnige. Es ist vorbei mit der Gelassenheit, mit der Selbstkontrolle... Die Nerven liegen blank. Das Geschrei macht mich ganz schwindlig. Im Dunst erkenne ich Montands Vater, der schluchzt, als hätte er soeben seine zwölf besten Freunde zu Grabe getragen. Dann halte ich das goldene Ding in den Armen. Und bleibe stumm. Das war's. Was folgte, war der helle Wahnsinn... Sämtliche Fernsehstationen der Welt, Dutzende von Journalisten...«

In einem einzigen Augenblick, im blendenden Licht der Scheinwerfer, taucht die ganze Vergangenheit wieder vor ihr auf, wie ein Foto, das im Bruchteil einer Sekunde, für die Dauer eines Schauders sichtbar wird. Sie sieht Neuilly, das Appartement in der Avenue du Roule, wo Glühbirnen an bloßen Kabeln von der Decke baumeln anstelle der Leuchter, die nie aufgehängt werden. Sie erinnert sich an den etwas einfältigen deutschen Offizier, der sich in ihrem Haus in Saint-Gildas einquartiert hatte und der sich mit einem Monokel aufputzen wollte, um Eindruck auf sie zu machen, doch das Monokel war zu Boden gefallen und zerbrochen. Sie denkt an ihren kleinen Bruder, Alain, der im Meer ertrunken war. An ihren Vater, diesen teilnahmslosen, schweigsamen Mann. An ihre anspruchsvolle, eigentümliche Mutter. An ihre schwierige Tochter, die so weit weg war. An Yves Allégret, den Verlassenen. An die Kinder, die sie mit Montand nicht hatte. An Jean Luchaire, den sie erschossen hatten, an ihre Großmutter, die mit erhobener Faust am Balkongitter der Wohnung in der Avenue du Roule stand, als auf der Straße die Truppen der *Action française* vorbeimarschierten. Das alles zieht plötzlich in der Tiefe ihres Bewußtseins vorbei, ein Bilderkarussell, ein Fest der Düfte, der Abzählverse, der Liebesworte, der nostalgischen Erinnerungen. Innerhalb eines Augenblicks wird die Vergangenheit in die Gegenwart zurückgeholt wie ein Blumenstrauß. Und Montand ist bei ihr, streckt ihr seine offenen Arme entgegen. Und Amerika liegt ihr zu Füßen. Nach Claudette Colbert ist sie die zweite französische Schauspielerin, der dieses berauschende Glücksgefühl zuteil wird.

Doch sie machte sich nichts vor. Sie wußte ganz genau, daß sie ihren Aufstieg zum gefeierten Hollywood-Star Umständen zu verdanken hatte, die nichts mit ihrem persönlichen Talent zu tun hatten. Nach so vielen Jahren der McCarthy-

Ära toben die amerikanischen Filmleute sich aus. Indem man diese subversive Französin, die den Stockholmer Appell unterschrieben hat, von der man weiß, daß sie eine nahezu verwandtschaftliche Beziehung zur Kommunistischen Partei Frankreichs pflegt, und die lange Jahre auf amerikanischem Boden als *persona non grata* galt, mit einem Oscar auszeichnet, verkündet Hollywood seine Freude über die wiedergewonnene Freiheit. Für die Juroren in Los Angeles ist dieser Oscar eine letzte Herausforderung der besiegten reaktionären Geister, ein Schrei der Freiheit. »Die Amerikaner wollten sich selbst beweisen, daß McCarthy tatsächlich tot war (...) Ich spürte das beim Lesen der Glückwunschtelegramme. Es war ihr eigener Sieg, den sie feierten.«[5]

Leider wird *Room at the Top* in Frankreich nie den Erfolg haben, den dieser wundervolle Film verdient hätte. Dabei hat er, vor dem Oscar, noch andere Auszeichnungen erhalten. Der British Academy Award zeichnete Simone Signoret als beste englischsprachige Schauspielerin des Jahres aus. Anschließend überreicht André Malraux ihr in Cannes die Goldene Palme für die beste weibliche Hauptrolle. Doch das französische Kinopublikum erkennt »seine« Signoret in diesem typisch englischen Kontext nicht wieder. Man vermißt ihre Spottlust, ihren Pariser Akzent. Die hintergründige Melodie des Arbeiterdialekts aus Yorkshire läßt die Franzosen kalt. Vor allem sind sie nicht sonderlich von der Kühnheit beeindruckt, die die Liebesgeschichte zwischen einer reifen Frau und einem jüngeren Mann zu jener Zeit in den angelsächsischen Ländern noch darstellte. »*Les Chemins de la haute ville* erregte kein Erstaunen in Paris, wenn darin zwei Liebende in einem Bett gezeigt wurden; das Thema der reifen Frau, einer Verwandten von Lea und Madame de Rénal, die eine letzte, unglückliche Liebe mit einem jungen Ehrgeizling erlebt, überwältigt niemand durch seine Kühnheit.«[6]

In den sechziger Jahren wird *Room at the Top* im französischen Fernsehen gezeigt. An jenem Tag ruft Maurice Pons

Simone an. Er hat diesen Film, von dem sie ihm schon so viel erzählte, noch nie gesehen. Wäre es ihr recht, wenn sie ihn sich zusammen ansehen würden? Er nimmt an, daß sie von Freunden umgeben ist, daß man feiert, Champagner trinkt, um sich zehn Jahre danach an den großen Tag der Oscar-Verleihung zu erinnern. Doch bei seiner Ankunft trifft ihn beinahe der Schlag. Simone sitzt allein in ihrem »Zigeunerwagen«, um sich ihren Lieblingsfilm, ihren Oscar noch einmal anzusehen. Niemand, keiner ihrer Freunde, hat daran gedacht, sie anzurufen. Sie ist allein mit ihrer Nostalgie.

Marilyn Monroe hat nie einen Oscar bekommen.

In Hollywood nennt man sie, wie Gloria Swanson und Greta Garbo, »die Göttin«. Ihre Schönheit, ihr Lachen, ihre geschminkten Lippen, ihr wundervoller Körper lassen Millionen Männer träumen. Wenn sie sich dem Publikum in ihrer ganzen kosmetischen Pracht zeigt, als »Marilyn« verkleidet, mit ihren blondgefärbten Haaren, ihren gewagten Dekolletés, ihrem Flitterkram, dann bedeutet das Revolution, Stau, Schlaganfall. Noch heute verehren die Jugendlichen das Bild dieser Göttin wie den Inbegriff höchster Weiblichkeit, die perfekte Verkörperung eines sexuellen Ideals. Doch dieses faszinierende Gesicht, das berühmteste Gesicht der ganzen Welt, das so berühmt ist, daß wenige Striche genügen, um es auf T-Shirts, Tellern, elektronischen Spielautomaten abzubilden, dieses Gesicht war eine Maske, ein Wunderwerk der Schminkkunst.

Die wahre Marilyn hatte mit diesem Bild wenig gemeinsam. Einen so großen Unterschied zwischen einer Schauspielerin und ihrem Bild hatte es seit der Erfindung des Kinos und der Geburt der Stars vielleicht nie zuvor gegeben. Die sinnliche Vollkommenheit war Marilyns einzigartiges Werk. Ein Kunstwerk, das sie geschaffen hatte.

Immer verändern Künstler einen kleinen Teil der Welt, die sie umgibt. Sie bemalen eine Leinwand, sie holen Moses aus dem Marmorblock hervor, in dem er versteckt war, sie fügen dem Klangbild des Universums neue Melodien hinzu, sie geben jenen alten Wörtern, die Francis Ponge mit Geldmünzen vergleicht, die abnutzen, während sie von einer Hand in die nächste weitergereicht werden, einen neuen Sinn. Andere wiederum, wie Simone Signoret, machen aus ihrer eigenen Geschichte ein Kunstwerk und verleihen allem, was sie tun, eine außergewöhnliche Intensität, indem sie ein Material bearbeiten, das nichts anderes ist als ihr eigenes Leben.

Marilyn konnte lediglich ihr Bild, ihre Legende erschaffen, ihre »Rolle«, wie Montand sagt. Ein Bild, konstruiert wie ein Gemälde, mit Hilfe von Bleichmitteln, Cremes, verschiedenen Pudersorten und Pinseln, das um die Welt gehen wird. Doch hinter dieser Rolle, hinter der Legende, versteckt sich ein ängstliches kleines Mädchen, eine Waise, ein verlassenes Kind, das sich nach Liebe sehnt. Sie ist sich des Schwindels bewußt und leidet schrecklich darunter.

Sie fühlt sich nicht wirklich für diesen Beruf geschaffen, der sie zu einer weltweiten Berühmtheit macht. Sie findet sich langweilig, unbegabt, ohne Schönheit. Wirklich stolz ist sie eigentlich nur auf eine Fotoserie, wo sie die Gesichter und Haltungen anderer Schauspielerinnen nachahmt. Und da sie sich selbst verachtet, wird sie auch von ihrer Umgebung nicht geschont. Man kann nicht die begehrteste Frau der Welt sein und keinen Neid erwecken. So schlägt sich die Mißachtung der anderen Schauspieler auf ihre eigene nieder. Bei Dreharbeiten fühlt sie sich ständig gedemütigt. Man läßt sie nur belangloses Zeug daherreden, zwingt sie, als verkleideter Hase mit einem langen, pelzigen Schwanz herumzulaufen, man behandelt sie wie ein kleines Mädchen, wirft ihr ihre Starallüren vor. Und es stimmt, daß sie immer zu spät kommt; allerdings kommt sie zu spät, weil sie Angst hat, »eine dumpfe, tiefsitzende Angst«. Sie lebt in der ständigen Panik, daß man eines Tages hinter ihr Geheimnis kommen und den Schwindel aufdecken wird. Und dann wird alle Welt erkennen, daß sie nur ein kleines Mädchen ist, das in der Dunkelheit schreit, weil seine Mutter es im Stich gelassen hat.

Sie behauptete, eine Waise zu sein, weil sie in Waisenhäusern gelebt hatte. Doch sie war kein Waisenkind: ihre Mutter lebte noch, hatte sie jedoch verstoßen. Was noch viel schlimmer war. Eine unheilbare Verletzung. Indem sie zu »Marilyn« wurde, das Bild der Kindfrau erfand, ersetzte sie die fehlende Liebe ihrer Mutter durch das Lob und die Bewunderung der Massen. Doch es war eine leere, abstrakte Liebe, die nur ihrer kindlich-perversen Maske galt. Sie war in eine Falle gegangen, aus der es kein Zurück mehr gab. Sie spielte das Kind und wartete darauf, daran zugrunde zu gehen. »Marilyns Geheimnis«, sagte Montand später einmal, »war ihr Wunsch, eines Tages eine große Schauspielerin zu werden wie Katharine Hepburn, Jean Arthur oder Myrna Loy. Doch es war sehr schwer für sie, dramatische Rollen mit der Stimme eines kleinen Mädchens zu spielen. Denn sie hatte tatsächlich eine sehr piepsige Stimme! Und sie wußte ganz genau, daß es zu mehr nicht reichte. Folglich blieb sie das, was sie war, das heißt: ›Pu! Pu! Pidu! Du!‹ Das war ihr wahres Drama, ihr ganzes Leben lang...«[7] Niemand konnte ihr helfen. Diese grausame Wahrheit mußte auch Arthur Miller erkennen, als er die Grenzen dessen zu ermessen versuchte, was ein Mensch für einen andern tun kann – die Grenzen der Liebe.

Simone Signoret kannte die abgeschminkte, barfüßige, in ihren Morgenmantel aus Kunstseide gehüllte Marilyn »ohne falsche Wimpern«. Im Beverly-Hills-Hotel wohnten die Montands Bungalow an Bungalow mit den Millers. Heute sind die Bungalows Nr. 20 und 21 legendäre Orte, eine Zwischenstation bei den »Besichtigungen von Starwohnungen«, die den Touristen in Los Angeles angeboten werden.

Im Bungalow Nr. 19, so hatte man ihnen zugeflüstert, wohnte Howard Hughes, der große Produzent und schwierige Mensch. Sie befanden sich im Herzen der Zitadelle. Marilyn war ihre Flurnachbarin, sie erzählte Simone von den Schwierigkeiten mit einer widerspenstigen Haarsträhne über der Stirn, die immer wieder neu gefärbt werden mußte. Mit masochistischer Freude erniedrigte sie sich selbst. »Schau, alle meinen, ich hätte schöne lange Beine. Ich habe X-Beine, und sie sind zudem noch kurz.« Sie war eine wirklich schöne Frau, doch es war die nackte Schönheit eines einfachen, rührenden Mädchens. »Die schönste aller Bäuerinnen der Ile de France, wie man sie seit Jahrhunderten besingt«[8], schreibt Simone in freundschaftlichem Ton.

Vor einigen Jahren sah ich in einer Zeitung einen Comicstrip, der mich sehr verwirrte. Eine Frau schminkt sich. Ihre Augen werden größer, ihr Mund bekommt Farbe, ihre Wangen beleben sich. Einen Augenblick lang betrachtet die Frau dieses Bild, das ihr nicht mehr ähnlich sieht. Vor lauter Angst nimmt sie einen Wattebausch und wischt alles wieder weg. Doch indem sie sich abschminkt, verliert sie mit der Schminke gleichzeitig ihr Gesicht. Nur die Konturen bleiben übrig. Die Augen, die Nase, der Mund – alles ist wegradiert worden. Marilyn muß dasselbe Gefühl gehabt haben: als ob sie, sobald sie abgeschminkt war, ihr Gesicht verloren hatte, nicht mehr existierte.

In *Ungeteilte Erinnerungen* vollbringt Simone Signoret den Kraftakt, mit aufrichtiger Zuneigung von ihr zu sprechen. Sie empfindet für diese pathetische Rivalin eine Art Mitleid. Sie kannte die beiden Gesichter von Marilyn. Sie wußte, daß ihr geschminktes Gesicht gewisse Männer auf unwiderstehliche Weise anzog, so wie ein Köder die Vögel anlockt. »Kennen Sie viele Männer, die Marilyns Charme hätten widerstehen können?« Sie konnte sich von diesem Lockvogel nicht wirklich bedroht fühlen. Doch die eigentliche Bedrohung ging von der anderen, der »wahren« Marilyn aus, von diesem einsamen Kind, das ein Mann wie Montand notgedrungen unter seine Fittiche zu nehmen wünschte.

Unter der fabelhaften Regie von George Cukor drehten Montand und Marilyn *Machen wir's in Liebe*. Dieser Franzose war charmant, doch vor allem verbreitete er ein Gefühl von Sicherheit. Auch er hatte schreckliches Lampenfieber, denn er konnte kein Englisch und verstand nicht einmal seine eigenen Antworten. So war Marilyn nicht die einzige, die verängstigt war. Mit Montand als Partner wurde sie folgsam, diszipliniert, kam sogar rechtzeitig zu den Aufnahmen, wie ein echter »Profi«. Und dann rief das Filmpersonal zum Streik auf, und die Dreharbeiten wurden unterbrochen. Simone fuhr nach Italien, um dort einen Film mit Pietrangeli, *Adua et ses compagnes*, zu drehen. Arthur Miller hatte in New York zu tun.

So kommt es, daß Montand und Marilyn allein in den benachbarten Bungalows sitzen, wo die Schatten ihrer abwesenden Ehehälften allgegenwärtig sind, und darauf warten, ihre gemeinsame Arbeit wiederaufnehmen zu können. Wie vorauszusehen, werden sie »ihr Alleinsein, ihre Ängste, ihren Humor und ihre Erinnerungen an eine Armeleute-Kindheit«[9] teilen. Marilyn, die falsche Waise, die aus vollem Halse lacht, um nicht in der Verzweiflung zu versinken. Montand, der junge, arbeitslose Charmeur aus La Cabucelle. Sie werden sich lieben, es ist unvermeidlich.

Ein gefundenes Fressen für die Regenbogenpresse. In den Redaktionen brodelt es. Die ganze Welt wird diese sensationelle Nachricht erhalten. Die Twentieth Century Fox beschließt, diese leidenschaftliche Affäre für ihre Werbekampagne gründlichst auszuschlachten. Die Kameras der ganzen Welt sind auf die Bungalows Nr. 20 und 21 gerichtet, beobachten das Kommen und Gehen ihrer Bewohner und warten auf den Moment, da die Vorhänge zugezogen werden. Simone Signoret ist erschüttert und sieht sich mit Verleumdungen, Anspielungen und Taktlosigkeiten konfrontiert.

Sie nimmt die Herausforderung an. Unter dem Druck des Kummers vergißt sie die zwei oder drei Dinge nicht, die sie über Marilyn weiß. Sie vergißt nicht, daß ihre Rivalin ein einsames, bemitleidenswertes Kind ist. Und sie ist davon überzeugt, daß Montand zu ihr zurückkommen wird. In *Ungeteilte Erinnerungen* findet sie die richtigen Worte, um diese Episode mit ein paar liebevollen Zeilen zu beschließen: »Sie wird nie wissen, wie wenig mir je in den Sinn kam, sie zu hassen, und wie gut ich diese Geschichte verstand, die außer uns vieren niemand etwas anging und mit der sich in einer so verworrenen Zeit voll wahrlich wichtigerer Ereignisse die ganze Welt befaßte.« Und sie erzählt von dem kleinen, champagnerfarbenen Musselin-Kopftuch, das Marilyn ihr eines Tages schenkte, weil es so gut zu ihrem Kostüm paßte. »Es ist ein wenig abgenutzt, aber wenn man es sorgsam auf eine bestimmte Weise faltet, ist das nicht zu sehen.«

Die Gefahr ist vorbei, Montand ist wieder da, bei ihr, wie immer. Doch die Wunde ist nicht vernarbt. Die Qualen der Eifersucht, die Demütigungen, die schreckliche Verpflichtung, vor den Journalisten der ganzen Welt Haltung zu bewahren, während sie sich am liebsten in ihrer Ecke verkrochen und heimlich vor sich hin geweint hätte – das alles wird Spuren hinterlassen. Sie trotzt dem Schmerz, doch die Wunde wird tief und von Dauer sein, da sie zu der des Alters noch hinzukommt.

Zu jener Zeit begann Simone Signoret älter zu werden. Doch aus dieser Schicksalswendung machte sie eine Herausforderung.

Am Telefon die Stimme einer verzweifelten Frau. Am andern Ende der Leitung ein Mann, der sie verläßt. Er sagt nichts, er hört ihrem Jammern so lange zu, bis sie verstummt und er zu seiner neuen Liebe zurückkehren kann. Sie spricht ins Leere, sie phantasiert, so als könnte ihre keuchende Stimme das lauernde Gespenst der Totenstille vertreiben. Sie tut alles, um den Schmerz zu verlängern, der dem definitiven Versinken vorausgeht.

Ein endlos langer, unerträglicher Monolog. Plötzlich wird die Verbindung unterbrochen, sie ruft noch einmal bei ihm zu Hause an. Er hat gesagt, daß er dort wäre. Doch der Kammerdiener antwortet: Nein, Monsieur ist nicht hier, er ist im Restaurant. Sie ruft im Restaurant an, diesmal ist er es, der antwortet – und seitdem weiß sie, daß er sie belügt. Er ist mit der anderen Frau zusammen und hat nur einen Gedanken: sich ihrer zu entledigen und zu ihrer triumphierenden Rivalin zurückzukehren. Sie redet immer noch, sie sagt irgend etwas, um die Leere auszufüllen, das Unvermeidbare abzuwenden. Nach und nach gerät sie ins Stocken, die Stille höhlt ihre Stimme aus, eine riesige Stille, die in Cocteaus Text von langen Zeilen punktierter Linien dargestellt wird. Schließlich legt sie auf, alles ist schwarz.

Im Januar 1964 hat Simone Signoret *La Voix humaine* von Jean Cocteau aufgenommen. Mit schamhaftem Humor beschreibt sie in *Le Lendemain, elle était souriante* ihre Vorbereitungen am Tag der Aufnahme, die Techniken der erfahrenen Schauspielerin, die sich auf diese erbärmliche Rolle vorbereitet. In allen Einzelheiten und auf grausame Weise erörtert sie die Methoden, die ihr erlauben, sich selbst zu vernichten, »den vorgefertigten Kummer einzufahren«. Frühes Abendessen, zwei hartgekochte Eier, die im Stehen in der stillen Küche verschlungen werden. Sich vollständig abschminken, einen alten Morgenmantel anziehen, die Schachtel mit den Kleenex-Tüchern bereitstellen... Daß es von Nutzen ist, eine ähnliche Erfahrung gemacht zu haben, und daß die grauenhafte Vorstellung, Montand jenseits des Ozeans in den Armen der schönsten Frau der Welt zu wissen, diesen armseligen Tricks eine furchterregende Wirksamkeit verleiht, das sagt sie nicht. Wie Edith Piaf, die den Liebeskummer brauchte, um den Gipfel ihrer Kunst erreichen zu können, so hat auch Simone Signoret teuer für die Erkenntnis bezahlen müssen, daß die Emotionen des wirklichen Lebens den Schauspielern helfen, die Illusion Gestalt annehmen zu lassen.

In dieser Sprechrolle, in der sie unsichtbar bleibt, ruft Simone Signorets Stimme auf intensive Weise ihre Präsenz, ihren Körper wach. Ein Seufzer, ein unterdrückter Schrei, ein nicht zu Ende gesprochener Satz, ein Schneuzen... Im Klang ihrer Stimme, in dem gebrochenen Rhythmus kommt der Schmerz der Frau in seiner lächerlichen Nacktheit ungeschminkt zum Ausdruck. Die Hoffnung, die neu geboren wird und sogleich wieder erlischt, ein letztes Kokettieren, das immer stärker werdende Schwindelgefühl, die geringsten

Veränderungen in ihrem Innern sind aus dem rauhen Flüsterton herauszuhören. Ihr Bild drängt sich einem auf, man stellt sie sich in ihrem kleinen Zimmer an der Place Dauphine vor, auf der ersten Etage, mit Lockenwicklern auf dem Kopf, das Gesicht mit einer Nachtcreme gegen Falten eingerieben, auf dem Bett liegend, mit hängendem Kopf, mit zum Telefonapparat, der am Boden steht, ausgestreckten Armen, die Wangen von Tränen verschmiert, die sich mit der Creme vermischen.

Nachdem ich mir Simone Signorets Aufnahme von *La Voix humaine* angehört hatte, blätterte ich in den Memoiren von Arthur Miller[10] und stieß auf die Geschichte eines Anrufs von Marilyn. Eines Tages, als er in Nevada unterwegs war, rief Marilyn ihn völlig verzweifelt und mitten in der Nacht an. Sie drehte einen Film, war völlig am Ende, fühlte sich schlecht behandelt, gedemütigt, verloren. Sie schrie: »O Papa, ich kann's nicht!« Und ihr Hilferuf war einer derjenigen, vor denen sich ein Mann machtlos, entwaffnet vorkommt. »Eine verlassene Stimme flehte einen tauben Himmel an«, schreibt er. »Ich versuchte sie zu beruhigen, aber sie schien immer tiefer zu sinken, ihre Stimme klang immer leiser. Ich konnte sie nicht mehr erreichen.« Als er diese Stimme eines verlassenen kleinen Mädchens hörte, dachte er zum ersten Mal daran, daß sie eines Tages vielleicht Selbstmord begehen könnte. Dieses Gefühl war so stark, die Verzweiflung darüber, ihr nicht helfen zu können, so groß, daß er fast ohnmächtig wurde. Er hatte den Hörer losgelassen und war auf den Boden der Telefonzelle gesunken, während Marilyns verängstigte Stimme immer noch aus dem Hörer drang, inmitten der Wüste von Nevada.

»Die Narben von Lachen und Tränen, von Fragen...«
Simone SIGNORET

15

1961, als Simone Signoret vierzig Jahre alt ist, hat sie das Gefühl, ein äußerst ausgefülltes Leben hinter sich zu haben. Das Wesentliche, meint sie, hat bereits stattgefunden. Die Filme, die Liebe, die Politik, der internationale Ruhm – »Die wirklichen Entdeckungen, der berufliche Aufstieg, bewußte Stellungnahme, Lieben und Freundschaften, entscheidende Bücher, nicht mehr rückgängig zu machende Entschlüsse, all das spielte sich in den ersten vierzig Jahren ab.«[1] Sie ist glücklich und zufrieden, gefeiert und gekränkt worden – sie weiß nicht, wonach sie nach solchen Höhepunkten noch streben soll. Man achtet und respektiert sie. Sie spürt, wie die Zeit vergeht, und bereitet sich darauf vor, mit der Erinnerung an die Freuden und Leiden der Vergangenheit allmählich alt zu werden.

Sie ahnt nicht, daß die schicksalhaften Vierzig letzten Endes nur eine Etappe von vielen sind. Ihr Leben ist noch längst nicht abgeschlossen. Im Gegenteil, das Wesentliche kommt erst noch. Sie hat noch fünfundzwanzig Jahre vor sich, ein volles Vierteljahrhundert, in dessen Verlauf sie noch viel mehr Lebenserfahrung sammeln wird, als sie sich jemals vorzustellen wagte.

Sie war keine von denen, die sich mit der trübsinnigen Aussicht auf Wiederholungen zufriedengeben, die darauf verzichten konnte, sich leidenschaftlich für etwas zu begeistern und immer neue Herausforderungen an sich selbst zu stellen. Es gab noch viel zu tun, neue Welten zu entdecken, weitere Kämpfe zu führen, wichtige Filme zu drehen. Und vor allem gab es Bücher zu schreiben. Sie hatte den Zyklus ihrer Wiedergeburten noch nicht vollständig abgeschlossen. Noch hatte sie den Beruf des Schriftstellers zu erlernen, der, mehr noch als ihr politisches Engagement, zur großen Herausforderung ihres reifen Alters werden sollte.

Diese erste, von freudigen und dramatischen Ereignissen begleitete Reise nach Amerika jedoch stellte, wie sie es vage erahnt hatte, in der Tat einen Wendepunkt in ihrem Leben dar. Bislang hatte es zur Eroberung der Welt genügt, ihre Löwinnenmähne zu schütteln. Doch diesmal war sie an ihre Grenzen gestoßen. Das Glück und der Schmerz waren einander nähergekommen. Auf das große Glück des Oscars war unverzüglich der gewaltige Liebeskummer gefolgt. Sie war eine andere geworden. Denn diese extremen Erfahrungen hatten sie in ihrem Innersten getroffen. Von nun an wird sie sich nur mehr auf sich selbst verlassen. Sie wird nicht mehr darauf warten, daß der Sinn des Lebens von außen, von einem Mann oder einem Film an sie herangetragen wird. Im Lauf der Jahre wird sie ihren Blick immer mehr nach innen richten, auf die noch unerforschten Welten, die sie in sich trägt, auf die dunklen Erinnerungen an ihre Herkunft. Und in diesem geheimen Garten wird sie ihre schönsten Früchte ernten, überwältigende Erinnerungen, unbekannte Freuden. Während dieser langen, einsamen Wanderung über die Pfade ihrer Innenwelt wird sie, gegen Ende ihres Lebens, zu jener wahrhaftigen Gelassenheit finden, die ihr ihre Freunde und Verwandten ausnahmslos bescheinigen.

Ihre Persönlichkeit ist im Begriff, zusätzliche Facetten anzunehmen. Sie beginnt älter zu werden, sie spürt es, und dieses neue Abenteuer macht ihr nicht nur angst, sondern verspricht gleichzeitig weitere aufregende Erfahrungen. Aus dieser Häutung wird eine neue Simone, eine neue Signoret geboren, eine starke und verzweifelte Frau, die sich nicht mit dem Verlust ihrer Jugend abfinden kann. Aber gleichzeitig auch eine Frau der Tat und eine Schriftstellerin. Die Regisseure bieten ihr immer anspruchsvollere, schwierigere, wunderbarere Rollen an, heroische, tragische Rollen. Sie verstärkt – nach einem tiefgreifenden Umdenken – ihr politisches Engagement, opfert sich und ihre Zeit, bedrängt die Journalisten, damit sie über diesen chilenischen Flüchtling oder jenen russischen Dissidenten berichten. Und dann entdeckt sie den Wunsch zu schreiben, der wie ein schlafender Drache in ihrem Innern kauert.

Indem sie Bücher schreibt, wird sie wieder an ihr innerstes Wesen anknüpfen, an die Vorfahren ihres Vaters, von denen niemand ihr etwas erzählen konnte. Die Entdeckung des Schreibens wird mit der Entdeckung des Judentums eng verbunden sein und vom Kult der Erinnerungen getragen werden. Das Kino, die Politik und das Schreiben werden sich vereinigen, um aus diesem intelligenten Star eine der bedeutendsten Zeuginnen unserer Zeit zu machen.

»Kann man sich für einen Film über die Geschichte der französischen Linken ein besseres Drehbuch vorstellen als das Leben von Simone Signoret?«[2] Als sie 1961 aus Hollywood zurückkehrt, legt Claude Lanzmann ihr das *Manifest der 121* vor, das einen Wendepunkt in der Geschichte der Entkolonialisierung darstellen wird. Ein in höchstem Maße subversiver Text, der die Weiterführung des Algerien-Krieges verurteilt und für das Recht auf Wehrdienstverweigerung eintritt. Simone macht sich den Vorwurf, nicht schon früher gehandelt zu haben, und unterschreibt schließlich, nachdem sie lange überlegt und die damit verbundenen Risiken abgeschätzt hat.

1959 erschien das brisante Buch *La Question* von Henri Alleg. Zum ersten Mal wurden darin die Foltermethoden der französischen Armee in Algerien enthüllt und beschrieben. Das Buch, das von der Zensurbehörde sogleich verboten wurde, wirbelte viel Staub auf, obwohl es in Frankreich in keiner Buchhandlung zu finden war. Auch Simone Signoret hatte davon gehört und sich beiläufig über die getroffenen Maßnahmen empört, aber nicht versucht, sich das Buch zu beschaffen. Erst in Ostende, in Belgien, sah sie es zum ersten Mal im Schaufenster eines Buchladens. Sie kaufte drei Exemplare. Doch als der Buchhändler sie grimmig fragte, was sie sonst noch für den Befreiungskampf der Algerier tun würde, da antwortete sie: »Nicht besonders viel...«, und flog mit Montand nach New York, wo er am Broadway erwartet wurde.

An jenem Tag, als sie der ernsten und eindringlichen Stimme von Claude Lanzmann – den das Kinopublikum später mit dem Film *Shoah* entdecken wird – zuhört und er ihr erzählt, was in Algier, Oran und Constantine vorgeht, erinnert sie sich an den Buchhändler in Ostende. Mit Schrecken wird ihr bewußt, daß sie während ihrer glanzvollen Zeit in Hollywood völlig aus den Augen verloren hatte, was in ihrem eigenen Land los war. Höchste Zeit, zu den Freunden zurückzukehren, sich erneut der Linken anzuschließen. Montand ist nach wie vor in Amerika, an Marilyns Seite. Die Zeitungen der ganzen Welt drucken ihr Foto mit eindeutigen Bildzeilen ab. Simone Signoret leidet darunter, bietet Trotz, ist allein. Als sie das *Manifest der 121* unterzeichnet, hat sie das Gefühl, ein neues Kapitel in ihrem Leben aufzuschlagen, ihren Kummer zu vergessen, wieder unter Freunden zu sein. Sie ist sich bewußt, etwas Nützliches zu tun und damit gewisse Risiken auf sich zu nehmen, was ihr aber nicht unbedingt mißfällt. Sie hat den Wunsch, sich mit ihrer ganzen Kraft einzusetzen.

Es bedurfte in der Tat einigen Mutes, um das *Manifest der 121* zu unterzeichnen. 1961 war die Idee der Dekolonisation in Frankreich noch ein staatsgefährdender Gedanke. Massive Repressalien waren vorauszusehen. »Jeder Person, die diesen Text unterschrieben hatte, was auch immer ihr Beruf sein mochte, waren Auftritte im Radio, auf Bühnen und im Fernsehen untersagt.«[3] Es ist das erste Mal seit ihrer Begegnung mit Montand, daß Simone Signoret ohne ihn eine derart wichtige Initiative ergreift. Er wird es ihr übelnehmen, nicht auch für ihn unterschrieben zu haben. Um so mehr, da das Fehlen von Montands Namen neben dem ihren unter den gegebenen Umständen in den Zeitungen selbstverständlich als eine Art »moralische Scheidung«[4] gedeutet wird.

Sie arbeitete also wieder als die professionelle Schauspielerin, die sie war. Ihr Alter war dabei eher ein Vorteil als eine Behinderung, und sie war fest entschlossen, sich die Gesichtshaut nicht straffen zu lassen, sondern ihre Falten zu behalten, die sie als »die Narben von Lachen und Tränen, von Fragen, von Erschütterungen und Gewißheiten«[5] ansah. Mit großer Gelassenheit stellte sie sich dem unaufhaltsamen Vorrücken des Alters. Sie zog es vor, in dieser Hinsicht auf keinerlei Tricks zurückzugreifen, sich nicht selbst zu belügen. Sie weigerte sich, das Foto zu retuschieren, da man dies so oder so merken würde. »Jenseits der Vierzig, nun ja, sagen wir, mit fünfundvierzig hat man zwei Möglichkeiten: entweder man klammert sich an Rollen, die den Typ der Fünfunddreißig-, Sechsunddreißigjährigen verlangen, oder man verhält sich wie alle Welt und nimmt liebenswürdig hin, daß diese fünfundvierzig Jahre eher zu sechsundvierzig als zu vierundvierzig führen.«[6] Sie hatte viel über diese Frage nachgedacht und hielt sich für eine Philosophin. In Wirklichkeit jedoch war sie eine Sophistin. Vergeblich versuchte sie, ihre Angst in Gleichgültigkeit umzuwandeln. Und um die Konfrontation mit den Falten zu verhindern, kam sie dem Schicksal zuvor. Während sie glaubte, dem Alter mit Gelassenheit entgegenzugehen, stürzte sie sich in Wirklichkeit voller Begeisterung hinein, fühlte sich wohl darin und rannte drauflos wie auf einen Notausgang. Wenn ihr Gesicht nur schnell genug verwelken würde, wäre die Sache erledigt. Dann bräuchte sie keine Angst mehr zu haben, nicht verführerisch genug zu sein. Dann wüßte sie ein für allemal, daß sie es nicht mehr war. Die Journalisten begannen bereits, ihr mit teils bewußter, teils unbewußter Grausamkeit die ewig gleiche Frage zu stellen: »Was bedeutet es für Sie, älter zu werden?«

Entsetzen. Es bedeutete Entsetzen für sie. Sie erinnerte sich daran, Goldhelm gewesen zu sein, und wurde nun, wie Dorian Gray, Tag für Tag mit diesem unveränderlichen Bild des vollendeten und glatten Gesichts der strahlenden jungen Frau konfrontiert. Wie ein Baum, der zu schnell verdorrt, begann ihr Körper von innen zu zerfallen. Dieses aufgedunsene Gesicht, diese Tränensäcke, die ihre Augen hinter winzigen Schlitzen im Fleisch vergruben, diese fette, schwerfällige Körpermasse: es war ein Geständnis. Ihre sämtlichen Triumphe genügten nicht, um ihre Angst abzuschwächen. Der Ruhm, die mit Montand erlebte große Liebe – schön und gut, sie hatte es unendlich genossen. Aber jetzt hatte das Glück sie verlassen, sie begriff nicht, warum, das konnte doch nicht sein. Sie trank. Sie betäubte sich mit Whisky und wußte ganz genau, daß sie damit systematisch auf ihre eigene Zerstörung hinarbeitete. Wie Narben zeichneten die intimen Schwächen, der geheime Kummer ihre Haut. Doch es gab keine Worte dafür. Die Worte waren Masken, sie dienten dazu, den uneingestandenen Kummer in die stillen Höhlen des Geheimnisses zurückzudrängen. Als sie sich zum Schreiben entschloß, fand sie zum Geschmack der Worte, zur Freude des Sichanvertrauens zurück.

Nie gab sie die äußere Veränderung als ein Unglück aus, das ihr zugestoßen wäre. Im Gegenteil, sie deutete diese Veränderung als das Resultat eines zu intensiv gelebten Lebens, eines Übermaßes an Freude und Lust. Sie ging sogar so weit, stolz darauf zu sein, da dieses lädierte Äußere ihr tatsächlich einige ihrer schönsten Rollen einbrachte. Sie sprach davon wie von einer Wahl, die sie getroffen hätte. Über die tiefe, offenkundige, jedoch stumme Verzweiflung, die sich hinter dieser Fassade verbarg, verlor sie kein Wort. In erster Linie galt es, den Fortbestand der Legende zu sichern.

In Hollywood lehnt sie die alten Hüte ab, die die amerikanischen Filmstudios ihr, wie das nach Oscar-Verleihungen üblich ist, eiligst anbieten. Ihren Singvogel läßt sie in den

Armen der begehrtesten Frau der Welt zurück und fliegt nach Rom, wo Antonio Pietrangeli auf sie wartet. Erneut dreht sie einen Film nach dem andern. Der Oscar hat sie wieder zu dem Star gemacht, der die Massen in die Kinos lockt.

Dennoch machte sie sich keine Illusionen über die Grenzen ihrer Berühmtheit. Simone Signoret war kein Sexsymbol, sie war nie eines gewesen. Sie war aufgrund einer ganzen Reihe außergewöhnlicher Eigenschaften zum Star geworden: Willensstärke, Intelligenz, Schönheit, Charisma, professionelles Verhalten. Und vor allem weil sie die Begabung hatte, starke Gefühle zu empfinden und wiederzugeben. Was sie zum Star machte, das war ihr Talent, sich selbst zu spielen, ihr Ungestüm, ihre unbezähmbare Energie. Doch ihr fehlte der Sex-Appeal, die eitle Zerbrechlichkeit, die erlesene Weiblichkeit einer Marilyn Monroe, einer Ava Gardner oder einer Brigitte Bardot. Zweifellos ist das der Grund, warum sie, wie sie sagte, immer nur »die zweite, nie die erste« war. »Zu Beginn meiner Schauspielerlaufbahn gab es Michèle Morgan, Danielle Darrieux, Micheline Presle. Danach kam Martine Carol. Dann Françoise Arnoul, und ich wurde älter. Anschließend war es die Bardot, die alle anderen vom Tisch fegte. Nach ihr kamen die Moreau und die französische *nouvelle vague* und ich und die englische *nouvelle vague*. Dann war die Girardot gefragt, und ich wurde immer noch älter und war trotzdem immer noch da, im Hintergrund.«[7] Schon möglich. Doch der Vergleich wurde dadurch verfälscht, daß sie nicht nur eine Schauspielerin, sondern auch eine in der Zeitgeschichte engagierte Frau war, deren kreative Kraft sich nicht in ihrer Arbeit als Schauspielerin erschöpfte. Als vielschichtige, aktive, denkende Person stand sie sehr wohl an erster Stelle und war die einzige, die konsequent mehrere Leben gleichzeitig lebte, was für alle anderen unvereinbar gewesen wäre.

Nach *Adua et ses compagnes* spielt sie in dem Erstlingsfilm von François Leterrier. Dieser junge Philosoph, der in einem Film von Bresson als Schauspieler eingesprungen war, ist Assistent von Louis Malle und Yves Allégret geworden. Er gehört also gewissermaßen zur Familie. Als guter Schüler von Bresson beschließt er, die Hauptrolle in *Les Mauvais Coups*, die Adaptation eines Romans von Roger Vailland, mit einem Laienschauspieler zu besetzen. In Begleitung von Simone Signoret setzt er sich auf die Terrasse des Flore, um auf diesem strategisch wichtigen Platz die Passanten zu beobachten und nach seinem Helden Ausschau zu halten. Und er findet ihn. Es ist Reginald D. Kernan, ein amerikanischer Arzt von vierundvierzig Jahren, der in dem Film den untreuen Ehemann einer »sarkastischen, ständig betrunkenen und innerlich zerrissenen«[8] Simone Signoret spielt, die ihre Angst, von ihm verlassen zu werden, mit Alkohol betäubt.

Danach dreht sie *Le Jour et l'heure* von René Clément. Ein schöner Film über die Résistance, die Geschichte einer kleinbürgerlichen Frau, die glücklich ist, ein ereignisloses Leben zu führen, und die plötzlich, aus Liebe zu einem amerikanischen Fallschirmspringer, in den Untergrundkampf hineingezogen wird. Eine ideale Rolle für Simone Signoret, die von der Résistance so sehr enttäuscht wurde. In diesem Film, dessen Haupthandlung sich auf jene entscheidenden, apokalyptischen Momente konzentriert, in denen die äußeren Ereignisse ein Leben in ein Schicksal verwandeln und der wahre Charakter eines Menschen im wechselnden Licht der Bombenangriffe plötzlich zum Vorschein kommt, in diesem Film wird Simone Signoret alle Register ihres Könnens ziehen. Für René Clément ist es »der Tag und die Stunde einer Begegnung, der Tag und die Stunde, da eine Frau sich ihrer Verantwortung bewußt wird, der Tag und die Stunde, da diese Frau einwilligt, ›ja‹ anstatt ›nein‹ zu sagen, sich zu engagieren und dabei ihr eigenes Lebens aufs Spiel zu setzen, der Tag und die Stunde, da von einer ganz und gar nebensächlichen Tat ihr ganzes zukünftiges Leben abhängen wird«[9]. Simone Signoret wußte aus eigener Erfahrung, daß das Leben in einem einzigen Augenblick eine völlig andere Richtung einschlagen kann. Sie war gerührt von dieser einfachen und mutigen Frau, die zwischen der Bequemlichkeit ihrer Gewohnheiten und der Verlockung des Abenteuers hin- und hergerissen wird. Während der Dreharbeiten wird René Cléments junger Assistent, Costa-Gavras, ihr Freund. An seiner Seite wird sie einige prägende Erfahrungen sammeln.

Der Tag, an dem Simone Signoret ihre Memoiren zu schreiben beginnt, ist noch weit entfernt. Doch sie spürt bereits die Versuchung, zur Feder zu greifen, und am Ende des Jahres 1962 inszeniert Pierre Mondy im Théâtre Sarah-Bernhardt ihre Adaptation des Stückes *Die kleinen Füchse* von Lillian Hellman. Für die Tochter des berühmten Dolmetschers André Kaminker ist das Übersetzen ein vorzügliches Mittel, eine Kunst im wahrsten Sinn des Wortes. »Was heißt übersetzen? Für eine zweisprachige Schauspielerin ist es kein Problem, in einer fremden Sprache zu spielen oder ganz einfach zu dolmetschen. Ein guter Dolmetscher ist jemand, der die Gedanken des Autors mit absoluter Genauigkeit wiedergibt. Es ist merkwürdig, daß man die gleiche Bezeichnung für einen Übersetzer von Texten gebraucht. Ich glaube, daß der Übersetzer eines Textes den gleichen Eifer, die gleiche Leidenschaft aufbringen muß, um den Gedanken eines Autors so genau wie möglich wiederzugeben.«[10]

Seit *Hexenjagd*, sieben Jahre zuvor, stand sie auf keiner Theaterbühne mehr. In *Die kleinen Füchse* wird sie sechs Monate lang die abscheuliche Regina, eine mitleidlose, habgierige, auf das Dahinsiechen ihres reichen und herzkranken Mannes lauernde Frau spielen. »Mit ihrem von Ehrgeiz angeschwollenen Gesicht, ihrem eisigen Blick gleicht Simone Signoret einem Raubvogel.«[11] Im Jahre 1936 schrieb Lillian Hellman dieses militante Stück, dessen Handlung sich um die Jahrhundertwende im Deep South abspielt und das die Legende von Margaret Mitchells liebenswürdigen Südstaatlern entmystifiziert. Es war eine Art »*Vom Winde verweht* mit umgekehrtem Vorzeichen, gesehen mit den Augen eines

Menschen, der sich erinnert, daß seine Großeltern Sklaven besaßen, kauften und verkauften«[12].

Es ist das erste und das letzte Mal, daß Simone Signoret einen Text interpretiert, den sie selbst geschrieben hat. Sie ist für die Techniken des Films ausgebildet worden und fühlt sich auf einer Theaterbühne noch immer nicht wohl. Da sie die Autorin der Adaptation ist, gelingt es ihr diesmal nicht, sich so weit gehen zu lassen, wie es erforderlich wäre. Mitten in einer Szene stellt sie mit Schrecken fest, daß sie eine ungeschickte Formulierung, eine unpassende Wiederholung stehengelassen hat. Heimlich beobachtet sie ihre Partner, Marcel Bozzuffi, Raymond Pellegrin und Suzanne Flon aus den Augenwinkeln, anstatt ihnen in aller Ruhe zu antworten. »Ich wollte nicht, daß man mir meine schöne Übersetzung ruinierte.«[13] Als sie *Die kleinen Füchse* übersetzte, tat sie, ohne sich dessen bewußt zu sein, ihre ersten Schritte als zukünftige Schriftstellerin. Es wird noch zehn weitere Jahre dauern, bis sie beschließt, ihre eigenen Bücher zu schreiben.

Im Juli 1964 macht Catherine ihr Abitur. Wie ihre Mutter will sie Schauspielerin werden. Und ausgerechnet Costa-Gavras, der junge Assistent, den Simone während der Dreharbeiten zu *Le Jour et l'heure* kennengelernt hat, bietet ihr eine Rolle in dem Film an, den er gerade vorbereitet, ein Krimi nach einem Roman von Sébastien Japrisot. Bei der Lektüre des Drehbuchs haben Montand und Signoret zwei Rollen gefunden, die ihnen zusagen, und sie schlagen vor, diese Rollen zu spielen. Ihr Mitwirken ist eine Garantie für den Erfolg dieses Erstlingswerks ihres jungen Freundes. Somit wird *Mord im Fahrpreis inbegriffen* zu einer Familienangelegenheit, bei der die Schauspieler damit einverstanden sind, anstelle der Gage eine Gewinnbeteiligung zugesichert zu bekommen. Also wird Catherine, die noch lange nicht auf eigenen Füßen steht, ihre ersten Filmerfahrungen unter dem Schutz ihrer Eltern sammeln. Im Schatten dieser beiden Stars mußte sie zwangsläufig unbeachtet bleiben. Wahrscheinlich nicht gerade ideale Voraussetzungen, um Schauspielerin zu werden.

Zweifellos ist sich dessen in diesem Moment niemand bewußt. Man ist froh, zusammenarbeiten zu können. Signoret und Montand hatten zum letzten Mal und mit großer Begeisterung in *Hexenjagd* zusammen gespielt. Überdies entdeckt Montand endlich die Freude am Filmen. Dank seiner Freundschaft mit Costa-Gavras fühlt er sich zum ersten Mal wirklich wohl vor der Kamera. Bislang hat er eher nebenbei in Filmen mitgespielt und sich seine Kraft und sein Talent für seine One-man-Shows aufgespart. Diesmal jedoch fühlt er sich als echter Schauspieler. Unter der Regie von Costa-Gavras wird er in *Das Geständnis* zeigen, was er wirklich kann.

Simone Signoret setzt ihr Doppelleben fort. Sie macht zwei Karrieren gleichzeitig, eine in Frankreich und die andere in den angelsächsischen Ländern. 1964 kehrt sie nach Hollywood zurück, um zusammen mit Vivian Leigh und Lee Marvin *Das Narrenschiff* von Stanley Kramer zu drehen, in dem sie die Rolle der »Contessa«, einer reichen, morphiumsüchtigen Spanierin, spielt. Im Jahr zuvor ist John F. Kennedy ermordet worden, im Wahlkampf stehen sich Lyndon B. Johnson und der reaktionäre Barry Goldwater gegenüber, die Jugendlichen rauchen ihre ersten Joints. Simone findet das schöne Leben wieder, die Strandpromenaden mit Katharine Hepburn, die Abendessen im Kerzenschein bei Vivien Leigh, die Wochenenden bei Lee und Betty Marvin, die langen Gespräche mit Jean Renoir, der auf den Hügeln wohnt und ihr mit der Vorführung von *Das Verbrechen des Monsieur Lange* eine Fülle von Erinnerungen beschert. »Auf der Leinwand defilierte meine Welt, die des Café Flore, als sie dreißig Jahre jünger war und ich sie noch nicht kannte.« Das Flore in Los Angeles, das ist so aufregend wie Méséglise in Guermantes...

Dann verlangen erneut die Engländer nach ihr. 1966 dreht sie in London *The Deadly Affair* von Sidney Lumet, eine Spionagegeschichte nach dem Roman *Call for the Dead* von

John le Carré. Ein vielschichtiges und wundervoll konstruiertes Drehbuch, in dem die Spione, wie immer bei le Carré, von Zweifeln gequälte, verwundbare Männer sind, die eine heimliche Bewunderung für das Talent ihrer Gegner zeigen.

Doch das Londoner Publikum, das diese französische Schauspielerin feiert, wird ihr nicht verzeihen, daß sie versucht, eine Engländerin darzustellen, sich auf das königliche Territorium Shakespeare'scher Tradition vorzuwagen. Denn in ihrer Begeisterung ist Simone Signoret in der Tat so weit gegangen, an der Seite von Alec Guinness im Royal Theatre die Rolle der Lady Macbeth zu spielen. Damit übernimmt sie sich. Sie überschätzt ihre Kräfte, ihre Englischkenntnisse. Als Lady Macbeth ist sie so glaubwürdig, wie Susan Hayward es als Célimène oder Marlon Brando es als Rodrigue[14] wäre. Eine peinliche Erfahrung. Simone Signoret stößt an die unüberwindbare Schranke zwischen der Muttersprache und allen anderen Sprachen. Sie ist keine Britin und wird die unerläßlichen Automatismen nie beherrschen, sie wird immer einen leichten Akzent haben, es wird immer ein kleiner Unterschied im Tempo oder bei der Aussprache bleiben, eine unvermeidbare Dissonanz. Kurzum: ein Desaster.

Simone Signoret hat sich nicht nur auf ein aussichtsloses Unterfangen eingelassen, sondern muß diese Niederlage obendrein zu einem denkbar schlechten Zeitpunkt einstekken. Zwischen den Theaterkritikern und dem Regisseur William Gaskill, der sich ungerechterweise schlecht behandelt fühlt, kommt es zu polemischen Streitereien. Simone Signoret wird in eine Auseinandersetzung katapultiert, bei der das, was auf dem Spiel steht, weit über sie hinausgeht: in einen Streit zwischen den Traditionalisten und den Modernisten im Reiche Shakespeares. Die modernistische Inszenierung von William Gaskill, die Shakespeare zu »entstauben« vorgibt, wird von den Kritikern als »farblos, leblos, ohne jegliche Atmosphäre des Grauens« empfunden. Zwischen der Strenge und der Leere, zwischen der Nüchternheit und der Armut liegt nur eine schmale Kluft. Gaskill war, wie es schien, der Versuchung erlegen, diese Grenze zu übertreten, wie so viele avantgardistische Theaterregisseure in den sechziger Jahren. Die Kritiker, die ihre Urteilsfreiheit verteidigen, rächen sich, indem sie ihre Vorwürfe bis ins kleinste Detail erörtern. Bei dieser Gelegenheit wird Simone Signoret alles andere als verschont. Die überhebliche Französin kommt ihnen als leichte Beute gerade richtig: »eine kegelförmige Matrone mit Medusenhaupt«, »eine Katastrophe«. In der *Times* fällt das Urteil noch schärfer aus, wie das Fallbeil einer Guillotine: »Der erste Auftritt von Simone Signoret mit ihrem trägen, majestätischen Gang und ihrem einer offenen Wunde ähnlichen Mund ist wundervoll. Doch dieser Eindruck verschwindet, sobald dieser Mund sich öffnet.« Dennoch sind sämtliche Vorstellungen ausverkauft. Der Streit fördert das Geschäft, Simone Signoret als Lady Macbeth ist zur Sensation geworden.

Sie biß die Zähne zusammen, aber sie fühlte sich nicht wohl in ihrer Haut. Doch das Schauspiel ging weiter. Jeden Abend kehrte sie mit dem Bewußtsein, sich immer aussichtsloser der Lächerlichkeit preiszugeben, in diese Hölle zurück. Ihre Tage verbrachte sie damit, sich neuen Mut zu machen, nicht der Panik zu erliegen, nicht ihre Koffer zu packen. Sie stand in der ersten Reihe, mitten im Kugelhagel. Die »Macbeth«-Episode sollte sich wie ein gewaltiges Trauma in ihr Gedächtnis einprägen. Wenn sie sich zwanzig Jahre später daran erinnerte, spürte sie immer noch, wie sie vor lauter Scham ganz rot im Gesicht wurde.

»Ich besuchte meine hungerstreikenden Freunde, wie man in den Kitschbüchern seine Armen besucht.«

Simone SIGNORET

16

Nach der schmerzlichen Erfahrung mit *Macbeth* kehrt sie nach Hollywood zurück, um *Games* von Curtis Harrington zu drehen. Amerika hat sich erneut verändert. Die Atmosphäre ist düster, gespannt. Es ist nicht mehr die Zeit der Kerzenbeleuchtung, der leisen Wehmut, der fliegenden Teppiche. Man spricht nur mehr von Vietnam und dem »schwarzen Problem«. Der Aufstand von Watts hat bewiesen, daß die alten Dämonen nur eingeschlafen waren. Amerika ist aus der gewohnten Ordnung und in die Hände der Jugend geraten. In aller Öffentlichkeit verbrennen Jugendliche ihren Einberufungsbefehl für Vietnam. Kalifornien setzt sich neu zu erobernde Grenzen. In Hollywood lassen die Produzenten sich die Haare und Bärte wachsen, um »in« zu bleiben. Die McCarthy-Ära gehört bereits der Vergangenheit an.

Zur selben Zeit langweilt sich Frankreich, wie Pierre Viansson-Ponté im April 1968 in einem warnenden Artikel in *Le Monde* schreibt. Cohn-Bendit ist schon fast so berühmt wie Johnny Hallyday.

Simone Signoret nimmt im Mai 1968 nicht an dem großen Fest teil. Sie hält sich in Saint-Paul-de-Vence auf, als es zu immer gewaltigeren Demonstrationen kommt. In Cannes wird das Festival von einem Tag auf den andern abgebrochen. Truffaut, Malle, Godard und Polanski sind nach Paris zurückgefahren. Doch Simone Signoret beschließt, im Colombe d'Or zu bleiben. Sie hat ihre guten Gründe. Wie so viele andere fühlt sie sich von diesem Ereignis, das in kein feststehendes Schema paßt, selbst in Frage gestellt. Sie hat keine Lust, auf den fahrenden Zug aufzuspringen. Sie zieht es vor, in ihrer Ecke über die Geschehnisse nachzudenken und im Licht der Studentenrevolte Selbstkritik zu üben. »Weil ich mich allein, ohne Gerede, ohne Ratschläge, ohne Druck, einer tiefgreifenden Prüfung des Ganzen überlassen wollte. Mir Rechenschaft geben über die Dinge, die zu unseren Gunsten sprächen in einem Prozeß, in dem wir, in dem meine Generation angeklagt wäre vor der Jugend als Richter.«[1]

Es ist kein Zufall, daß das, was sie aus einem plötzlichen inneren Antrieb heraus niederschreibt, die Metapher für diesen Prozeß ist. Anschuldigungen, Plädoyers, Zeugenaussagen. Immer mehr wird sie von dem angezogen, was Gerechtigkeit bedeutet, von der Utopie einer Art Wahrheitsspiel, bei dem die öffentlich vorgelegten Akten es erlauben würden, ein endgültiges Urteil über die Menschen und über sich selbst zu fällen. Der vorschriftsmäßige Ablauf eines – wenn auch fiktiven – Prozesses scheint eine psychische Notwendigkeit zu sein, eine Möglichkeit, endlich den alten Dämon der Schuld niederzustrecken, der die Menschen verfolgt, sobald sie in Gesellschaft leben, und von dem niemand ganz und gar frei ist. Und als die Studenten auf dem Boulevard Saint-Michel Barrikaden errichteten, machten sie der Generation ihrer Eltern in der Tat den Prozeß: der Generation des Münchner Abkommens, der Generation des Marschalls Pétain, der Kollaboration, des Indochina-Krieges, der algerischen Tragödie, des Kalten Krieges und der atomaren Bedrohung. Verzweifelt versuchten sie, der Geschichte, diesem Alptraum, aus dem Joyce so gern erwacht wäre, zu entrinnen. Doch so leicht entkommt man weder der Geschichte noch der Zeit. Und der Prozeß scheiterte, kam zum Erliegen und wiederholte die Geschichte. Trotzdem gab es etwas wirklich Neues: das große Fest, die jubelnde Menge. Der Mai 68 war eine bildliche Darstellung der Lebensfreude. Natürlich hatte diese festliche Dimension keinerlei Einfluß auf die Politik.

Gegen das Gewicht der Staatsräson hat die Lebensfreude keine Chance. In ihrer Flüchtigkeit, ihrer Vergänglichkeit, ihrer Launenhaftigkeit und Zerbrechlichkeit ist sie nicht beständig genug, um einen Kampf zu rechtfertigen. Daher die kulturelle, kreative Dimension dieses nirgendwo einzuordnenden Ereignisses.

Natürlich wäre sie gern zurückgefahren, natürlich hätte sie sich gern unter die Menschen gemischt, Parolen geschrien, an dieser Bewegung der Geschichte teilgenommen. Montand war in Paris, und zu gerne hätte sie das Abenteuer ein weiteres Mal mit ihm geteilt. Doch sie wußte zu gut, daß dieser Kampf nicht ihr Kampf war. Sie gehörte zu einer anderen Generation. Sie hatte keine Lust, die alte Dame mit Hut zu spielen, die sich wie ein junges Mädchen aufführt. Sie war sehr hellsichtig. Als Zwanzigjährige – erinnerte sie sich jetzt daran? – hatte sie als Schreibkraft bei Jean Luchaire, einem allgemein bekannten Kollaborateur, gearbeitet. Sie konnte sich schlecht vorstellen, mit einer derart zweideutigen Vergangenheit zwanzigjährigen Mädchen von heute Ratschläge zu erteilen. Würde sie zurückfahren, dann würde sie sich zu Dingen hinreißen lassen, die sie später bereuen könnte. »Wenn ich etwas verpaßt habe, dann habe ich damit, glaube ich, auch viele Dummheiten vermieden, die ich sicherlich begangen hätte.« Und da sie berühmt war, würde man zweifellos versuchen, ihre Berühmtheit auszunutzen, sie für die Sache der Jugend einzusetzen. Sie kannte sich gut genug, um zu wissen, daß sie im Eifer des Gefechts, im Sog der Leidenschaft, der Entrüstung und der allgemeinen Stimmung keiner Parole, keiner Stellungnahme widerstehen könnte. Sie ahnte, wie lächerlich die alten Professoren und die pensionsreifen Politiker erscheinen würden, die glaubten, inmitten der Studenten ihre Jugend wiedererleben zu können. »Und ich fiel aus allen Wolken, als ich entdeckte, daß sie mit einemmal Revolutionäre geworden waren.«

Aus diesem Grund stieg Simone Signoret im Mai 68 nicht auf die Barrikaden des Quartier Latin.

Im Leben von Schauspielern wird der Wechsel von Traum und Wirklichkeit begleitet vom Hin und Her zwischen den Dreharbeiten und dem normalen Leben. Wenn Simone Signoret einen Film drehte, klammerte sie den Alltag aus. Sie zog sich zurück und flüchtete mit Wonne in die schwebende Zeit eines Kinotraums. Vor der Kamera wurde diese energische Frau, so wie man es von einer professionellen Schauspielerin erwartet, zu einer Person von exemplarischer Fügsamkeit. Sobald sie vorübergehend von den üblichen Pflichten, den kleinen und großen Sorgen des Alltags befreit war, wollte sie nur mehr Mitglied der Truppe, Gauklerin sein. »Oft wenn ich zu Dreharbeiten erscheine, mache ich auf die andern zunächst großen Eindruck, doch nach achtundvierzig Stunden bittet man mich, das Studio auszukehren...«[2] Die zu unterschreibenden Petitionen, die Freunde, die Gespräche mit Montand, alles das löste sich in künstlerischem Nebel auf. Im Vordergrund stand die Arbeit, das heißt andere Gesichter, andere Männer, andere Gespräche, andere Wünsche. Vor allem aber kümmerte man sich um sie. Hemmungslos, ohne Hintergedanken und mit dem ruhigen Gewissen, gute Arbeit zu leisten, überließ sie sich dieser kollektiven Fürsorge, die sie auf angenehme Weise von jeder Verantwortung befreite. Die Arbeit und die Freude gingen mühelos ineinander über. Ihre materiellen Bedürfnisse wurden erfüllt, ohne daß sie sich darum kümmern mußte, ihr Zeitplan stand von vornherein fest, und sogar die Rolle, die sie zu spielen hatte, war im Drehbuch genau festgelegt. In dieser Zeit erlebte die starke Simone Signoret, die ihre Zeit damit verbrachte, Entscheidungen zu treffen, noch einmal die glücklichen Tage ihrer Kindheit. In diesen Wochen gestattete sie sich endlich abzudanken, weigerte sich, die Königinmutter zu sein, diejenige, die Gewißheit gibt, die Verantwortung trägt, die organisiert, die sich um die oft schwierigen Beziehungen zwischen den Menschen kümmert. In dieser Zeit war sie so geschmeidig wie frischer Lehm in den Händen von Gottvater, dem Regisseur.

Im August 68 wird sie alles vergessen haben, sogar die Erinnerung an jenen Mai, den sie nicht erlebt hatte. Unter der Regie von Sidney Lumet, mit dem sie zwei Jahre zuvor bereits *M. 15 demande protection* gespielt hat, dreht sie *Die Möwe* von Tschechow. Sie entdeckt die wilde Schönheit der nordischen Länder. Sie lebt in einem Traum, schwebt an Tschechows klarem Himmel, durch diese wunderbare Welt, wo die Gefühle den Menschen und den Dingen Farben geben, in diesem nostalgischen und einschmeichelnden Rußland, wo die Verzweiflung die lieblichen Formen galanter Plaudereien annimmt. Die Verbindung von Leidenschaft und Raffinement, die klare Schönheit von Tschechows Text, die Intelligenz des Regisseurs, die Fröhlichkeit des Teams – das alles versetzt sie in einen Zustand stiller Glückseligkeit. Sie hat sich aus der Welt zurückgezogen. »Es gibt Leute, die nehmen LSD, um auf Reisen zu gehen. Wir nahmen Tschechow, und die Welt konnte in Stücke gehen.«[3]

Der schwedische Sommer mit seiner vergänglichen Pracht ist eine herzzerreißende Jahreszeit. Noch ist er da mit seinem bunten Federkleid, so schön wie ein Verliebter, der auf Weltreise geht, aber schon trauert man ihm nach, denkt mit beklommenem Herzen an den nahenden Winter und genießt ihn noch ein wenig, indem man sich kraftlos in der Sonne räkelt. Montand singt im Théâtre de l'Etoile, und ausnahmsweise ist sie nicht bei ihm, um ihn zu beruhigen, ihn zu unterstützen, seine Stirn abzutrocknen. Leichten Herzens überträgt sie ihrer Tochter Catherine diese Groupie-Pflichten. Sidney Lumet verbietet ihr, von Stockholm nach Paris zu fliegen, um der Premiere ihres Sängers beizuwohnen, und ohne allzuviel Murren findet sie sich damit ab. »Es wäre Arkandia gewesen, die sich an diesem Abend vor und nach der Premiere in der Garderobe befunden hätte, nicht ich.«[4]

Sie genießt das Fest in vollen Zügen, trinkt *Tschai*, rückt ihre hübschen Kleider zurecht, bewegt ihren Fächer. Sie empfindet Gefühle von beeindruckender Intensität und macht die physische Erfahrung der Gewalt, die sich manchmal zwischen den Worten, im Geheimnis eines Textes verbirgt. Und zudem lebt man in einer Art Familie, wie eine Zirkustruppe. Es ist immer jemand da, mit dem man ein Glas trinken, plaudern, den Traum weiterträumen kann. »Wir alle lebten unter einem Dach, wir alle teilten Brot und Salz während dieser zwei Monate bei jeder Mahlzeit. Als der Countdown der Dreharbeiten begann, waren wir dabei, vollkommen verrückt zu werden vor gegenseitiger Zärtlichkeit, gegenseitigem Verständnis.«[5]

Im Herbst 1968 kommt es zu einem abrupten Szenenwechsel. Nach der zauberhaften Tschechow-Erfahrung befindet Simone Signoret sich nun im Frankfurt des Jahres 1935, in der düsteren Atmosphäre des aufkeimenden Nationalsozialismus. Für ihre neue Fernsehsendung »Festival« haben ihre Freunde Pierre Lazareff und Eliane Victor, zwei Hauptverantwortliche von »Cinq colonnes à la une«, einigen großen Schauspielern wie Michel Piccoli und Michel Bouquet angeboten, die Rolle zu spielen, von der sie immer schon träumten und die sie bislang noch nie spielen konnten.

Im ersten Moment fällt Simone Signoret nichts ein. Sie denkt nicht an Thérèse Humbert, jene Abenteurerin der Finanzwelt im Paris der Bankiers und Notare zur Jahrhundertwende, von deren ungewöhnlichem Leben ihre Großmutter ihr einst erzählt hatte. Später wird sie mit Marcel Bluwal eine Fernsehserie über dieses Thema drehen. Im Moment jedoch glaubt sie von sich, nichts bedauert und sich niemals gewünscht zu haben, Jeanne d'Arc oder Marie-Antoinette darzustellen. Als begeisterte Zola-Leserin tat es ihr zwar leid, daß Carné ihr die Rolle der Gervaise in *L'Assommoir* nicht angeboten hatte, doch sie hatte es sich zum Prinzip ihrer Karriere gemacht, nie eine Rolle an sich selbst zu vergeben. Eines Tages, als sie Catherine Guerards außergewöhnlichen Roman *Renata, n'importe quoi*[6] las, hatte sie Lust, diese Geschichte zu inszenieren: die Geschichte einer Hausangestellten, die ihren Sonntagsspaziergang ausdehnt und im

Verlauf eines metaphysischen Bummels durch die wohlriechenden kleinen Grünanlagen und über die beleuchteten Boulevards in der Stadt herumzuirren beginnt. Doch sie gab diese Idee bald wieder auf. Damit sie ihr Bestes geben kann, muß man sich ihrer, wie sie sagt, annehmen, sie sich wünschen, ein Regisseur nach ihr verlangen.

In diesem Fall jedoch ist es die Regel des Spiels, das Prinzip der Sendung. Sie hat sich dazu verpflichtet, ein Thema zu finden. Zufällig stößt sie auf das Stück *Die jüdische Frau* von Bertolt Brecht, die Geschichte einer deutschen Jüdin, die mit einem deutschen, vom Nationalsozialismus infizierten Arzt verheiratet ist. Er ist befangen, steht unter dem Einfluß der vorherrschenden Ideologie, bedauert es, diese Frau geheiratet zu haben, die Schatten auf ihn wirft, und hat Angst, seinen Arbeitsplatz im Krankenhaus zu verlieren. Sie beschließt fortzugehen, nach Holland auszuwandern, sich zu opfern. Für Simone Signoret ist dies eine gute Gelegenheit, sich erneut Brechts Theater zuzuwenden, nachdem es nicht zur geplanten Verfilmung der *Mutter Courage* gekommen war, deretwegen sie 1953 nach Ostberlin gereist war, zu einer Zeit, als das stalinistische Preußen die subversiven Künstlermilieus stärker denn je kontrollierte. Diesmal kommt es zu einer wirklichen Begegnung.

»Eine langsame Kamerabewegung führt uns durch das Fenster in die Wohnung von Judith. Frankfurt, ein Abend im Jahr 1935, das Klingeln der Trambahn, der Lärm und die Schreie von der Straße. Diese laute Umgebung spiegelt die Wirklichkeit ebenso wider wie die bürgerliche Einrichtung und die Farbe Judiths Drama.«[7] Alain d'Hénaut, ein junger Regisseur, den Simone Signoret in ihrer Kindheit kannte, filmt diese Tragödie eines von der Geschichte zerrütteten Ehepaares auf wunderbare Weise und holt das Beste aus der subtilen Tiefgründigkeit ihres Spiels. »Simone Signoret durchlebt dieses Drama mit einer Nüchternheit und Kraft, die einen die Fäuste ballen läßt«, schreibt Jacques Siclier in *Le Monde*. Die Wahl dieses ernsten Themas, mit dem sie erstmals in einem

Fernsehfilm auftreten wird, kündigt bereits einige Jahre im voraus die Entdeckung ihres geheimen Festhaltens an ihrer jüdischen Herkunft an, die bis dahin keine Rolle in ihrem Leben gespielt zu haben scheint und die Pierre Goldman und die Kämpfer der M.O.I.[8] sowie Moshé Mizrahi und Jean-Claude Grumberg ihr später ermöglichen werden.

Es ist ebenfalls eine gute Vorbereitung auf die Dreharbeiten zu *Armee im Schatten* von Jean-Pierre Melville, einer der drei oder vier schönsten Filme ihrer Karriere. Jean-Pierre Melville ist ein ungewöhnlicher Regisseur, ein Einzelgänger, in dem die Regisseure der *nouvelle vague* anfangs ein Vorbild zu erkennen glaubten, der jedoch stets seinen eigenen Weg ging, abseits der Modetrends und der Anpassung, auf der Suche nach einer perfekten Form. »Es gibt nur ein Kino, und das ist dein Kino. Weshalb ich kein solches Kino mache? Weil ich es nicht kann«, sagte Jean-Luc Godard eines Tages zu ihm.

Seit fünfundzwanzig Jahren träumt er davon, *Armee im Schatten* zu verfilmen, einen Roman von Kessel, den er 1943, während des Krieges in London las. Der ehemalige Widerstandskämpfer ist tief bewegt von den Erinnerungen an jene Zeit. »Als ich meine Vergangenheit wieder vor mir sah, wurde ich mir des Zaubers bewußt, den ›schlechte‹ Erinnerungen haben können. Ich bin älter geworden und denke mit Nostalgie an die Zeit zwischen 1940 und 1944 zurück, denn diese Epoche ist Teil meiner Jugend.«[9] Dieser Satz könnte von Simone Signoret stammen, denn auch sie liebte die Erinnerungen an ihre Jugend und hatte das Gefühl, in jenen Jahren der Entbehrungen und des Lachens, inmitten der Verrückten des Flore geboren worden zu sein.

Gerbier, die zentrale Figur des Films, die von einem unnahbaren und verzweifelten Lino Ventura dargestellt wird – und der auf der Leinwand um so griesgrämiger wirkt, da er sich gleich zu Beginn der Dreharbeiten mit Melville zerstritten hatte – verkörpert drei oder vier Helden der Résistance, von denen einer Jean Moulin ist: ein strenger und sehr ernster, völlig verzweifelter Mann, der sich während des langes Wartens auf seinen Einsatz in die Lektüre von Büchern vertieft, die so rätselhafte Titel wie *Transfini et continu* tragen und vom Anführer seiner Widerstandstruppe geschrieben wurden. Von Luc Jardie, einem von Jean Cavaillès inspirierten Mathematiker und Philosophen (dargestellt von Paul Meurisse). Zu den anderen Personen, deren Schicksale sich in einer Atmosphäre stillen Heldentums überschneiden, zählt Mathilde, eine Antigone der Résistance. Mathilde ist eine Frau mit stählernem Blick und unerschütterlichem Mut, die sich bei der Gestapo einschleicht und versucht, ihren inhaftierten Kameraden zu befreien.

Mathilde ist eine tragische Figur, weil ihr Heroismus einen schwachen Punkt hat: die Liebe zu ihrer Tochter. Trotz der Warnungen kann sie sich nicht dazu entschließen, sich von dem Foto ihres Kindes zu trennen, das sie stets bei sich trägt und das der Gestapo, als die Dinge sich zum Schlechten wenden, die Möglichkeit gibt, Druck auf sie auszuüben. Als Mathilde entlassen wird, beschließen ihre Kameraden, sie umzubringen, weil sie nicht sicher sein können, daß sie nichts verraten hat. Kaum ist Mathilde frei, sieht sie, vom Tageslicht noch geblendet, ihre Kameraden im Auto auf sie zukommen und begreift, daß sie sie, weil sie keine andere Wahl haben, töten werden, trotz der Verehrung, die sie ihr entgegenbringen. So will es das Gesetz der Résistance. Was Simone Signoret in dieser Szene in den Blick von Mathilde legt, eine Mischung aus Überraschung, Angst und Verständnis einer zu Tode erschrockenen Frau auf einem leeren Bürgersteig, ist unvergeßlich.

Mit *Le Jour et l'heure* und *Armee im Schatten* erweiterte Simone Signoret nach und nach die Sammlung ihrer Charaktere um die sinnbildliche Figur der Heldin der Résistance. Im kollektiven Bewußtsein ist dieses Bild, das unmittelbar neben dem der engagierten Frau steht, Simone Signoret wie auf den Leib geschnitten und scheint mit der Wirklichkeit zu verschmelzen. Bei dieser Vorstellung empfand sie gleichzeitig

Freude und Verlegenheit. Ihr Leben lang bedauerte sie die Tatsache, nicht aktiv am Widerstand teilgenommen zu haben, und diese heldenhaften Rollen bedeuteten für sie zugleich eine Art phantasmatische Anmaßung der Rolle, die sie in der Wirklichkeit nie spielen konnte, und eine späte Kompensation für diese grausame Lücke in ihrer Biographie.

Das große Abenteuer von *Das Geständnis* beginnt. Nach dem Film *L'Américain*, den sie mit ihrem alten Freund Marcel Bozuffi gedreht hat und der die Geschichte eines Mannes erzählt, der nach fünfzehnjährigem Aufenthalt in den USA nach Frankreich zurückkehrt und es nicht schafft, sich wieder einzuleben, spielt Simone Signoret nun wieder mit Montand zusammen, der ihr Partner in *Mord im Fahrpreis inbegriffen* und vor allem John Proctor in *Hexenjagd* gewesen war. In gewisser Hinsicht ist *Das Geständnis* die Entsprechung zu jenem ersten engagierten Film, der in der Anti-McCarthy-Begeisterung entstanden war. Diesmal setzt sich das Paar Montand-Signoret mit Leib und Seele für die Verurteilung der Schauprozesse im Ostblock ein. Das Buch von Arthur London, einem der drei Überlebenden des Slánský-Prozesses, ist eines jener bedeutenden Zeugnisse, die den westlichen Intellektuellen endlich die schreckliche Realität der sozialistischen Paradiese vor Augen geführt haben. Simone Signorets Rolle als Lise London ist nur eine Nebenrolle im Vergleich zu der von Yves Montand, der Arthur London darstellt, den ehemaligen kommunistischen Vize-Minister, der vom KGB gefoltert wurde und dessen aufschlußreichen Leidensweg der Film mit äußerster Genauigkeit nachzeichnet.

Trotz der ständigen neuen Enthüllungen hat Simone Signoret sich zu jener Zeit immer noch eine Art instinktiver Treue zur Kommunistischen Partei bewahrt, die sie daran hindert, den entscheidenden Schritt zu tun. Doch ihre Beteiligung an diesem Film bedeutet, daß sie endgültig auf die andere Seite überwechselt, auf die verhaßte Seite des sogenannten primitiven Antikommunismus. Es bedeutet, sich dem auszusetzen, was nach wie vor als eine schwere Beleidigung gilt. Sie zögert lange, bevor sie das Angebot von Costa-Gavras annimmt. Aber schließlich entscheidet sie sich, und von diesem Augenblick an schwenkt sie um und vergißt sogar ihren Haß auf die Person der Lise London, die ihren Mann im entscheidenden Moment im Stich läßt. Als *Das Geständnis* in die Kinos kam, war das in Frankreich ein bedeutendes politisches Ereignis und gleichzeitig ein Triumph des Schauspielers Yves Montand. »Ich gebe zu«, schrieb Henri Chapier, »daß man angesichts der außergewöhnlichen Leistung von Yves Montand in diesem Film Mühe hat, von Schauspielkunst zu sprechen, denn hier übertrifft er sich selbst und durchlebt noch einmal eine Epoche unserer Geschichte.«[10]

Simone Signoret wird den Anführern der Mai-Unruhen erst in den siebziger Jahren begegnen, in einer Zeit, als der verebbte Traum das Ende des linksradikalen Aktivismus ankündigt. Das Gesetz gegen gewalttätige Demonstrationen schwebt über ihren Köpfen wie ein Damokles-Schwert. Alain Geismar, Michel Le Bris, Jean-Pierre Le Dantec und andere werden der Anstiftung zur Gewalt und der Gefährdung der Staatssicherheit beschuldigt. In den Fabriken beginnt die große Zeit der »Etablierten«, jener militanten Maoisten, die sich als OS[11] einstellen lassen, um das Produktionssystem zu destabilisieren, und von deren Geschichte Robert Linhart in seinem Buch *L'Etabli*[12] erzählt hat.

Bei Renault sind die »Etablierten« enttarnt und entlassen worden. Um die Aufmerksamkeit der Presse auf sich zu ziehen, treten drei von ihnen, in einem Klima von allgemeinem Desinteresse, in den Hungerstreik. Sartre schickt Jean-Pierre Le Dantec mit der Bitte zu Simone Signoret, ihnen zu helfen. Wie Sartre besucht sie sie fast jeden Tag in der Chapelle Saint-Bernard in Billancourt, in die sie sich zurückgezogen haben. Ihretwegen mobilisiert Simone Signoret ihre Freunde: Costa-Gavras, Régis Debray, Michel Drach, Chris Marker. Simone Signoret ist keine Maoistin, kein Kind des

Mai 68. Sie empört sich im Namen der Menschenrechte. Sie findet diese Gleichgültigkeit erschreckend, dieses allgemeine Schweigen um drei junge Leute, die sie Tag für Tag auf ihren Feldbetten dahinsiechen sieht.

Ihren Sinn für Humor verliert sie deswegen aber noch lange nicht. Sie verhält sich wie jene »russischen Damen, wenn sie vor 1905 Revolutionäre in ihren Schlössern empfingen«[13]. Sie fühlt sich ein wenig lächerlich, wenn sie sich jeden Tag im Taxi zur Kapelle fahren läßt. »Ich besuchte meine hungerstreikenden Freunde, wie man in den Kitschbüchern seine Armen besucht.«[14] Im Grunde findet sie Gefallen an diesen »Dummheiten«, die sie im Mai 68 nicht begangen hatte. Doch die Presse reagiert nicht. Das nachlassende Interesse der Öffentlichkeit wird immer deutlicher. Die militanten Maoisten versuchen, die erkaltende Asche mit altem Feuer neu zu entfachen. Bei Renault sind die Verhandlungen völlig festgefahren.

Was sich wenige Tage später, als der achtzehnjährige Demonstrant Pierre Overney von einem bewaffneten Wachtposten namens Jean-Antoine Tramoni erschossen wird, auf einen Schlag ändert. Plötzlich interessieren sich die Zeitungen für die Streikenden. Sie berichten sogar von nichts anderem mehr. Simone Signoret entdeckt das eherne Gesetz des Medienspektakels, und diese Entdeckung bringt sie aus der Fassung. »Ich hatte Tag um Tag das absolute Desinteresse der Leute für alle Forderungen erlebt; als ich plötzlich erkannte, daß jemand sterben mußte, damit die Presse in Gang kam, war ich entsetzt.«[15] Sie wird diese Lektion niemals vergessen. Als sie begriffen hat, daß man die Geschehnisse dramatisieren muß, um die Aufmerksamkeit der Presse zu gewinnen, lernt sie zu dramatisieren. Ungeachtet aller Tatsachen verurteilt die PC die Provokationen der Polizeimacht ebenso wie die der linken Gruppierungen. In *L'Unité* schreibt François Mitterrand: »René-Pierre Overney wollte die Welt auf seine Weise verändern. Für ihn ist sie jetzt anders.« Als Pierre Overney am 4. März 1972 auf dem Friedhof Père-Lachaise beerdigt wird, sieht Simone Signoret mit den übrigen zweihunderttausend Anwesenden eine Epoche zu Ende gehen.

Nach und nach sollte das Engagement für Simone Signoret zur Lebensart, zu ihrer obersten Aufgabe werden. Sie hatte diese Kraft, die es erlaubt, mehrere Leben gleichzeitig zu leben. Auf der einen Seite gab es Montand, die Diskussionen, die Krisen, die Augenblicke wiedergewonnener Zärtlichkeit, Catherine, die erwachsener wurde und beschloß, Schauspielerin zu werden, ein oder zwei Filme pro Jahr und die Freunde, mit denen sie sich stundenlang über die Wetter- und die Weltlage unterhalten konnte, über die Katze der Nachbarin und über einen Kreuzstich, über eine Petition, die zu unterschreiben sie noch zögerte, über ein Buch, das sie schreiben und dann wieder nicht schreiben wollte. Da waren die Flüchtlinge aus aller Welt, die auf ihre Unterstützung hofften und von der Tragödie ihres Volkes berichteten. Die Journalisten, die sie mit ihren Bitten, ihren Fragen bedrängten. Und die nie genug bekommen konnten. »Man muß etwas tun für...« – »Und was haben Sie vor für... zu tun?« Man hörte ihr zu. Sie wußte, daß sie das erreichen konnte. Sie war gebieterisch, leidenschaftlich, überzeugend. Oft waren die Dinge, für die sie sich mit ihrer Berühmtheit einsetzte, gerecht. Ihre Entscheidungen traf sie mit dem Herzen, doch die Entscheidungen ihres Herzens richteten sich nach einer ganz bestimmten Vorstellung von Gerechtigkeit und Menschenwürde.

»Ich konnte Simone Signoret nicht anschauen, ohne an meine Mutter zu denken.«

Pierre Goldman

17

Da sie in unmittelbarer Nähe, gewissermaßen auf den Stufen des Palais de Justice wohnte, träumte Simone Signoret manchmal von den Vorstellungen, die dort, im staubigen Schatten der Höfe, gegeben wurden. Sie war fasziniert von dem scharfen Kontrast zwischen dem Prunk, dem Ritual, der Präzision des juristischen Vokabulars und der nackten Wahrheit der Gefühle, der Wirklichkeit der Dramen, die sich dort abspielten. Auf den letzten Seiten ihrer Memoiren spricht sie mit einer gewissen Feierlichkeit vom Justizpalast, so als wäre die bedrängende Präsenz dieses Theaters der Wahrheit, in dem über Schicksale entschieden wird, mehr für sie gewesen als bloß eine geographische Nachbarschaft, nämlich eine Metapher für ihre eigenen Ängste. Die Angst der Helden von Kafka, die uns alle erfaßt, sobald die öffentliche Amtsgewalt in unser Leben tritt.

»Es müssen also große Prozesse stattfinden, die an alle Restaurants der Place Dauphine das Schild ›Besetzt‹ bringen, damit wir uns wieder daran erinnern, daß tagtäglich im Innern dieses Gebäudes ein paar Stunden lang Angeklagte, Ankläger, Schuldige, Unschuldige, Zeugen, falsche Zeugen, Richter, Geschworene, Zuschauer, Gerichtsschreiber und Polizisten beherbergt werden. Jeden Tag, ein paar Schritte von uns entfernt... Die auf diesem Platz Fremden zeigen immer seltsame Verwirrung. Wir bemerken sie gar nicht mehr. Wir wissen nur, daß sie vorübergehend hier sind. Gleich werden sie die Stufen hinaufsteigen.« Auf den Stufen des Palais, auf dieser Place Dauphine, wo »die Türen der Gerechtigkeit sich majestätisch auf den friedlichsten kleinen Provinzplatz öffneten«[1], wird sich die kurze Begegnung zwischen Elie Guttman und Wolodja, dem verschollenen, am Stalinismus zugrundegegangenen Vetter, abspielen. Simone Signoret erkannte eine enge Verbindung zwischen der Figur des Helden und der des Opfers. Sie war zu Tränen gerührt von diesen vom Tod bedrohten Männern, die bis zum Ende kämpfen, um sich selbst nicht zu verleugnen.

Am Montag, dem 9. Dezember 1974, wurde vor dem Pariser Schwurgericht der Prozeß gegen einen Mann eröffnet, der sich »dazu berufen fühlte, die Banalität der Zeit und der Dinge zu durchbrechen«[2]. Noch ein Prozeß ... Dieser Mann war ein polnischer Jude, ein Atheist, ein Revolutionär, ein Philosoph, gewalttätig, genießerisch und verzweifelt. Er hieß Pierre Goldman. Er hatte »das Gefühl, verdammt zu sein«, und war überzeugt, auf dem Schafott zu enden. Und in seinem genialen Wahn handelte er wie ein Mann, der sich »leidenschaftlich nach dieser äußersten Konfrontation sehnte«. Am 20. September 1979 wird Pierre Goldman im 13. Pariser Arrondissement auf regennassem Trottoir von hinten mit drei Kugeln niedergestreckt, im Namen der »polizeilichen Ehre«. Die drei mysteriösen Mörder werden nie gefaßt.

An jenem Tag des Jahres 1974 steht Pierre Goldman als vermeintlicher Mörder von zwei Apothekerinnen vom Boulevard Richard-Lenoir vor Gericht. Es ist der Beginn einer langen, schmerzlichen Geschichte. Er wird zu lebenslänglicher Freiheitsstrafe verurteilt. Er wird für schuldig befunden, ohne daß der geringste Beweis seiner Schuld vorliegt. Offensichtlich wird Pierre Goldman verurteilt, weil er als fanatischer Anhänger der Linken, als Abenteurer der Revolution gilt. Mit ihm verurteilt man eine ganze Generation, eine Denkweise, ein *Milieu.* Anschließend wird das Urteil vor dem Obersten Gerichtshof annulliert. Zwei Jahre später endet ein zweiter Prozeß in Amiens mit Freispruch. In der Zwischenzeit sind die französischen Intellektuellen aktiv geworden.

Da sie in der Nachbarschaft wohnte, war Simone Signoret gekommen, um dem Prozeß in Paris beizuwohnen. Wie so viele andere war auch sie von Goldman, seiner hitzköpfigen Prahlerei, seiner Intelligenz, seiner Reinheit, seiner Hoffnungslosigkeit fasziniert. »Ich sah Simone Signoret. Ihre Anwesenheit rührte mich ganz besonders. Ich wußte, daß sie nicht gekommen war, weil sie von der Faszination des gerichtlichen Schauspiels, vom künstlichen Glanz der vor dem Schwurgericht aufgeführten Tragikomödien angezogen wurde. Ich schaute sie an, sie schaute mich an. Sie wirkte verstört. Als ich sie betrachtete, erinnerte ich mich an zwei Filme, die ich geliebt hatte: an *Goldhelm*, dessen Sinn und Schönheit ich erst mehrere Jahre später während meiner Zeit im Gefängnis begriff, und an *Le Jour et l'heure*, den ich in Warschau in Begleitung meiner Mutter gesehen hatte; sie hatte geweint und zu mir gesagt: ›Mein Sohn, genau so war es; diese Schauspielerin, das bin ich.‹ Ich konnte Simone Signoret nicht anschauen, ohne an meine Mutter zu denken. In gewisser Hinsicht war sie bei diesem Prozeß das Symbol für die Anwesenheit meiner Mutter.«[3]

Es fällt einem schwer, sich heute, da Pierre Goldman zum Mythos einer vergangenen Epoche geworden ist, vorzustellen, wie groß der Kreis der Freunde war, die ihn umgaben. Gemessen an den schweren Prüfungen, denen er sich stellen mußte, handelte es sich um vergängliche Freundschaften. Pierre Goldman war mehr als nur ein Rechtsfall, den es zu verteidigen galt, mehr als ein Symbol: er war ein tragischer Held. Und seine Geschichte hatte unmittelbar mit den Akteuren der politischen und leidenschaftlichen Geschichte zu tun, von deren gewaltigem Abenteuer Patrick Rotman und Hervé Hamon in *Génération*[4] erzählt haben. »Pierre Goldman, unser Freund«, lautet bei Prozeßbeginn die Überschrift in der Tageszeitung *Libération*. Für jene, deren Erwachsenwerden mit dem Ende des Algerien-Krieges, mit der Romantik der kubanischen Revolution, der Auseinandersetzung zwischen der PCF und der UEC, mit Godards Film *Elf Uhr nachts* zusammenfällt, für jene, deren militanter Eifer sich in den Splittergruppen-Kämpfen zwischen den »italienischen« Kommunisten, Trotzkisten und Maoisten erschöpft hat, verkörpert Pierre Goldman die romantische Kraft eines fehlgeleiteten Kampfes, der zum Scheitern und zur Lächerlichkeit verurteilt ist.

Da er bei seinen Provokationen bis zum Äußersten ging, hatte er die Grenze der Legalität oft überschritten, bewaffnete Raubüberfälle begangen und sich in Lateinamerika herumgetrieben, ohne daß es ihm gelang, sich der unauffindbaren Revolution anzuschließen. Als leidenschaftlicher Rumtrinker muß er sich von seinen Freunden immer wieder Geld ausleihen, und richtig wohl fühlt er sich eigentlich nur bei seinen antillischen Kameraden, mit denen er verrückte Feste feiert.

Trotz vieler Bitten weigert er sich hartnäckig, der Anführer eines Linksradikalismus zu werden, den er für infantil, »pornographisch« und für unfähig hält, die »ernsthafte, wahre Gewalt« anzuwenden, die seiner Ansicht nach unabdingbar ist, um die Studentenunruhen vom Mai 68 in eine revolutionäre Aktion zu verwandeln. »Ich bin nicht euer Symbol, ich bin nicht euer Spiegel!« schreit er jenen ins Gesicht, die sich ihm anschließen, ihn zu ihrem Anführer machen wollen. Doch bei Régis Debray, Marc Kravetz und Serge July, bei Bernard Kouchner und Georges Kiejman, bei Marianne Merleau-Ponty und Simone Signoret wird dieser widersprüchliche Antiheld immer wieder brüderliche Treuegefühle wecken, eine Mischung aus Zuneigung und Faszination, die ihnen das Gefühl gibt, noch einmal gemeinsam ein Abenteuer zu erleben, das vom Brandeisen der Geschichte gekennzeichnet ist. In der *Libération* beschreibt Marc Kravetz dieses geteilte Gefühl mit den Worten: »Es ist ein wenig lächerlich zu behaupten, daß sein Kampf unser Kampf ist und daß wir uns in seiner Ruhelosigkeit wiedererkennen, wenn man bedenkt, wo wir stehen und wo er steht. Dennoch muß in seinem Namen, in unserem Namen und im Namen jener, die über ihn urteilen, gesagt werden, daß der Mann, der heute vor dem Gericht in Paris erscheint, ein Freund, ein Bruder ist.« Pierre Goldman war einer von denen, die den Traum mit dem Gewicht der Wirklichkeit beladen und einer Epoche ihre unnachahmliche Atmosphäre verleihen.

Im Leben von Simone Signoret ist er eine dieser markanten Persönlichkeiten, die das Ende einer Etappe verkörpern und die Fragen personifizieren, die sie ihrer Umgebung unermüdlich stellte. Wie Jo Langer gab Pierre Goldman ihr ein Zeichen. Das Zeichen der Zugehörigkeit.

Undeutlich erkennt sie sich in der Ruhelosigkeit dieses »vertriebenen Juden ohne Gelobtes Land« wieder. Wie sie ist er unnachgiebig, leidenschaftlich, ständig auf der Suche. Sie betrachtet dieses Kind, das keine dreißig Jahre alt ist, dieses jüdische Kind, das 1944, in den Wirren und der Angst jener Zeit, als Kind von Widerstandskämpfern geboren wurde. Indem er den Tod in der Art eines modernen Achilles herausfordert und sich für ein kurzes und ruhmreiches Leben anstelle einer langen und banalen Existenz entscheidet, tritt Pierre Goldman in die Fußstapfen der M.O.I.-Kämpfer, denen sein Vater bereits angehörte, in die Fußstapfen »der neuen Hasmonäer, der neuen Makkabäer, dieser Söhne des Volkes der Bibel, die zu den Waffen griffen, um die heilige Geschichte des jüdischen Aufstands zu schreiben«[5]. Noch weiß Simone Signoret nicht, daß sie sich einige Jahre später von diesem düsteren Heldenepos, das die Kindheit von Pierre Goldman begleitete, zu den Gestalten ihres Romans *Adieu Wolodja* inspirieren lassen wird. Sie empfindet mütterliche Zärtlichkeit für ihn, will ihn retten.

»Ich werde an dieser Stelle nicht von meiner zunächst zufälligen, später jedoch sehr leidenschaftlichen Beziehung zum Fall Pierre Goldman erzählen. (...) Es genügt zu sagen, daß ich an einem Nachmittag im Dezember des Jahres 1974 den Saal des Schwurgerichts von Paris betrat, in dessen

Marilyn: »Sie wird nie wissen,
wie wenig mir je in den Sinn kam, sie zu hassen.«
(Sammlung A. F. P.)

Mit Jean Gabin in *Le Chat*.
»Wir haben uns zärtlich geliebt und gehaßt.«
(Sammlung Simonpietri/Sygma)

Mit Serge Reggiani in *Goldhelm*.
»Dieser Film wurde mit Liebe,
Freundschaft und Humor gemacht.
Ich glaube,
das sieht man ihm an.«
(Sammlung L'Illustration/Sygma)

Mit Alain Delon in *La Veuve Couderc*.
»Ein zartfühlender Verrückter, der sich den Anschein gibt, hart zu sein . . .«
(Sammlung Kipa)

In *Hexenjagd* von Arthur Miller.
Der erste große Kampf gegen Intoleranz.
(Sammlung Agence de Presse Bernand)

Rechts: Mit Jean-Paul Sartre, dem Philosophielehrer, dem sie in Neuilly-sur-Seine begegnete. *(Sammlung Aslan/Sipa Press)*
Mit Lech Walesa, als die alten Mauern in Polen noch standen.
(Sammlung A. Dejean/Sygma)
Mit Claude Mauriac und Michel Foucault.
(Sammlung Philippot/Sygma)

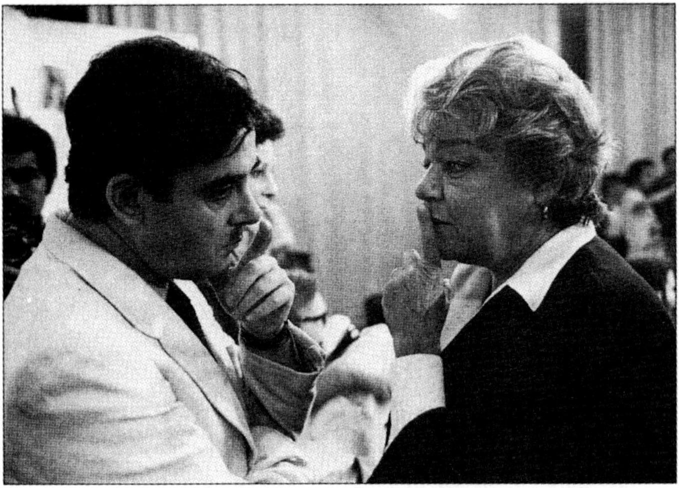

Mit Bernard Pivot.
(Sammlung James Andanson/Sygma)

Mit Adam Rayski, Irène Allier und Catherine David
im *Nouvel Observateur*.
Das Thema des Gesprächs, das Simone sehr am Herzen lag:
der Kampf ausländischer Juden in der Résistance.
(Sammlung J. P. Rey/Le Nouvel Observateur)

Die letzte Verwandlung.
Ein Tisch, eine Schreibmaschine, ein weißes Blatt Papier.
Das ist nun ihre ganze Welt.
(Sammlung Micheline Pelletier/Gamma)

Simone, die Zärtliche.
(Sammlung Rullaud/Collectif)

Nachbarschaft ich wohnte, weil man mich auf den Beginn des Prozesses gegen einen jungen Mann aufmerksam gemacht hatte, den ich nicht kannte und der eines Verbrechens beschuldigt wurde, über das ich lediglich wußte, daß keinerlei Beweise vorlagen; in den folgenden Tagen versäumte ich keine einzige Verhandlung mehr, außer der letzten, die gegen halb ein Uhr nachts mit dem Urteil ›lebenslängliche Freiheitsstrafe‹ endete.«[6] Wie die meisten, die den Prozeß verfolgt haben, hält sie dieses Urteil für einen unglaublichen Skandal. Obwohl keinerlei Beweise vorliegen, kann also ein Mensch dazu verurteilt werden, den Rest seines Lebens hinter Gittern zu verbringen.

Im Grunde jedoch ist es ihrer Ansicht nach unwichtig, ob dieser Mann nun schuldig oder unschuldig ist. Was ihr unannehmbar erscheint, ist die Weigerung, Gerechtigkeit walten zu lassen. In den sechziger Jahren hatte Simone Signoret in Hollywood lange Diskussionen mit Walter Wanger geführt, einem Produzenten, der sich mit allen ihm zur Verfügung stehenden Mitteln bemühte, den berühmten Caryll Chessmann freizubekommen, der wegen mehrfachen Mordes und Vergewaltigung zum Tode verurteilt worden war, ohne daß Beweise gegen ihn vorlagen. Sie bewunderte seine Energie, die er aus dem festen Glauben an Chessmanns Unschuld schöpfte. Doch damals schon hatte sie die Gewißheit, daß dieser Glaube im Vergleich mit dem Kampf, den es zu führen galt, nur zweitrangig war. Was für sie ausschlaggebend zu sein schien, war die nicht vorhandene Beweislast. »Man weiß nie, ob die Menschen, für die man Partei ergreift, tatsächlich unschuldig sind. Meistens ergreift man Partei gegen die Menschen, die sich das Recht anmaßen, gegen Angeklagte Partei zu ergreifen. Und die dieses Recht absolut nicht haben.«[7]

Das Unerträgliche war die bewußte Taubheit dieser rechtschaffenen Leute, die nach bestem Wissen und Gewissen urteilten, die das französische Volk vertraten und nicht die geringste Ahnung von der Natur der Leidenschaften hatten, die einen Mann wie Pierre Goldman bewegten. »Neun meiner Mitbürger, die Geschworenen, hatten in meinem Namen und in eurem Namen, ohne je eine Frage zu stellen und folglich ohne sich selbst je eine Frage zu stellen und völlig widerspruchslos falsche Wahrheiten hingenommen, Unwahrscheinlichkeiten, die offenkundigen Lügen der zweifelhaften Belastungszeugen, die man vor ihnen aufmarschieren ließ... Diese neun hatten für lebenslängliche Haftstrafe gestimmt (in Ermangelung eines Besseren, wie uns berichtet wurde) und waren anschließend nach Hause gegangen, um sich schlafen zu legen, und ich habe ihnen nie verziehen.«[8]

In einem Abschnitt seines Buches verwandelt Pierre Goldman die Irrealität des Prozesses in eine packende Erzählung.

»Ich sah Langlois an.

Marianne.

Meine beste Freundin (die auf der Pressebank saß).

Gleich nach den ersten Sätzen von Braunschweig hatte sich Philippe Boucher erhoben, blaß, mitgenommen, erschüttert.

Ich sah ihn an.

Ich sah Simone Signoret an...«

Die Erzählung geht weiter, wie eine Litanei, ein Schrei, ein Gebet. Er schaut sie alle an, sieht ihre Ergriffenheit, die Liebe, die sie ihm entgegenbringen. Ein seltener und paradoxerweise mitreißender Augenblick im Leben eines Menschen. Dann nichts mehr, nur Dunkelheit, Einsamkeit, die Zelle, in der er seine schmerzlichen *Düsteren Erinnerungen eines in Frankreich geborenen polnischen Juden* schreiben wird.

Kein Wunder, daß die Prozesse, die Konfrontationen mit dem Justizapparat eine große Rolle in Simone Signorets Leben und Denken gespielt haben. Nach der Befreiung Frankreichs hat sie den Prozeß von Jean Luchaire, ihrem ehemaligen Arbeitgeber, miterlebt, der wegen Kollaboration mit der Besatzungsmacht erschossen wurde. In Erinnerung an die Hilfe, die er ihr zu einer Zeit geleistet hatte, als eine Halbjüdin, deren Vater als Dolmetscher für die BBC arbeitete, nirgendwo besseren Schutz finden konnte als bei einer Kollaborationszeitung, bat sie ihren Vater, zu Luchaires Gunsten auszusagen, was dieser dann auch tat, ohne ihn allerdings vor der Hinrichtung retten zu können. Später verfolgte sie mit großem Interesse den Rosenberg-Prozeß. Im Jahre 1957, dann im Jahre 1966, als Jo Langer sie auf die manipulierten Prozesse in Prag aufmerksam machen wollte, stellte sie sich taub. 1970 jedoch änderte sie ihre Einstellung und drehte mit Yves Montand *Das Geständnis* von Costa-Gavras. Während der Dreharbeiten erlebten sie gemeinsam noch einmal die minuziöse Rekonstruktion des langen Prozesses, in dessen Verlauf die Prager Nacheiferer des KGB sich bemühten, die Persönlichkeit eines Menschen auf seine primitivsten Instinkte zu reduzieren. Montand vollzog diesen Alptraum am eigenen Leib nach. Lügen, Unterstellungen, Drohungen, Versprechungen, Entbehrungen, Folter. In diesem Film-Ereignis wurde das komplexe Instrumentarium der bürokratischen Justiz in allen Einzelheiten beschrieben. Der Film regte zum Nachdenken über die Art und Weise an, wie eine Institution, deren Aufgabe es ist, die humanen Gesetze anzuwenden, alles unternimmt, um diese Gesetze zu mißbrauchen.

Schon seit langem war Simone Signoret von Helden fasziniert. 1964 erregte sie großes Aufsehen in Griechenland, als sie den Journalisten gleich nach ihrer Ankunft auf dem Flughafen von dem Patrioten Beloyanis erzählte, einem Helden des griechischen Widerstandes, der von den Monarchisten erschossen worden war und von dem sie ein Foto im »Zigeunerwagen« hängen hatte.

Sie war nach Griechenland gekommen, um in *Alexis Sorbas* von Cacoyannis die Rolle der Bubulina zu spielen. Sie war dreiundvierzig Jahre alt, während Bubulina fünfzehn Jahre älter war. »Ich habe es ehrlich versucht – mit künstlichen Mitteln, die vom falschen Po bis zum falschen Hängebusen gingen, von Watte in den Kinnbacken, einem falschen Goldzahn, einer Plastikwarze...«[9] Einige Tage lang hatte sie es versucht. Und dann mußte für den Film ein Foto gemacht werden, auf dem sie zehn Jahre jünger, überaus schön aussehen und an Goldhelm erinnern sollte. Der Kontrast war zu groß. Sie war noch nicht bereit, sich häßlicher machen zu lassen, so wie sie es später als Madame Rosa tat. Also verzichtete sie auf die Rolle der Bubulina.

Somit blieb von dieser Reise nur folgende spektakuläre Episode. »Wenn man 1964 zum erstenmal im Leben in Athen ankommt, fest entschlossen, sich nicht in etwas einzumischen, was einen nichts angeht, und dazu gebracht wird, als erstes den Namen Beloyanis auszusprechen, dann ist das etwa so diplomatisch, wie wenn man bei der Ankunft in New York auf die Frage: ›Kennen Sie berühmte Amerikaner?‹ geantwortet hätte: ›Ja, die Rosenbergs‹, oder auf die gleiche in Moskau gestellte Frage: ›Ich kenne nur einen Russen, und das ist Leo Davidowitsch Trotzki!‹«[10] Dem Klischee des lächelnden griechischen Patrioten mit der Nelke zwischen den Lippen begegnet man, in bewußt übertriebener Form, in Costa-Gavras' Film Z wieder. Es ist ein Symbol, ein Augenzwinkern. Simone Signoret kannte Beloyanis nicht, doch er gehörte zu ihren Erinnerungen, zu ihrem »Rahmen«, wie ein Bruder. Wie die Rosenbergs oder Slánský, wie die Kämpfer der M.O.I. oder Pierre Goldman, so war auch Beloyanis Teil ihrer Geschichte, »einer von uns«. Selbstverständlich identifizierte Simone Signoret ihn mit jenen außergewöhnlichen Menschen, die das düstere Privileg haben, Träger des kollektiven Schicksals zu sein.

Sie hegte instinktiven Argwohn gegen die Hüter des Gesetzes, eine Antigone, die davon träumte, gegen die offizielle Ungerechtigkeit anzukämpfen. Da sie während des Krieges persönlich unter den Verordnungen von Vichy gelitten hatte, wußte sie, daß die Gesetze selbst fehlbar sind. Pierre Goldman war für sie eine Art schwarzer Held, ein französischer Beloyanis, einer jener Männer, die, mit einer Nelke zwischen den Lippen, fähig sind, ihren Henkern ins Gesicht zu lachen. Auch war er einer von denen, die ihr Zugang zu jener verschlossenen Welt der Justiz verschafften, wo alle möglichen Formen menschlicher Leidenschaft zusammenfinden und die für sie eine der unverfälschtesten Formen des Schauspiels darstellte.

»Man muß den Mut haben,
sich als Verrückte auszugeben,
die ihr gutes Gewissen mit Träumen beruhigen.«
Simone SIGNORET

18

Als der Gerichtschronist Raymond Thévenin Simone Signoret während des ersten Goldman-Prozesses Tag für Tag voller Aufmerksamkeit und Anteilnahme im Gerichtssaal sitzen sah, hatte er die Idee zu einer Fernsehsendung, in der sie auf ihrem eigentlichen Platz, das heißt auf dem Podium und nicht im Saal, sitzen würde. Als Elisabeth Massot in *Madame le juge* wird sie bald in sechs, von verschiedenen Schriftstellern geschriebenen und von verschiedenen Regisseuren inszenierten Folgen das seltene Vergnügen haben, ihre Schauspielkunst und ihr leidenschaftliches Interesse am Funktionieren des Justizapparates miteinander zu verbinden.

In ihrem zweiten Buch, *Le Lendemain, elle était souriante*, berichtet sie über den zweiten Goldman-Prozeß, der 1976 in Amiens stattfand und mit Freispruch endete. Im präzisen Stil der zukünftigen Romanautorin hält sie die Chronik der Ereignisse fest, inszeniert sie den Zusammenbruch der Zeugen, die auf frischer Tat beim Lügen ertappt werden. Dort, in der großen Halle des Hotels in Amiens, in dem sie wohnt, wird sie zwischen zwei Gerichtsverhandlungen vergeblich versuchen, ihre Memoiren, »dieses Ding von beinahe sechshundert Seiten, das ich schon zu viele Monate mit mir herumschleppte«, abzuschließen. Dort wird sie, als sie durch das Fenster des großen Salons auf die gegenüberliegende Mauer blickt, einen mit roter Farbe gemalten Spruch entdekken, der sie an ein anderes Graffito erinnert, das sie in New

York gesehen hatte und das aus dem »zärtlichen, lächerlichen und unverständlichen« Satz bestand: »La Nostalgie n'est plus ce qu'elle était«[1]. Somit hat sie zumindest ihren Titel gefunden. Das Buch wird sie erst nach *Madame le juge* in der Julihitze in Paris fertigschreiben.

Wegen der Dreharbeiten zu *Madame le juge* muß sie Amiens am Tag vor der Urteilsverkündung verlassen, und erst in Aix-en-Provence, wo sie sich mit Claude Chabrol trifft, erfährt sie vom Ausgang des Prozesses. »Als ich an jenem Abend einschlief, war ich glücklich über die Justiz meines Landes, und ich sagte mir, daß dies gute Voraussetzungen seien, um am nächsten Morgen den ersten Fall von Elisabeth Massot anzugehen.« Allerdings vergißt sie nicht, daß im selben Justizpalast von Aix-en-Provence, in dem sie demnächst ihr »Richteramt« übernehmen wird, kürzlich Christian Ranucci zum Tod verurteilt wurde. In Gedanken sieht sie, wie der Schatten von Gabrielle Russier, die wegen eines Verbrechens aus Liebe auf der Anklagebank saß und später Selbstmord beging, unter Mirabeaus steinernem Blick die Ehrentreppe hinaufsteigt. Der Justizpalast war für sie der Ort der Tragödien schlechthin. »Alles in allem war ich Schauspielerin, und es war nur normal, daß ich mir in dieser Umgebung vorstellte, wie sich hier alles abgespielt hatte.«

In dieser riesigen Halle, inmitten der Säulen und Mosaiken, fällt es ihr nicht schwer, sich von ihrer neuen »Mieterin« vereinnahmen zu lassen. Sie hat die Bilder des zweiten Goldman-Prozesses noch sehr deutlich vor Augen. Das Ritual, die Kostüme, der Aufmarsch der Zeugen, die unbewegten Gesichter der Geschworenen, die Einsamkeit des Angeklagten, das unwirkliche Schweigen der Verteidigung in den entscheidenden Momenten. In der Tat, was für ein Schauspiel! Eine Tragödie in zwei Akten und mit einem vorläufigen Happy-End. Der erste Akt ist mit dem Urteil »lebenslänglich« zu Ende gegangen. Nach dem zweiten Akt steht sie mit dem Telefonhörer in der Hand in ihrem Hotel in Aix-en-Provence und erlebt noch einmal die nackte Ergriffenheit, die die

Beteiligung an extremen Ereignissen hervorruft. Ihr Held ist gerettet. Drei Jahre später wird er auf offener Straße erschossen, wie ein Hund.

Zu jener Zeit nimmt sie auf der Bühne der Aktualität an sämtlichen Kämpfen teil. Wie besessen widmet sie sich ihrem politischen Engagement, so als hätte sie den Auftrag, die Welt und den Menschen neu zu erschaffen, so als befürchte sie, einen wichtigen Fall zu vergessen. Vielleicht boten diese unermüdlichen Kämpfe ihr auch die Möglichkeit, aus sich selbst herauszugehen, ihrer eigenen Geschichte zu entkommen. Außer während der Dreharbeiten ist sie jederzeit ansprechbar. Wenn sie jedoch dreht, ist sie für niemanden erreichbar, dann darf keiner sie bitten, eine Petition zu unterschreiben, dann wird die Wächterin der Menschenrechte taub auch für die gerechtesten Anliegen.

Doch zu allen anderen Zeiten steht sie voll zur Verfügung. Ein Dissident, den man aus dem Gulag befreien möchte, ein Hungerstreik, ein Fehler der Polizei, eine Verurteilung ohne Beweise, eine unberechtigte Auslieferung... Bei jedem Fall, für den sie sich einsetzt, tut sie das mit ihrer ganzen Kraft. Wenn chilenische Flüchtlinge um Hilfe bitten, wenn Vietnamesen vor der Diktatur flüchten, wenn Lech Walesa im Gefängnis sitzt – man wendet sich an sie, wie man sich an Sartre, Foucault, Maurice Clavel und Claude Mauriac wendet. Ihre Hartnäckigkeit hat ihr mit der Zeit diese Bedeutung, dieses moralische Gewicht verliehen.

Wenn man sie über ihre politischen Aktivitäten befragte, antwortete Simone Signoret, ihr Engagement wäre nicht »politisch«. Sie war nie Mitglied einer Partei. Sie trat für keine politische Gesinnung ein, gehorchte keinen Befehlen von oben. Das, wofür sie eintrat, war eine bestimmte Vorstellung von Gerechtigkeit. Auf ihre Weise war sie eine Vorläuferin des großen Kampfes für die Menschenrechte, der in den achtziger Jahren die Lücken wieder schloß, die aufgrund gescheiterter Ideologien entstanden waren.

Eines Tages wird auch Alain Krivine, der Führer der Kommunistischen Liga, verhaftet. Und einmal mehr empört sich Simone Signoret über das Prinzip. »Ich verstehe nichts von den Richtungskämpfen, die die verschiedenen trotzkistischen Bewegungen zerreißen, ich würde sogar so weit gehen zu sagen, daß sie mir schnuppe sind. Ich hatte den jungen Mann, den man ins Gefängnis gesteckt hatte, nie gesehen, aber ich sah nicht ganz ein, was er dort sollte.«[2]

Und so steht sie sich eines Tages vor dem Portal des Justizministeriums die Beine in den Bauch und wartet, zusammen mit Michel Piccoli und Serge Reggiani, auf eine nicht auffindbare Delegation, die sich für die unverzügliche Freilassung von Krivine einsetzen soll. Nach langem Warten in der Bar des Hotel Ritz werden sie schließlich vom Kabinettsdirektor des Justizministers empfangen, der ihnen höflich zuhört, als sie ihm erklären, daß nicht zugelassen werden kann, daß ein Mann eingesperrt wird, weil er gegen Rassismus kämpft. Lächerlichkeit tötet nicht, wenn sie edle Gesinnung beweist. Die kluge Simone Signoret weiß ganz genau, daß man ihnen an diesem Tag nur zuhört, weil sie Stars sind. Sie weiß auch, daß sie bei jedem Schritt in vorderster Reihe Gefahr läuft, der Publicity in eigener Sache verdächtigt zu werden. Doch hartnäckig nimmt sie dieses Risiko in Kauf. »Man muß den Mut haben, sich als Verrückte auszugeben, die ihr gutes Gewissen mit Träumen beruhigen.«

Man hat oft über das Engagement gespottet, das Montand und Signoret in jenen unruhigen Jahren wiederholt in die Schlagzeilen brachte. Über die Pelzmäntel und die Kostüme von Hermès, die sie 1956, zur Zeit des Massakers in Ungarn, in ihre Koffer packt, um nach Moskau zu reisen. Über den Bentley, in dem Yves Montand herumfährt. Über diese »Kaviar-Linke« mit »*Nouvel Obs*-Tendenz«, deren Wortführer sie seien. Das war der Preis für ihre Berühmtheit, die Kehrseite der Medaille, mit der sie sich abfanden, so gut es eben ging. »Lieber Kommunist in einem Rolls-Royce als Faschist in einem Panzer«, antwortete Montand in jener schwierigen Zeit, als die spöttischen Bemerkungen nur so auf sie niederprasselten. Das Berühmtsein haben sie gewollt, und nun halten sie daran fest. Sie engagieren sich weiterhin, auch auf die Gefahr hin, sich zu irren. Die Verbannten, die Exilierten, die Stellvertreter der Opfer ferner Diktaturen, die am andern Ende der Welt ihr Unwesen treiben – sie alle wissen, daß die Tür ihnen offensteht. Sie alle kommen mit ihrem Kummer, ihren Petitionen zur Place Dauphine. »Als ich klein war, erzählte man mir, daß die Tippelbrüder geheimnisvolle Zeichen an den Türen der Bauernhäuser hinterließen, wo sie angeklopft hatten. Im Hinblick auf ihre Kameraden, die nach ihnen kommen würden. ›Hier wird gegeben‹, ›Hier ist man bösartig‹, ›Hier gibt es etwas gegen Arbeit‹, das besagten die Kreuze, Striche oder Rhomben, die mit dem Taschenmesser eingeritzt waren. An der Tür des ›Zigeunerwagens‹ gibt es sicher eine Menge unsichtbarer Zeichen.«[3]

Manchmal sind es zu viele. Sie wissen nicht mehr, um wen sie sich zuerst kümmern sollen. Ungarn, Tschechen, Chilenen, Brasilianer, Indianer, Polen... Kaum ist Régis Debray aus bolivianischer Gefangenschaft entlassen worden und nach Paris zurückgekehrt, richtet er sich an der Place Dauphine ein, im Zimmer auf der fünften Etage. Als in Chile Allende ermordet wird, beschließt Montand, obwohl er seit fünf Jahren nicht mehr als Sänger aufgetreten ist, ein einmaliges Konzert im Olympia zu geben. Als Bernard Kouchner die Hilfsaktion »Insel des Lichts« ins Leben ruft, um die Boatpeople zu retten, die im Chinesischen Meer ertrinken, stehen Montand und Signoret ihm zur Seite. Als in Polen Lech Walesa verhaftet wird, stecken sie sich das *Solidarnosc*-Abzeichen an. 1982 reist Simone Signoret mit Michel Foucault nach Warschau und Gdansk; es sollte Foucaults letzte politische Aktion sein. Simone Signoret fühlt sich von der Einführung des Kriegsrechts im Polen Jaruzelskis um so betroffener, als der Einmarsch der sowjetischen Panzer in Budapest, fast dreißig Jahre zuvor, für sie das Ende aller Illusionen bedeutete.

Als Montand, mit der Wut seiner enttäuschten Hoffnungen, das Imperium der Gulags anprangert, tritt er definitiv in die erste Reihe der französischen Stars. 1984 sitzen 55% der Fernsehzuschauer vor ihrem Gerät, um den bissigen Kommentaren des Sängers in der Sendung »Dossiers de l'écran« zuzuhören. Er bekennt sich rückhaltlos zu seinem früheren Engagement. Er beharrt auf der Tatsache, daß er seine Meinung über die wesentlichen Fragen wie Intoleranz, Ungerechtigkeit, Demütigung nicht geändert hat. Die Jüngeren erinnert er daran, daß der Kommunismus in seiner Jugend das Ideal schlechthin war. Er erzählt, wie sehr er erschüttert war, als er einsehen mußte, welchen Betrug der real existierende Marxismus darstellte. »Es kam mir so vor, als würde ich den Menschen, den ich über alles auf der Welt liebte, meinen Vater, zurückweisen.« Er stützt sich auf seinen erloschenen Glauben an den Sozialismus, um um so heftiger die Ausweglosigkeit und Grausamkeit eines Regimes zu verurteilen, das sich als Paradies auf Erden auszugeben pflegte. Alain Jérôme, der das Gefühl hat, einen Politiker in seiner Sendung zu haben, stellt ihm die entscheidende Frage: ob er beabsichtige, bei den nächsten Präsidentschaftswahlen zu kandidieren?

Wie ein Don Quijote des Medienzeitalters kämpfen Montand und Signoret gegen die Windmühlen ihrer Epoche an und setzen dabei alle erdenklichen Mittel ein. Doch da sie sich persönlich vom Unglück dieser Welt betroffen fühlen und von allen möglichen Leuten um Hilfe gebeten werden, laufen sie zuweilen Gefahr, sich selbst für Propheten zu halten, sich berauschen zu lassen. 1983, als Montand dem *Figaro-Magazine* von Louis Pauwels ein Interview zum Thema Gulag gab, ging er übertriebenerweise sogar das Risiko ein, sich als Mann der Rechten beschimpfen zu lassen. Simone Signoret, die vernünftiger war, sich selbst treu blieb und zweifellos auch – im eigentlichen Sinn des Wortes – politischer handelte, hielt sich zurück. Zum ersten Mal mißbilligte sie öffentlich Montands Verhalten; nicht was den Kern der Sache betraf, sondern weil es für sie gewisse Grenzen gab, die man nicht überschreiten darf. »Manchmal spielt Abbott ohne Costello«[4], hatte sie im *Nouvel Observateur* erklärt. Das *Figaro-Magazine* diente der Verbreitung einer Ideologie, die Montand sein Leben lang bekämpft hatte. Simone Signoret wußte aus eigener Erfahrung, bis zu welchem Punkt die Massenmedien unüberlegte Äußerungen für ihre Zwecke auszuschlachten verstehen. Sie versuchte Montand vor den Irrtümern, zu denen er sich als alter junger Mann in seiner Begeisterung immer wieder verleiten ließ, zu schützen. Sie befürchtete, daß er den Folgen der Lobhudelei zum Opfer fallen könnte, deren Objekt er geworden war. Sie kannte seine Empfindlichkeit, seine Angst, diese innere Spannung, die ihn dazu trieb, lange, zusammenhanglose und von großen Gesten begleitete Reden zu halten; sie kannte seinen Wunsch, als Autodidakt von den Intellektuellen anerkannt zu werden, besser als jeder andere, besser als er selbst. Von allen Helden, die Simone Signoret träumen ließen, war Montand der einzige, der niemandes Opfer war, außer manchmal das Opfer seiner selbst.

Ich erahne, ich erfinde, ich erforsche den Mythos. Ich bewundere ihre Fähigkeit, für Freunde, für eine gerechte Sache jederzeit verfügbar zu sein. Ihr Talent, Leute um sich zu scharen, die Rolle der Bandenführerin zu spielen, ihre starke Präsenz, die sie, wo immer sie sich befand, zum Mittelpunkt machte. Ich beneide sie um ihr perfektes Gedächtnis, um ihr Balzac'sches Gedächtnis eines Auktionators. Ich erinnere mich kaum noch an meine Klassenkameraden. Ich erinnere mich an Stimmungen, an Gefühle, unterscheide undeutlich einige Gesichter. In Simone Signorets Erinnerungen hatten alle Gesichter einen Namen, alle Ereignisse ein Datum. Sie hätte eine hervorragende Historikerin sein können. Oder eher noch, mit ihrem Schreibtalent, ihrer Abenteuerlust und ihrer unersättlichen Neugier, eine außergewöhnliche Journalistin.

Simone Signoret war über alles auf dem laufenden. Sie

verpaßte keine einzige Informationssendung, keinen einzigen Skandal, keine einzige Revolution. »Sie war diejenige, die schon am frühen Morgen anrief. Oft um zu schildern, was sie gesehen, gelesen oder gehört hatte. Nie hatten Fernsehen und Radio eine aufmerksamere, intelligentere Zuhörerin; sie hörte und schaute sich alles an, von den Abendnachrichten im Fernsehen bis zu den Morgennachrichten im Radio.«[5] Sie rief in den Zeitungsredaktionen an: für Pierre Goldman, für die Hungerstreikenden, für Angela Grimau, die Witwe des Kommunisten Julián Grimau, den Franco hatte umbringen lassen, für Geismar, Le Dantec, Krivine, für Jean-Paul Kauffmann, der im Libanon als Geisel festgehalten wurde, um für den im Gulag von Perm einsitzenden Schtscharanski um Hilfe zu bitten, um auf die beiden Franzosen aufmerksam zu machen, die in Polen im Gefängnis saßen, für Sacharow, für die von der Aktualität Vergessenen wie Madame Stein, die auf derselben Etage wie der frühere iranische Premierminister Schapur Bachtiar wohnte und von den Attentätern irrtümlicherweise an seiner Stelle ermordet wurde. Niemand sprach davon. Selbst Bachtiar hatte im Fernsehen kein einziges Wort für sie übrig, sondern begnügte sich damit, das V-Zeichen für Sieg zu machen. »Stellen Sie sich das einmal vor: die Geschichte von Madame Stein, ihrer Schwester und ihres kleinen Jungen, die Geschichte der Flurnachbarin des ehemaligen Premierministers des Schahs, eine Frau, die nichts mit dem Iran zu tun hat, die dazu noch Stein heißt und von Khomeinis Leuten abgeknallt wird. Ich würde einen anderthalbstündigen Film daraus machen, einen Film zum Weinen. Nun, man kümmert sich nicht einmal darum, das ist doch merkwürdig, finden Sie nicht?« In solchen Momenten war Simone Signoret eine Visionärin. Sie konnte sich einfach nicht mit der Kluft abfinden, die zwischen der Wirklichkeit und dem Echo, das davon in die Öffentlichkeit dringt, besteht.

In den letzten Jahren war sie so aktiv, in den Zeitungen und im Fernsehen so präsent, wurde sie so oft um Hilfe gebeten, befragt, um Unterstützung angegangen, daß die Lücke, die ihr Tod zurückgelassen hat, noch immer nicht geschlossen ist. Auch weil diese Lücke über ihre Person hinausweist. Wir leben in einem anderen Zeitalter, gewiß, aber das erklärt nicht alles. In Wirklichkeit leben wir bereits in einem anderen Jahrhundert. In den achtziger Jahren hat die traditionelle Auffassung von politischem Engagement ihren Sinn völlig verloren. Angesichts der gescheiterten alten Hoffnungen wurde die zentrale Rolle der Intellektuellen als Kritiker der Machtverhältnisse und als Hoffnungsträger einer gerechteren Gesellschaft, deren Tradition trotz der Erschütterungen der Geschichte von Voltaire bis Tocqueville, von Victor Hugo bis Zola, von Sartre bis Foucault überlebt hat, in kürzester Zeit von der immer stärker werdenden Dominanz der Medien verdrängt. Mit dem Zusammenbruch der Ideologien, die ganze Kontinente in ihren Klauen hatten, wurde sogar die Würde des politischen Kampfes in Frage gestellt. Millionen von Menschen waren von einem Stalinismus, der sich als das Gegenteil des Nationalsozialismus ausgab, betrogen worden. Von der Kulturrevolution in China, die von vielen Gelehrten als der Beginn einer brüderlichen und gerechten Ära begrüßt wurde. Sogar den Roten Khmer, diesen kambodschanischen Nazis, die den ersten Völkerselbstmord der Geschichte begingen, war es anfangs gelungen, sich die Zustimmung angepaßter Geister zu sichern.

Für die Studenten der sechziger Jahre war nichts wichtiger als die Debatten über Strukturalismus, die Thesen von Wilhelm Reich oder Herbert Marcuse, die Konfrontation zwischen der PCF und der PSU[6], zwischen Maoisten und Trotzkisten, zwischen den Anhängern von Lacan und denen von Althusser. Die Inflation an *Ismen* verwandelte die Diskussionen in Wettkämpfe. Der politische Messianismus legte alle möglichen Verkleidungen an und schuf immer neue Vorbilder. Kuba wurde abgöttisch verehrt, man reiste hin, um das

Schauspiel der Revolution mitzuerleben, ohne sich Gedanken darüber zu machen, daß zur gleichen Zeit Valladarez und andere in Castros Gefängnissen dahinvegetierten. Man bewunderte Mao Tse-tung, den irdischen Gott, der die Sehnsüchte befreite, indem er seine Hundert Blumen verstreute. Alle glaubten daran, daß die Geschichte einen Sinn hat, und jeder glaubte zu wissen, welchen.

Für die Studenten der achtziger Jahre sind die von der Gesellschaft vorgeschlagenen Leitfiguren keine Denker mehr, sondern Management-Spezialisten, und die Sprache der Werbung ist zur Alltagssprache geworden. Der Wandel der Werte vollzog sich so schnell, daß wir uns dessen Auswirkungen noch kaum bewußt sind.

Doch obwohl die Illusionen andere Inhalte erhalten haben, gibt es sie immer noch. Heute sind wir davon überzeugt, daß unsere Skepsis auf Hellsichtigkeit beruht. Wir glauben endlich begriffen zu haben, daß es keine Antwort auf die Frage nach der *condition humaine* gibt. Und schon denken wir nicht mehr darüber nach. Die Massengräber sind geöffnet worden, wir haben die im Namen des Fortschritts begangenen Verbrechen zur Kenntnis genommen. Es gibt keine gefährlichere Illusion als die der Hellsichtigkeit. Der edle Mythos von der Verwandlung des Menschen durch den Menschen ist entlarvt worden und hat sich zurückgezogen wie das Meer bei Ebbe. Um ihn zu ersetzen, ist uns nichts Besseres eingefallen als die negative Illusion einer von Bildern übersättigten Welt. Auf diesem Nihilismus im *new look* baut die Kirche ihr Imperium auf und tanzen die Fanatiker ihre mörderischen Runden. Die Vereinheitlichung des Denkens, der tiefe Glaube an die Tüchtigkeit und der Kult der Bequemlichkeit breiten ihren langweiligen Schmelz über den Ruinen der strahlenden Zukunft aus. Die Überlebenden der intellektuellen und politischen Heldengeschichte, die in *Génération* erzählt wird, haben sich auf Business-Barmherzigkeit umgestellt oder genießen hohes Ansehen, weil sie die Zeit mit Leere füllen und das Land unter Oberflächlichkeit begraben.

Die Nostalgie ist nicht mehr das, was sie einmal war. Ebensowenig die Hoffnung. Im Osten lehnen sich Millionen von Menschen gegen die Unterdrückung durch die kommunistischen Regime auf und streben nach einem demokratischen Ideal, von dem die Völker im Westen auch nicht mehr unbedingt überzeugt sind. Wir glauben nicht mehr so leicht an die Verheißung einer glücklicheren Zukunft. Diejenige, deren Zeuge wir geworden sind, hat sich als Hölle erwiesen. Das Mißtrauen gegenüber der Politik aber lebt nicht nur vom Scheitern des kommunistischen Experiments, sondern vom Infantilismus der amerikanischen Kultur, von der Bedeutungslosigkeit des Sozialismus in Frankreich und von der allgemeinen Verwirrung zwischen kultureller Demokratisierung und intellektueller Armut. Da das politische Leben als solches wertlos geworden ist, verwandelt es sich in ein ununterbrochenes Spektakel. Und paradoxerweise ist es gerade im Osten, wo die Hoffnung schon so oft zerschlagen wurde, wo sie nun wieder aufflammt, während am Horizont die alten Geister des Rechtsradikalismus auftauchen, die vom Scheitern eines Systems neu belebt werden, dem es so lange Zeit gelang, sich als die Verwirklichung der humanistischen Ideale der Linken auszugeben.

Simone Signoret lebte in einer Zeit, in der die Linke noch unschuldige Leidenschaft auf sich zog, in der es manchmal wichtig erschien, nicht zu verzweifeln wie in Billancourt. In einer Zeit der Träume und der Kämpfe, der Ausschweifungen und der Lügen, der Offenheit und des Verrats. Sie weigerte sich, Politik mit Unterhaltung zu verwechseln. Sie gab weder die Hoffnung noch die Nostalgie auf. Wenn der Traum nur schön genug, der Wunsch nur stark genug war, konnte das Leben sich verändern. Sie tat, was sie konnte.

»Wenn ich wollte,
könnte ich eine andere Figur haben...«
Simone SIGNORET

19

1970 eröffnet Simone Signoret mit *Le Chat* (*Die Katze*) von Pierre Granier-Deferre die Reihe der großen Filme ihrer späten, reifen Jahre. Sie spielt die aufgedunsene, hinkende, grausame und verletzliche Gefangene einer infernalischen Abgeschiedenheit, in der sie dem alten Rhinozeros Jean Gabin gegenübersteht, der unter unsagbarem Schmerz leidet. *Le Chat*, die Adaptation eines Romans von Simenon, ist die hoffnungslose Chronik eines Ehekriegs. In einem kleinen, entlegenen Haus außerhalb der Stadt, auf der riesigen Baustelle eines Viertels, das gerade renoviert wird, mitten im Lärm der Bagger, der Erschütterungen der Bulldozer und der kreischenden Sägen, leben der alte Typograph und die ehemalige Trapezkünstlerin, die in ihrem gnadenlosen Haß mit mörderischer Wollust aufeinander losgehen. Man spürt, daß diese Hölle schon seit Jahren, schon das ganze Leben lang andauert. Gabin, der in seiner kindlichen Selbstliebe erstarrt ist, gewinnt schließlich den Krieg, an dem seine Frau stirbt, doch er ist unfähig, ohne sie weiterzuleben.

Zwischen diesen beiden Stars, die sich murrend weigern, Stars zu sein, gibt es einen seltsamen Doppelungseffekt, einen Spiegeleffekt, ein Einverständnis zwischen Künstlern, das bewirkt, daß ihre tiefe Gegensätzlichkeit überwunden wird. Tatsächlich sind sie sich auf ergreifende Weise ähnlich und durch die klassische Mimesis eines alten Ehepaars miteinander vereint. »Ich habe keine Traber in Vincennes laufen, ich züchte keine Kühe, und wir haben über sehr viele Dinge nicht die gleiche Meinung. Nur über eines sind wir uns einig, aber da ganz: wie wir miteinander spielen.«[1] Signoret empfindet Gabin gegenüber große, mit Zuneigung vermischte Bewunderung. »Es war schön, in seinen Augen den Blick des Deserteurs in *Hafen im Nebel*, in seinem Lächeln das des Capitaine Maréchal in der *Großen Illusion* wiederzufinden.«[2] Gabin hat auf Simone Signorets Mitwirken bestanden und jede andere Partnerin abgelehnt. Er schätzt sie sehr. Er, der es haßt, Treppen zu steigen, geht ohne zu protestieren noch einmal die drei Stufen hinauf, um ihr zu antworten, obwohl er gar nicht im Bild ist. Er hält *Le Chat* für einen seiner schönsten Filme.

Auch mit einem anderen Star, mit Alain Delon, verband sie ein auf gegenseitiger Bewunderung beruhendes Verhältnis. »Ein zartfühlender Verrückter, der sich den Anschein gibt, hart zu sein, und er ist ein großmütiger Verrückter. Wir sind glücklich, wenn wir zusammenarbeiten, denn wir arbeiten gut zusammen.« Mit ihm wird sie anschließend *La Veuve Couderc* drehen, eine weitere Verfilmung eines Romans von Simenon unter der Regie von Granier-Deferre. Wie Gabin lebt auch Alain Delon in politischer und in menschlicher Hinsicht auf einem anderen Planeten. Sie kannte ihn als jungen Mann, zur Zeit ihrer Ehe mit Yves Allégret. Und nun sind sie Komplizen ungleichen Alters, jedoch gleicher Stärke.

In *La Veuve Couderc* spielt Signoret eine fünfzigjährige Bäuerin, die trotz ihrer Rundungen und ihrer grauen Haare nach wie vor eine begehrenswerte Frau ist. Es fällt einem übrigens schwer zu glauben, daß *La Veuve Couderc* nach *Le Chat* gedreht wurde. Wunder der Schminkkunst ... Die ergreifende Clémence aus *Le Chat* scheint zehn Jahre älter zu sein als diese elegante Landfrau, die so verführerisch wirkt wie eine noch gerade nicht überreife Frucht. Die Umgebung ist von subtiler Poesie. Ein Kanal, Schleppkähne, eine Schleuse, zwei Häuser am Ufer, und die gnadenlosen familiären Rivalitäten im Frankreich zwischen den beiden Weltkriegen. Die Witwe Couderc, die allein auf ihrem Bauernhof lebt, wird vom Haß der Familie ihres verstorbenen Mannes verfolgt, die ihr Erbe fordert. Sie gibt einem Durchreisenden, dargestellt von Alain Delon, Arbeit, obwohl sie ahnt, daß er von der Polizei gesucht wird. Nach und nach entsteht zwischen beiden ein Liebesverhältnis, woraufhin die Familienfehde Züge von erbittertem Fanatismus annimmt. Es ist die Zeit der Feuerkreuze und des 6. Februar, die große Zeit des französischen Rechtsradikalismus. Die Witwe Couderc hat dem Durchreisenden ihre Liebe geschenkt, und sie stellt sich keine Fragen, als die Polizei ihm auf die Spur kommt. Daß sie sich opfert, versteht sich von selbst: sie wird mit ihm zusammen vor ihrem brennenden Haus sterben.

Das Erstaunlichste in diesem Film ist die Intensität der Beziehung zwischen Alain Delon und Simone Signoret. Sie sprengen buchstäblich die Leinwand. Doch neben Simone Signoret ist Delon seltsam gefügig und hat den feuchten Blick einer zahmen Dogge. Es fällt einem schwer zu glauben, daß er sich um ein Haar von ihr hätte einschüchtern lassen. Und ebenso schwer fällt es einem, sich zu fragen, ob diese alternde Löwin diesem wilden Tier mit dem glänzenden Pelz nicht ein wenig angst machte. »Wie Gabin nannte sie mich ›Kleiner‹, und ich nannte sie ›Tati‹«, sollte Alain Delon am Tag nach ihrem Tod sagen.

Die offenkundige Komplizenschaft zwischen den beiden Stars wird schwer auf dem Schicksal des zweiten Films lasten, den sie sogleich nach *La Veuve Couderc* zusammen drehen: *Les Granges brûlées*. Die Dreharbeiten zu diesem Film von Jean Chapot waren so dramatisch und anstrengend, daß Simone Signoret sich stets weigerte, darüber zu sprechen. Dennoch ist es ein recht schöner Film, eine Geschichte von Kälte und Schnee in den rauhen Bergen des Jura. Nach der Entdeckung einer blutüberströmten Frauenleiche in der Nähe eines entlegenen Bauernhofs beginnt der Untersuchungsrichter (Alain Delon) mit seinen Nachforschungen. Geduldig und gewissenhaft versucht er, diese Welt halsstarriger Bauern zu begreifen, in die Familiengeheimnisse einzudringen, die allein die Mutter (Simone Signoret), eine stumme, gefühllose Frau, kennt. Wie in *La Veuve Couderc* liegt eine besondere Eindringlichkeit in den zwischen ihnen ausgetauschten Blicken.

Die Geschichte dieser Dreharbeiten ist mit einem umfassenden Tabu belegt, die Zensur wird nicht aufgehoben. Für einen jungen Regisseur wie Jean Chapot war das Paar Delon-Signoret ein zu mächtiges Gespann. Er hat sich von diesem Alptraum nie erholt. Denn Simone Signoret, die es sich – im Gegensatz zu Delon – zum Prinzip gemacht hatte, sich für die Schwachen und Unterdrückten einzusetzen, hatte auch ihre Schwächen. Sie hing an ihrer Macht, sie erwartete angehört, anerkannt zu werden, und sie war imstande, all jene grausam zu unterdrücken, die sich ihr widersetzten, ohne hinreichend breite Schultern zu haben, ohne dem Clan anzugehören. Klammer zu!

Immer öfter bietet man ihr Rollen an, die ihrem Bild der zielstrebigen Frau, der mächtigen Heldin entsprechen. Daher der Reiz des Films, den sie anschließend mit René Allio dreht: *Ein schwerer Tag für die Königin*, ein unnötig komplizierter Film, in dem die Gestalt der Jeanne, Jeannes Phantasmen, Jeannes Ängste jedoch unvergeßlich sind. Jeanne ist eine vom Leben gebeutelte Putzfrau, eine scheue und verängstigte, rechtschaffene Frau, die bei dem Gedanken, der Verlobten ihres im Gefängnis einsitzenden Sohnes heimlich einen Brief zu überbringen, vor Angst fast stirbt. Jeanne ist eine Anti-Signoret, zur Rolle des Opfers verdammt, eine von denen, die man auf Familienfotos nicht wiedererkennt, ein armes, verletzliches kleines Geschöpf, das sich in den Traum nach Größe flüchtet. Sie stellt sich vor, Kaiserin von Österreich, Ehefrau des Präsidenten, Heldin in einem Fortsetzungsroman zu sein... Simone Signoret empfand eine besondere Zuneigung für diese bescheidene, leicht mythomanische »Mieterin« mit den eingedrehten kleinen Locken und dem abgetragenen Regenmantel. Jeanne hatte die seltene Tugend, Simones Charakter während der Dreharbeiten zu besänftigen. »Nachdem meine Tochter Catherine den Film gesehen hatte, sagte sie zu mir: ›Jetzt begreife ich, warum du zu Hause so gütig, so wenig aggressiv und so liebenswürdig gewesen bist. Du warst Jeanne!‹«[3]

Um Jeanne spielen zu können, ist sie damit einverstanden, sich, wie in *Le Chat*, häßlicher und noch ein wenig älter machen zu lassen, das zu ertragen, was sie vor langer Zeit für die Rolle der Bubulina abgelehnt hatte. Nun hat sie das wirkliche Alter von Bubulina erreicht und keine Angst mehr. Sie weigert sich, sich die Gesichtshaut straffen zu lassen. Im Gegenteil, sie kommt dem Altern zuvor. »Ich bin intelligent genug, um zu wissen, daß ich, wenn ich wollte, als Zweiundfünfzigjährige eine andere Figur, ein anderes Gesicht haben könnte. Doch solange mein jetziges Aussehen mir von Nutzen ist – soll Jeanne davon profitieren.«[4]

Sie wird nie wieder voller Anmut sein. *La Veuve Couderc* ist der letzte ihrer Filme, in dem sie noch begehrenswert ist. 1974 dreht sie *La Chair de l'orchidée* von Patrice Chéreau; ein seltsamer und schwerfälliger Film, in dem sie mit ihrer beeindruckenden Gestalt einige Male auf überwältigende Weise in Erscheinung tritt. Es folgt der Film *Police Python 357* von Alain Corneau, in dem sie eine gelähmte, allmächtige Herrin spielt, die von ihrem Bett aus die Welt regiert.

Während sie bewußt ihre physischen Reize ablegt, bereitet sie sich unbewußt darauf vor, eine andere Ausdrucksform zu finden, die bald ebenso zu ihrem Leben gehören wird wie der Film. Das Schreiben wird ihre Art und Weise sein, gegen das Alter anzukämpfen.

»Ich hätte schreiben können bis zu meinem Tod.«
Simone SIGNORET

20

Nie hätte ich über sie schreiben, mich indiskret in das einmischen wollen, was ich für ihr Leben hielt, wenn sie nicht eine Schriftstellerin und das Schreiben für sie nicht die langersehnte Verwirklichung eines Traums gewesen wäre. Eine Verwirklichung, die sie zunächst nur zaghaft, verbissen, mühevoll, schließlich jedoch mit demselben Eifer vollzog, mit dem sie alle ihre Unternehmungen durchführte. Es war für sie eine Art Krönung, der letzte Beweis ihres eigenen Wertes, ihrer Fähigkeit, als Tochter des Dolmetschers André Kaminker etwas anderes zu sein als die, wenn auch geniale, Interpretin von Geschichten, die von anderen geschrieben worden waren.

Lange Zeit hatte sie geglaubt, sich damit begnügen zu können. Denn sie liebte es, »Schauspielerin zu sein«, zu spielen, zu begeistern, sie gab sich hemmungslos hin, mit jener Mischung aus Großzügigkeit und Narzißmus, die alle großen Schauspieler ausmacht, mit dem Wunsch, ihr Bestes zu geben, und mit der Lust am Gesehen- und Bewundertwerden, ohne die gute Schauspielkunst undenkbar wäre. Ohne falsche Scham verstand sie es, »diese Freude am Schein, die wir alle empfinden, wenn die Kamera ganz nah herankommt«[1], zu genießen. In ihren jungen Jahren hatte sie das berauschende Gefühl kennengelernt, das die Frauen erfaßt, wenn sie in den Blicken der andern den Glanz der ergreifenden und zerbrechlichen Anmut erkennen, die Schönheit heißt und die sich nicht beschreiben, sondern sich nur zeigen, im stillen offenbaren läßt. Jorge Semprun erinnert sich, daß er es während des Krieges im Flore noch nicht wagte, sie anzusprechen, als er sie wie eine Königin, blond und umwerfend »schön wie der Tag, oder wie die Nacht (warum sollte der Tag schöner sein als die Nacht?)«[2], vorbeigehen sah.

Die Schönheit war eine Gabe des Himmels, ein Geschenk der guten Feen, die um ihre Wiege gestanden hatten. Wie eine Prinzessin hatte sie sich damit begnügt, geboren zu werden, und aufgrund dieses Ausgangswunders, dieses entscheidenden Trumpfes in ihrer Hand war alles viel einfacher gewesen. Das breite, fast quadratische Gesicht, die weit auseinanderstehenden Augen, die feine Krümmung der Nase, die in die Kurve ihrer Augenbrauen überging, die gewölbte Stirn, die aufgeworfene Unterlippe, die prallen Wangen und das flüssige Gold, das sich von den Nasenflügeln bis zu den Backenknochen und bis zum freien Nacken von Goldhelm ausbreitete, und dann selbstverständlich der strahlende Blick unter den schweren Lidern.

Eine moderne, unumstrittene, unvergängliche Schönheit wie nur wenige andere Schauspielerinnen, wie etwa Pabsts Lulu. Wenn man sich heute ihr Gesicht als junger Star in *Zur roten Laterne*, in *Schenke zum Vollmond* oder in *Eine Frau im Sattel* anschaut, ist man nicht, wie so oft bei Filmen aus jener Zeit, peinlich berührt von diesem einheitlichen Schleier, der den Stempel einer Epoche trägt und die Eigenheiten eines Gesichts hinter künstlicher Gleichförmigkeit verbirgt. Es ist schwierig zu erklären, was genau bewirkt, daß ein Gesicht mit einer bestimmten Zeit identifiziert, von einer bestimmten Epoche abgegrenzt wird. Zweifellos das Make-up, die Frisur, die Kleidung. Aber auch der Ausdruck dieses Gesichts, das Lächeln, die Art zu sprechen, die Stimme, sämtliche Unwägbarkeiten, die vorübergehend Teil der Kultur sind, die Eigenarten, die die Mode und die Atmosphäre einer Zeit ausmachen und den Menschen dieser Epoche eine gewisse Ähnlichkeit verleihen. Simone Signoret war sehr wohl eine Frau ihrer Zeit, sie hat es oft genug bewiesen, doch ihre ungewöhnliche und unverschämte Schönheit, die Grundlage ihrer Kunst, die hatte sie auf ihre ganz persönliche Art vervollkommnet: durch ihren Blick, ihre Stimme, ihren Gang, ihre Kopfhaltung, ihre unnachahmliche Art des Sprechens, ihre Fähigkeit, jedem ihrer Sätze Sinn, Gewicht zu geben. Sie war schön, aber anders. Von einer eigenartigen Schönheit. Und dann war da noch ihre berühmte Spottlust, von der so viel geredet wurde und durch die das übrige einen zusätzlichen Reiz erhielt.

Sie war so klug gewesen, sich bloß ein Vergnügen daraus zu machen und sich nicht allzu viel darauf einzubilden. Und sie weigerte sich, Schönheit mit persönlicher Bedeutung zu verwechseln. Sie war sich nicht nur jederzeit bewußt, daß ihre Schönheit nicht ihr Verdienst war, sondern wußte auch, daß die Zeit ihre zerstörerische Arbeit fortsetzen würde und daß dann ein anderes Schicksal gelebt, eine andere Reise begonnen werden müßte: die Überwindung des Scheins. Gewiß, Klugheit schließt Bedauern nicht aus, und in den schlechten Phasen ihres reifen Alters kam es durchaus vor, daß sie eifersüchtig auf die Stars war, die nach ihr kamen. Als während eines Abendessens von Isabelle Adjanis Schönheit die Rede war, murmelte sie mit ihrer vom Alkohol dumpf gewordenen Stimme: »Hast du mich in *Goldhelm* gesehen?«

Im Gegensatz zu Greta Garbo, die sich in unendliche Trauer um den einstigen Ruhm zurückzog, war verblaßte Schönheit für Simone Signoret nicht das verlorene Paradies, das untergegangene Reich, in dem es sich so angenehm leben ließ, daß alles andere in grauem Alltag und Armseligkeit verblaßte. Sondern es bedeutete vielmehr Erinnerung an ein Leben voller Freude, an ein Leben im Licht eines glorreichen Frühlings, Erinnerung daran, bewundert, begehrt und beneidet worden zu sein. Es waren die Tauben in der Provence, die Männer auf den Bänken des Flore, die sich nach ihr umdrehten, wenn sie von Tisch zu Tisch ging und mit ihren Freunden plauderte. Es war die nostalgische und sanfte Erinnerung an ein verlorenes Königreich, das sie durch ein anderes, weniger angenehmes, jedoch anspruchsvolleres zu ersetzen gewußt hat.

Je weiter ich mit meinem Porträt von ihr vorankomme, um so deutlicher wird mir bewußt, daß das Nebeneinander der verschiedenen Epochen, die rätselhaften Altersspuren auf einem Gesicht den Teil ausmachen, der am schwierigsten zu beschreiben und zu begreifen ist. Der Ablauf der Zeit läßt sich nicht in Worte fassen. Die Zeit des Schreibens ist nur eine blasse Nachahmung der wirklichen, nicht greifbaren Lebenszeit. Die Geschichte eines Lebens kann nur schrittweise erzählt werden. Eines Tages ist man plötzlich vierzig Jahre alt. Wie sich all die vergangenen Jahre aneinandergereiht haben, bleibt unbegreiflich, unaussprechlich. Die Zwischenräume, die grauen Tage, die einander folgen, bleiben im Dunkeln. Dabei verbirgt sich in ihnen das Wesentliche.

Gerade Simone Signorets Leben wurde von einer Reihe grundlegender Ereignisse geprägt: von der Pfändung der Wohnung in Neuilly und vom Kontakt zu den Besuchern des Flore, von *Goldhelm* und von der Tournee im Osten, von ihrer Begegnung mit Montand und von der Oscar-Verleihung, von der Veröffentlichung von *Ungeteilte Erinnerungen* und von der mitreißenden, fieberhaften Entstehung ihres großen, mit wahrhaftigen Personen und Details vollgestopften Romans *Adieu Wolodja*. Und dennoch bewahrt sie ihr Geheimnis. Ihre Persönlichkeit ragt weit über das hinaus, was man über sie berichten kann. Sie ist gleichzeitig großzügig und engstirnig, genial und selbstgefällig, stolz und unterwürfig, grausam und verletzlich. Für sie war alles wichtig: die alltäglichen Kleinigkeiten genauso wie die Meisterwerke, die Farbe eines Kleides ebenso wie das Datum einer Abreise. Aus diesem Grund war sie stets bemüht, nicht einmal die winzigste Einzelheit zu vergessen. Man kann immer nur einen kleinen Teil einer Lebensgeschichte enthüllen, denn es ist unmöglich, im Rhythmus der ablaufenden Zeit zu schreiben.

Die Schilderung eines Lebens kann immer nur einen Teil der Wahrheit über dieses Leben vermitteln. Selbst wenn wir Fotos von Simone Signoret besäßen, die jeden Tag zur gleichen Stunde aufgenommen worden wären, würden wir das befremdliche Gefühl nicht los, das über uns kommt, wenn wir das Bild von Goldhelm und daneben das von Madame Rosa betrachten. Im Grunde geht es einzig und allein darum, sich dieser Befremdung bewußt zu werden, um ein Gefühl für die Wahrheit zu bekommen, sich sehr intensiv davon durchdringen zu lassen. Und über das Maß an Geheimnis nachzudenken, das stets in der Art und Weise vorhanden ist, in der man sich zu verschiedenen Zeitpunkten seines Lebens selbst ähnlich sieht. Das Geheimnis einer gewissen Unveränderlichkeit, die über die Metamorphosen hinausgeht. Die Unveränderlichkeit der Identität, dieser so konkreten Abstraktion.

In Simone Signorets Fall geht die Verwandlung bis zum Extremsten. Auf einer vor mir aufgehängten Postkarte betrachte ich das kleine, hochmütige Gesicht von Gisèle in *Zur roten Laterne*, mit ihrer Melone, dem Gehstock, den Lederhandschuhen, der Zigarette zwischen zwei Fingern, der Bluse mit Brustkrause und der Reitjacke. Neben dieser Postkarte hängt das Foto der altgewordenen Frau – die ich nicht lange genug kannte – mit den grauen Strähnen über der Stirn, dem kleinen Goldring im Ohr, den blinden Augen: eine ungeschminkte, jedoch leidenschaftliche, entwaffnete, ruhige, verzweifelte, einsame Frau. Ist es wirklich zweimal dieselbe Person? Wie soll man diese unbestreitbare Ähnlichkeit deuten?

Als sie gegen Ende des Buches noch einmal auf die Jahre zu sprechen kommt, die sie beim Schreiben von *Ungeteilte Erinnerungen* hinter sich gebracht hat, erstaunt es sie selbst: »Ich habe angefangen, mich selbst bei der Hand zu nehmen zu dem Zeitpunkt, als meine Mutter mit mir zu Friseuren ging, die ihre Instrumente nicht über die Flamme hielten, bevor sie mir die Haare kurz à la Jeanne d'Arc schnitten, und ich ließ mich selbst viele, viele Schwellen überschreiten, bis ich gestern abend auf meiner Schreibmaschine die Erinnerung an mich als vierzigjährige Wasserstoffblondine zurückließ. Ich war so eins mit mir, der Wasserstoffblonden (was für eine Strapaze, das Erinnern!), daß ich betroffen im Spiegel eine zu rundliche, ergrauende, um nicht zu sagen weißhaarig werdende Person erblickte, die mir gleichsam zurief: ›Guckguck, ich bin's!‹, als ich mir die Zähne putzen wollte.«[3]

Sie sprach nur selten von ihrer verlorenen Schönheit, sie war nicht ihre größte Sorge, denn sie hatte reichlich anderes zu tun: Rollen zu spielen, Bücher zu schreiben, Unschuldige zu retten. Wie Patrick Thévenon in einem Artikel über *Ungeteilte Erinnerungen* schrieb: »Ein Patagonier, der auf diesen Text stößt, ohne je *Goldhelm* oder *Thérèse Raquin* gesehen zu haben, wüßte auch weiterhin nicht, daß Simone Signoret dem Kino eines seiner prachtvollsten Gesichter geschenkt hat... Doch was nützt ihr die Ablehnung ihres eigenen Bildes? Vor wem oder was will sie derart in den Hintergrund treten?«[4]

Man könnte tatsächlich überrascht sein über dieses Schweigen, sich fragen, ob in dieser Verdrängung ihres verlorenen Bildes nicht auch ein Teil Leugnung, das umgekehrte Geständnis von Nostalgie, liegt. Man kann sich vorstellen, daß sie über den Verlust dieser magischen Aura im Grunde so untröstlich war, daß sie das Gegenteil geradezu heraufbeschwor und so häßlich wurde, als wollte sie sich an sich selbst rächen, sich einer Herausforderung stellen und denjenigen, die ihre Schönheit so sehr bewunderten, zu verstehen geben, daß damit endgültig Schluß war, daß das Blatt sich gewendet hatte, daß sie sie nie mehr im »Helm« sehen würden. Aus und vorbei.

Das Erscheinen von *Ungeteilte Erinnerungen* im September 1976 wird zu einem bedeutenden literarischen Ereignis. Ein Wälzer von fast vierhundert Seiten, der in mehreren hunderttausend Exemplaren verkauft wird. Der Erfolg ist um so erstaunlicher, als er völlig unerwartet kommt und den von anderen Schauspielermemoiren weit übertrifft. Dabei hielt sich dieses lose Bündel keineswegs an akademische Regeln. Immer wieder ließ sich die Autorin zu Abschweifungen verleiten und mißachtete die Chronologie. Die Kapitel folgten einander völlig unsystematisch und schienen sich nach einem Plan zu richten, der einzig und allein ihren plötzlichen Eingebungen folgte, ihrer Lust, in »den kleinen Bahnhöfen« ihres Gedächtnisses herumzustreifen. Der Dialog mit Maurice Pons, der dieser Reise zugrunde lag, verschwand, tauchte unbegründet wieder auf und wurde von langen Monologen unterbrochen. Doch diese Konstruktionsfreiheit entsprach einer tiefergehenden Freiheit, und die Erzählung wurde von der ersten bis zur letzten Seite von einer Poesie, einer Freude und einer Lust am Erzählen getragen, die alle formalen Erwägungen verdrängte. Denn Simone war eine ausgezeichnete Erzählerin. Das lockere Erzählen war ihre Leidenschaft, und sie hatte das Talent dazu. Sie nahm einen bei der Hand und ließ einen nicht mehr los. Und was sie erzählte, das war nicht bloß ihre Geschichte, sondern die Geschichte ihrer Generation.

Sie hatte die Editions du Seuil gebeten, bloß keine Fotos in dem Buch zu veröffentlichen, denn dies waren keine Schauspielermemoiren wie so viele andere. Sie wollte, daß das klar und deutlich zum Ausdruck käme, sie wollte nicht bloß Bilder aneinanderreihen, sondern über ihre Erfahrungen nachdenken, sie hatte die Chronik einer Reise durch ihr Jahrhundert verfaßt, ein Buch für Erwachsene, ohne Bilder. Vor allem war es ein Buch, ein richtiges Buch, das zwar auf Gesprächen basierte, die auf Tonband mitgeschnitten worden waren, das aber dann in der Einsamkeit geschrieben wurde, so wie die Leute es tun, deren Beruf das Schreiben ist.

Es liegt etwas Qualvolles in der Hartnäckigkeit, mit der Simone Signoret sich gezwungen fühlte, immer wieder zu betonen, daß sie die Verfasserin ihres eigenen Buches war. Sie führte einen erbitterten Kampf, der ihr von den vorgefaßten Meinungen einer Zeit – den siebziger Jahren – aufgezwungen worden war, in der die »Tonband-Bücher« bei den französischen Verlagen hoch im Kurs standen. Diese Modeerscheinung ermöglichte es den Verlegern einige Zeit lang, ihre defizitären Verlagshäuser zu sanieren, und bot den Liebhabern künstlicher Skandale neue Nahrung für ihre sittsamen und nichtigen Entrüstungen.

Angesichts der Debatte, die damals so viel Staub in den Zeitungen aufwirbelte, kann man heute sagen, daß es zumindest für einige der auf diese Weise zusammengestellten Zeugnisse schade war, daß sie nie veröffentlicht wurden. Denn immerhin gibt es auch unter denen, die nicht Berufsschriftsteller sind, doch einige, die etwas zu sagen haben, das es wert ist, festgehalten zu werden. Die ihnen zur Verfügung stehende Möglichkeit, sich durch die Feder eines »Ghostwriters« auszudrücken, ist nicht ehrenrührig; höchstens in dem Fall, wo man den Namen des Ghostwriters vom Buchdeckel verbannt, kann man diese Art von Betrug in der Tat bedauern. Im Grunde jedoch handelt es sich womöglich um nichts anderes als um die alten Praktiken der Schriftgelehrten der Antike, die im Schneidersitz, mit ihren Wachstafeln oder Papyrusrollen auf den Knien, auf dem Marktplatz auf Passanten warteten, die mit ihren Handels- und Liebesbriefen, die sie nicht selbst zu schreiben wußten, zu ihnen kamen. Die Schriftgelehrten unterzeichneten die Briefe ihrer Kunden nicht mit ihrem eigenen Namen. Und selbst wenn die zeitgenössischen Verfasser von »Tonband-Büchern« ihre Geschäfts- und Liebesbriefe selbst aufzusetzen verstehen, so besitzen sie doch nicht unbedingt das Minimum an Knowhow, das beim Schreiben eines Buches unerläßlich ist.

Simone Signoret besaß dieses Minimum. Was ihr lange fehlte, war der Mut. Man kann sie verstehen. In Frankreich liegt es für eine Filmschauspielerin nicht gerade auf der Hand, ihr Glück in der Schriftstellerei zu suchen, falls sie nicht Gefahr laufen will, sich den spöttischen Bemerkungen oder der verächtlichen Nachsicht von Berufsschreibern auszusetzen. Doch Simone Signoret hatte es immer schon geliebt zu schreiben, Roman- und Tagebuchfragmente hinzukritzeln. »Hin und wieder stieß Montand beim Öffnen der Schublade einer Kommode auf ein Stück Papier, las es und sagte zu mir: ›Lustig, was du da erzählst.‹ Und wenn ich ernste Probleme hatte, brachte ich sie immer schon gerne zu Papier. So hat jeder seine Art, damit fertigzuwerden. Die einen gehen ins Café, die andern legen sich beim Psychoanalytiker aufs Sofa. Ich, ich lege mich nicht auf die Couch eines Psychoanalytikers, sondern ich greife zum Papier.«[5] Schon in der Oberschule von Neuilly war sie gut im Schreiben von Aufsätzen, und in Vannes, zu Beginn des Krieges, hatte sie anstandslos ihr Philosophie-Abitur bestanden. Rechtschreibung und Grammatik waren demnach kein Problem für sie.

Doch sie mußte sich entscheiden: entweder schreiben oder Filme drehen. »Als ich als Schauspielerin anfing, kam es nicht in Frage, mehrere Dinge gleichzeitig zu tun: man war Schauspielerin – und damit basta. Es herrschte ein gewisser Argwohn gegenüber Leuten, die in verschiedenen Bereichen aktiv waren, die ein wenig malen, ein wenig singen, ein wenig schreiben konnten. Da ich Schauspielerin sein wollte, lag es in meinem Interesse, meine Lust am Schreiben zu vergessen. Und auch nicht mehr darüber zu reden. Wenn man, wie ich, in der Rolle einer hübschen kleinen Nutte in *Zur roten Laterne* debütierte, war es besser zu verschweigen, daß man gut im Aufsatzschreiben war. Noch besser war es sogar, für eine Analphabetin gehalten zu werden...«[6] Später allerdings passierte es selbst ihr, daß sie sich über eine junge angehende Schauspielerin ärgerte, weil sie während der Dreharbeiten mit einem dicken Buch über Philosophie unter dem Arm umherspazierte. Man muß unterscheiden können, Spinoza nicht mit *Cinémonde* verwechseln.

Am Anfang übte das Kino selbstverständlich einen viel unwiderstehlicheren Reiz aus als die Schriftstellerei. Aus verschiedenen Gründen, zu denen gewiß auch das zählte, was man Berufung nennt, ein wenig auch der narzißtische

Wunsch, ihr Foto in den Zeitungen zu sehen, den sie übrigens nie leugnete, aber ebenso die Freude an der Gemeinschaftsarbeit, »die alte Lust, beteiligt zu sein«, die sie in *Ungeteilte Erinnerungen* in dem Abschnitt erwähnt, wo sie erzählt, wie sie im Mai 68 zum ersten Mal in ihrem Leben nicht an den Ereignissen teilnahm.

Indem sie sich für den Film und nicht für das Schreiben entschied – insofern es sich überhaupt um eine bewußte Entscheidung handelte, was wenig wahrscheinlich ist –, bekräftigte sie ihren Wunsch, voll und ganz in ihrer Zeit zu leben, und entfernte sich gleichzeitig von der Einsamkeit, in der sie vor der Geburt ihrer Brüder gelebt hatte, der Einsamkeit ihrer Kindheit als einzige Tochter, die in Neuilly in einer *deplazierten* Familie lebte. Diese Einsamkeit, deren Schmerz und Reiz sie an den langen Tagen in Autheuil wiederbegegnet, während sie vor ihrer Schreibmaschine sitzt und sich auf der linken Seite des Tisches die beschriebenen Blätter anhäufen.

In bestimmten Ländern ist es keineswegs verpönt, den Beruf zu wechseln, mehrere Leben zu leben. In den USA begegnet man auf Schritt und Tritt Ärzten, die in den Journalismus übergewechselt, Unternehmern, die Psychologen geworden sind, sogar Hollywoodschauspielern, die es zum Präsidenten gebracht haben. Um in Frankreich ein neues Leben beginnen zu können, muß man Berge versetzen. Ein Arzt fängt im fortgeschrittenen Alter nicht plötzlich an Filme zu drehen, ein Sänger kandidiert nicht bei Präsidentschaftswahlen – nicht einmal wenn er Yves Montand heißt –, ein Filmstar widmet sich nicht dem Schreiben von Romanen. Im äußersten Fall versucht sich ein ehemaliger erfolgreicher Skifahrer in der Herstellung von Sportbekleidung. Man wählt seinen Weg, hinterläßt seine Spuren und ernährt sich auch dann noch an derselben Krippe, wenn man den Appetit längst verloren hat.

In Simone Signorets Fall waren die Hindernisse derart unübersehbar, derart gewaltig, daß sie ihren alten Wunsch zu schreiben beinahe vergessen hatte. Sie hatte ihn auf jenem Speicher der unmöglichen Träume abgestellt, auf dem jeder, ob Stenotypistin, Ingenieur, Kaiser oder Journalist, den heimlichen Traum von einem anderen Leben versteckt hält.

Bereits als es darum ging, ihren Wunsch, Schauspielerin zu werden, einzugestehen, hatte es der Entdeckung des Flore bedurft, wo sie zum ersten Mal Leuten begegnete, die offen zu sagen wagten: »Ich will Schauspieler werden.« Es imponierte ihr, daß man laut über das sprach, wovon sie im geheimen träumte. Es war also möglich, das Tabu zu brechen, zuzulassen, daß der Traum sich frei entfaltet. »Ich wollte Filme drehen, ich sagte es und schämte mich nicht mehr dafür.« Doch das Schreiben, das war ein ganz anderes Paar Schuhe. Bei einer Schauspielerin wirkte das überheblich, ein wenig lächerlich. Es hätte ihr vielleicht Spaß gemacht, doch sie dachte nicht daran, davon zu sprechen, sie dachte, während sie weiterhin Sätze auf fliegende Blätter kritzelte, nicht einmal mehr daran sich vorzustellen, daß sie eines Tages vielleicht... Allein, ohne die Unterstützung und die Ermutigung ihrer Freunde, hätte sie den Schritt vermutlich nie gewagt. Was ganz deutlich in *Le Lendemain, elle était souriante* zum Ausdruck kommt. In jenem schlechten Büchlein, das zu schreiben sie sich nach *Ungeteilte Erinnerungen* verpflichtet fühlte, um zu »beweisen«, daß sie sehr wohl deren Autorin war. Damit sie sich endlich entscheiden konnte loszulegen, sich einsam vor das berühmte weiße Blatt Papier zu setzen, hatten viele verschiedene Leute sie monatelang beharrlich darum bitten, ihr dazu raten, sie geradezu anflehen müssen.

Womöglich hätte sie keines ihrer Bücher geschrieben, wenn da nicht, wie sie in *Le Lendemain, elle était souriante* erzählt, eines Tages diese »sehr fröhliche kleine Reise im Auto« mit Régis und Elisabeth Debray gewesen wäre, mit den ersten Fürsprechern eines Projekts, das bis dahin bloß ein reines Phantasiegebilde war und das erst nach einer langen und dramatischen Geschichte, in deren Verlauf zahlreiche Personen ihre Meinung darüber geäußert hatten, zu einem Buch werden sollte. Während der Fahrt ist sie guter Laune, zuversichtlich und erzählt »alte Geschichten«; ihre Begleiter sind »verblüfft« über ihr Erzähltalent, ihr Gedächtnis, ihren Eifer, und »wie aus einem Mund erklären sie: ›Du müßtest das alles niederschreiben.‹« Kommt nicht in Frage, erwidert sie, und überhaupt sei diese Idee gar nicht so neu, sie habe bereits Angebote von Alain Oulman bei Calmann-Lévy, von Alex Grall bei Fayard, von Jean-Claude Barreau bei Stock und von Michel Mohrt bei Gallimard abgelehnt. »Ja, das ist bereits öfter vorgekommen, als ich mein Leben überhaupt erzählen kann.« Doch nach den Debrays kam Chris Marker, der langjährige Freund, mit dem das Spiel fortgesetzt wurde. Zum Spaß dachten sie sich Titel aus, »wir haben uns köstlich amüsiert, alle zusammen, ich, mein alter Kumpel und meine jungen Freunde«.

Und dann spricht Régis Debray, der die Bräuche und die Verleger kennt, mit Jean und Simonne Lacouture, die bei Le Seuil gerade ihre neue Buchreihe mit dem Titel »La traversée du siècle« vorbereiten. Und Jean und Simonne Lacouture, die die Schwächen der Stars kennen, machen ihr den Vorschlag, eine »Reihe von Gesprächen« auf Tonband aufzunehmen, die sie zu nichts verpflichten würden... Sie müssen gespürt haben, daß sie bereit war, trotz ihres Zögerns, ihrer Ablehnung, ihrer Angst. Ein Schritt nach vorn, ein Schritt zurück. »Wir versuchten es einfach, ein Versuch kostet ja nichts außer einigen Metern Tonband, die man jederzeit wieder löschen kann, wenn es nichts taugt...«[7]

Die Sache läuft, und heraus kommen schließlich ein richtiges Buch und eine richtige Schriftstellerin. Doch wenn sie in *Le Lendemain, elle était souriante* von diesem alles in allem aufregenden Erlebnis erzählt, dann gleicht es einem Abstieg in die Hölle. Ausführlich, auf bizarre Weise und mit einer Fülle von überflüssigen Einzelheiten schildert sie, wie sie sich nach und nach widerwillig zu einem Vorhaben überreden ließ, von dem sie im Grunde gar nichts wissen wollte. So als hätte sie vergessen, daß sie eigentlich nur beweisen wollte, daß sehr wohl sie die Autorin ihres ersten Buches war, glaubte sie auch noch darlegen zu müssen, daß sie dieses Buch gegen ihren eigenen Willen geschrieben hatte, wegen – und nicht dank – des Drucks, der von allen Seiten auf sie ausgeübt wurde, damit sie sich endlich dazu bewege, ihr Leben zu erzählen. Und dabei ist sie doch so stolz darauf, es geschafft zu haben.

Das Seltsame an diesem kleinen Rechtfertigungsbuch, das eine zutiefst gekränkte und wütende Simone Signoret geschrieben hatte, ist die Tatsache, daß sie sich nicht damit begnügte, nur mit Jean-Edern Hallier, Marie Cardinal und Anne Gaillard abzurechnen, die ihr mit ihren Unterstellungen auf France Inter wirklich Unrecht getan hatten, als sie behaupteten, Simone Signoret hätte keine einzige Zeile von *Ungeteilte Erinnerungen* selbst geschrieben.

Alles begann während des *Salon du Livre* am 10. Mai 1977 in Nizza, zwischen elf und zwölf Uhr in einer Live-Sendung zum brisanten Thema: »Die Ghostwriter in der Literatur«. Zu jener Zeit sind die Sendungen von Anne Gaillard, der Mata Hari der Zuhörerschaft, eine Art Medien-Marktplatz, auf dem es vorkommt, daß Ungerechtigkeiten an die Öffentlichkeit gebracht und gelegentlich sogar wiedergutgemacht werden. Doch manchmal führt der Drang zur Weltverbesserung zu übler Maßlosigkeit, und an diesem Tag gehen Anne Gaillards Gäste, zweifellos berauscht von der festlichen Atmosphäre, in der die Gerüchte sich vermehren wie Bakterien in stehendem Gewässer, entschieden zu weit. Allen voran Marie Cardinal, selbst ein ehemaliger, »seither jedoch aufgeklärter« Ghostwriter, wie Pierre Georges humorvoll in *Le Monde* schreibt, die verkündet: »Neulich habe ich im Fernsehen einen großen Star des französischen Films gesehen. Alle waren hellauf begeistert von ihrem übrigens ausgezeichneten Buch. Keine einzige Zeile darin stammt von ihr...« Und Jean-Edern Hallier, der John Wayne der französischen Literaturszene, auch er ein preisgekrönter Fälscher und begnadeter Anhänger von Skandalen, haut in dieselbe Kerbe: »Ich kann bei dieser Ghostwriter-Geschichte nur feststellen, daß das Publikum betrogen worden ist (...), daß die Verleger ihr Publikum systematisch betrügen. Man stellt ein Buch von Daniel Gélin als ein Buch von Gélin vor, ein Buch der Morgan als ein Buch der Morgan und ein Buch von Simone Signoret als das einer großen Schriftstellerin. Das ist falsch.«

Wie so oft bei Verleumdungen wurde ein wunder Punkt getroffen. Im Klartext: Maurice Pons wurde des heimlichen »Ghostwritings« verdächtigt. Und es stimmt, daß er bei der Entstehung und Weiterentwicklung dieses Buches eine entscheidende Rolle gespielt hat.

Zuerst gab es lange Gespräche, die auf Wunsch von Jean und Simonne Lacouture geführt wurden – »wir hocken in der Runde auf dem Teppich, um die Gottheit des Tonbandgeräts herum, wie die Gläubigen auf den Knien vor ihrem Götzen«[8]. Während der langen Tage der Freundschaft, des gemeinsamen Frühstücks in dem großen, sonnendurchfluteten Haus in Autheuil spielt Maurice Pons nacheinander »die Rolle des Polizisten, des Beichtvaters, des Psychiaters, des Biographen, des Geschichtsschreibers, des politischen Kommissars, des Geheimagenten, des kauernden Schreibers, des Untersuchungsrichters, des Trauzeugen und des Taufpaten...« In seinem Vorwort erzählt er unmißverständlich, wie das, was tatsächlich wie ein faszinierendes Spiel mit Worten begann, nach und nach zu »der langsamen und geheimnisvollen, aber immer irgendwie rührenden Verwandlung eines im Geist vorhandenen Werkes in seine Schriftform« und schließlich zu einem Buch wurde, von dem er »weder Ko-autor noch *rewriter*«, sondern »sein erster Zuhörer – und der fleißigste Leser« war.

Das Vorwort von Maurice Pons hatte sich durch die Umstände, unter denen das Projekt zustandegekommen war, als unerläßlich erwiesen, und Simone Signoret hatte es immer wieder gelesen, es für gut befunden und es schließlich akzeptiert. Es war eine schöne Geschichte von Freundschaft und Vertrauen, in der jeder mit offenen Karten spielte, ein Stück, in dem die Rollen klar verteilt waren. Doch im Zeitalter des Mißtrauens genügt ein Funken, um diese zahllosen kleinen Feuer zu entfachen, die schädlichen Rauch verbreiten. Das Vorwort von Maurice Pons, seine Fragen, die Simone Signoret in der endgültigen Fassung beibehielt, die Reaktionen in der Presse... Es bedarf nicht viel, um der Verleumdung neue Nahrung zu geben. Und schließlich ist allgemein bekannt, daß Schauspielerinnen nicht schreiben können. Die Schriftstellerin Simone Signoret war die ideale Zielscheibe: ihre Berühmtheit machte sie noch verwundbarer, und sie war um so leichter zu kränken, als ihr Buch gut war und Erfolg hatte. Eine Statue aus Lehm.

Die große Verleumdungsarie hallt noch lange im Bewußtsein der Leute nach. Zu meiner großen Überraschung bin ich in den letzten Monaten mehreren Leuten begegnet, die nach wie vor gutgläubig der Meinung sind, Simone Signoret hätte nie auch nur eine einzige Zeile von *Ungeteilte Erinnerungen* geschrieben... Möglicherweise hätten sie sich diese Frage nie gestellt, wenn Simone Signoret sich nach diesen Beleidigungen nicht in eine Löwin verwandelt hätte, die ihr Junges verteidigt. Da auch Paris nur ein großes Dorf ist, wäre es vielleicht klüger gewesen, eine Stellungnahme einfach zu verweigern. Manchmal ist verächtliches Schweigen besser als ein wohlgeplanter Gegenangriff, der bestenfalls zu einem Pyrrhussieg führt. Sie war sich dessen übrigens deutlich bewußt. »Ich habe schon seit langem begriffen, daß man mit der Berichtigung einer Nachricht durch eine andere Nachricht Gefahr läuft, ihr eine Bedeutung beizumessen, die niemand darin erkannt hat...« Doch für eine Frau wie sie war es unvorstellbar, sich zu ducken. Sie brauchte diesen Kampf, Beweise, einen bedingungslosen Sieg. Den technischen Sieg errang sie ohne Mühe: France Inter wurde wegen Verleumdung zu eintausendzweihundert Francs Geldstrafe und zu sechstausend Francs Schadensersatz verurteilt.

Doch damit gab sie sich nicht zufrieden, sie mußte noch ein zweites Buch schreiben, *Le Lendemain, elle était souriante*, das die Kränkung endgültig vergessen machen, ihre Unschuld, ihre schriftstellerischen Fähigkeiten ein für allemal beweisen sollte. Ein Plädoyer. Allerdings hat der Staub, den der Prozeß und anschließend dieses zweite Buch aufwirbeln, paradoxerweise zur Folge, daß der Verdacht weiterbesteht, sogar noch bekräftigt wird. Wenn sie sich weniger beharrlich verteidigt hätte, wäre diese Affäre gewiß nur ein weiteres jener schnell wieder vergessenen Gerüchte geworden, an denen sich das Pariser Leben von Balzac bis Carmen Tessier berauscht hat und die dem guten Ruf der Betroffenen gewöhnlich nur wenig schaden.

Mit *Le Lendemain, elle était souriante* hatte sie also beschlossen, keine Ruhe zu geben, zu beweisen, daß »die Freuden, die Ängste, die Anspannung und die Sorgen, die Einsamkeit des Schriftstellers an seinem Schreibtisch« ihr vertraut sind. Ein sonderbares Projekt, wenn man etwas genauer darüber nachdenkt. Sie hätte wissen müssen, daß das Schreiben, wie die Liebe, sich dem Beweis entzieht. Und daß der einzige Beweis der Leser ist.

Jedenfalls hätte sie es dabei bewenden lassen können. Doch zu jenem Zeitpunkt ihres Lebens war sie, aus unerfindlichen Gründen, von einem so heftigen Groll, von solcher Verbitterung erfüllt, daß sie das Bedürfnis verspürte, sich in eine allgemeine Abrechnung zu stürzen, bei der kaum einer von denen, die ihr begegnet waren und die ihr geholfen hatten, ihre Ängste zu überwinden, ungeschoren davonkam. *Le Lendemain, elle était souriante* ist das ergreifende Tagebuch einer Enthäutung bei lebendigem Leib.

Als erster hatte Régis Debray sich schuldig gemacht, da er Jean Lacouture von der Autofahrt am Tag zuvor erzählt hatte. »Am nächsten Tag verschlechterte sich die Lage, wenn ich so sagen darf.« Anschließend hatten Jean und Simonne Lacouture sich schuldig gemacht, weil sie, nachdem sie sie geködert hatten, die berühmten »Gespräche« nicht selbst mit ihr führen wollten, sondern Maurice Pons vorschlugen, um die Rolle des Zuhörers zu übernehmen. Sie leiteten eine Buchreihe, doch sie schrieben nicht sämtliche Texte selbst, wie es in der Verlagsbranche üblich war. Für Simone war das ein Zeichen unerträglicher Verachtung. »Wenn ich damals auf mich gehört hätte (doch man hört nie wirklich genug auf sich selbst), hätte ich gesagt: ›Ich spiele nicht mehr mit...‹ Doch ich hatte Angst, aus Hochmut zu sündigen, wenn ich die einzig richtige Frage stellen würde: ›Aber weshalb seid ihr dann zu mir gekommen, wenn ihr persönlich gar kein Interesse daran habt, mich zu befragen, mir zu widersprechen, mich womöglich anzuschreien oder mit mir zu lachen?‹«

Man hört tatsächlich nie genug auf sich selbst. Wenn sie an jenem Tag wirklich auf sich gehört hätte, wäre es ihr vielleicht erspart geblieben, sämtliche Etappen – sämtliche Schicksalsprüfungen – dieser regelrechten Initiationsreise zurückzulegen, auf die sie sich ohne ihr Wissen eingelassen hatte. Sie hätte den Lacoutures antworten können, daß sie Lust hatte, dieses Buch zu *schreiben* – und nicht zu *erzählen*, wie sie ihr vorschlugen. Doch damals stand bereits fest, daß diese Geburt schmerzhaft sein würde.

Dementsprechend liest sich *Le Lendemain, elle était souriante*. Der Schmerz ist allgegenwärtig. Maurice Pons erinnert sich, daß »sie in jener Zeit immerzu gekränkt war«. Auch Maurice Pons, der normannische Nachbar des Moulin d'Andé, hat sich schuldig gemacht, weil er tatsächlich der ideale Gesprächspartner war: intelligent, feinfühlend und fröhlich. Schuldig, weil er sich die Zeit genommen hatte, ihr in ihrem Haus in Autheuil zuzuhören, in der einzigen Woche, in der sie Zeit hatte, genau in dem Moment, da sie glaubte, »meine Freiheit wiedergefunden zu haben, eben jene Freiheit, mein Leben nicht erzählen zu müssen«[9]. Schuldig, seine Rolle als geduldiger Fährmann so gut wie möglich gespielt und mit seinen »graugrünen, manchmal malvenfarbenen und sogar mit Pailletten bestickten, oft geradezu blauen Augen« in ihre Augen geschaut zu haben; schuldig, gelacht zu haben, wenn sie lustig war, die richtigen Fragen gestellt zu haben, im richtigen Moment empört gewesen zu sein. Im Grunde also schuldig, sich mustergültig verhalten zu haben. Und dennoch wird er – schließlich ist niemand perfekt – verdächtigt, ihr nicht wirklich zugehört und sich eigenen Träumereien hingegeben zu haben, während sie sich »diesem endlosen Geschwätz auf Bestellung«[10] widmete.

Da ich mich gelegentlich in der gleichen Situation befand wie damals Maurice Pons, bekenne ich mich an seiner Stelle schuldig. Bei langen Interviews und vor allem, wenn ein Tonbandgerät die Sätze automatisch aufzeichnet, kommt es tatsächlich vor, daß die Gedanken abschweifen, eine Träumerei die Stimme desjenigen überlagert, dem man zuhört. Eine unbewußte Ablenkung, derer man sich gewöhnlich erst in dem Moment bewußt wird, wenn es Zeit ist, die nächste Frage zu stellen. Und in diesem Moment stellt man – o Wunder – fest, daß man die Worte des anderen sehr wohl verstanden hat, sie sogar wortwörtlich wiederholen könnte. Die Psychoanalytiker wissen, daß es nicht immer nötig ist zuzuhören, um zu verstehen. Nun, für die verängstigte Simone Signoret jener Jahre war mangelnde Konzentration jedenfalls unannehmbar. »Während ich mein Gedächtnis wie eine Zitrone auspreßte, überließ sich Maurice Pons den Gedanken, die meine Überlegungen in ihm hervorriefen. Es war nicht zu übersehen, und das sagte ich ihm auch.«

Maurice Pons war nicht der einzige Angeklagte. Paul Flamand, der Leiter der Editions du Seuil, war im vorhinein so sehr von der Qualität des Resultats überzeugt, daß er Simone Signoret, ohne sie zuvor zu benachrichtigen, einen Vertragsvorschlag und einen Vorschuß auf das Autorenhonorar schickte. Schuldig. Dominique Roussillon, die Tochter von Simonne Lacouture, die während der fünf schicksalhaften Tage des Gesprächs mit der Betätigung des Aufnahmegeräts betraut war, hatte ihrerseits den Fehler begangen, Simone Signorets Worte allzu gewissenhaft vom Band auf sechshundert Seiten rosafarbenes Durchschlagpapier zu übertragen.

Als Simone Signoret das, was eigentlich nur als Arbeitsinstrument, als Grundlage für das Buch dienen sollte, noch einmal durchlas, stellte sie mit Bestürzung fest, daß sie sich darin nicht wiedererkannte oder sich vielmehr zu deutlich wiedererkannte, und sie verspürte jene beängstigende Fremdartigkeit, die alle Leute überwältigt, die es nicht gewohnt sind, sich auf einer Leinwand zu sehen oder ihre Stimme vom Band zu hören. »So rede ich also! Arbeit hieß nur mehr ›Job‹, ein Mann war ein ›Kerl‹, ein Dummkopf oder vielmehr ein Narr war ein ›Idiot‹, eine Frau ›eine liebe Frau‹... Je länger ich in dieser Geschichte las, die ich aus guten Gründen doch zu kennen glaubte, um so weniger erkannte ich die Person wieder, die sie erzählte.« Dominique Roussillon hatte, was übrigens auch gar nicht ihre Aufgabe war, nicht versucht, die Ungenauigkeiten der gesprochenen Sprache, welche die Veröffentlichung eines Interviews im Rohzustand unmöglich machen, zu glätten. Ich kann an dieser Stelle bezeugen, wie notwendig die Neuschreibung, die Übersetzung ist, sobald man vom Mündlichen auf das Schriftliche übergeht, um einem Gespräch seine Ungezwungenheit, seinen ursprünglichen Fluß wiederzugeben.

Aber da dieses Projekt nun mal schlecht begonnen hatte, war es besser, es aufzugeben. »Mein Ziel war es, die sechshundert rosafarbenen Blätter im Besenschrank verschwinden zu lassen.« Noch ein Rückschritt. Sie wollte nichts mehr davon wissen, es wurde nicht mehr darüber gesprochen, das Leben nahm seinen gewohnten Lauf. Wie um sich definitiv von ihrem eigenen Buch trennen zu können, liebäugelte sie einen Augenblick lang mit der törichten Idee, mit Maurice Pons zusammen eine Sammlung ihrer sich überkreuzenden Erinnerungen zu verfassen. Da er sich beim Zuhören seinen eigenen Gedanken hingegeben hatte, bräuchte er nur zu erzählen, »in welche Gegenden seines Gedächtnisses diese oder jene meiner Erinnerungen ihn gelockt hatten«. Jeder würde sich von einem Wort, einer Andeutung des andern inspirieren lassen.

In der Tat wäre es dabei geblieben, wenn Maurice Pons, in

der Rolle des guten Schutzengels, seine Arbeit nicht doch fortgesetzt und die Rohfassung nicht in eine druckreife Form gebracht hätte, die er Simone Signoret in einem dicken Umschlag schickte, »der mit dem Stempel ›Einschreiben‹ versehen war – ein Zeichen, an dem man stets unangenehme Briefe oder schlechte Drehbücher erkennt, die irgendein Hobbyschreiber einem schickt, nachdem er einem auf die Spur gekommen ist, und nun eine Antwort verlangt«.

Armer Maurice Pons. Erneut schuldig. Und zwar, weil er hartnäckig war, weil er das »Vielleicht« nicht als »Nein«, das Zögern einer ängstlichen Frau nicht als tatsächliche Ablehnung verstand, weil er immer noch glaubte, daß es trotz allem eine gute Idee wäre, wenn Simone Signoret ein Buch veröffentlichen würde, daß es da Dinge gäbe, die die Leute gerne hören würden. »Ich hatte das unangenehme Gefühl, vor vollendete Tatsachen gestellt, ungewollt, ja, was noch schlimmer war, gegen meinen Willen, den ich doch klar und deutlich zum Ausdruck gebracht hatte, ausgenutzt zu werden.«

Am Ende jedoch ist es der Lektüre dieses Textes, der unvermeidlichen Kluft zwischen dem, was sie las, und dem, was sie hätte schreiben können, zu verdanken, daß sie schließlich selbst zur Feder greift. Aufgrund dessen, was sie, da sie eine potentielle Schriftstellerin war, als einen Verrat empfinden mußte. Diesen Text, der ihr buchstäblich auf einem Tablett serviert wurde, oder genauer gesagt: der neben dem Frühstückstablett mit der »Tasse Tee, den Morgenzeitungen, der Schachtel mit den Kleenex-Tüchern und den Scipion-Kreuzworträtseln« lag, diese peinlich genaue Übersetzung ihrer eigenen Worte konnte sie einfach nicht gutheißen, und sie hätte auf dieselbe Art und Weise reagiert, wenn irgendein anderer und nicht sie selbst der Autor gewesen wäre. Dabei handelte es sich nicht um Eitelkeit, auch wenn es, jedenfalls in der Darstellung, die sie in *Le Lendemain, elle était souriante* von dieser Geschichte gibt, diesen Anschein hat. Und obwohl sie dies gewiß glaubte, war es ebensowenig ihre Enttäuschung darüber, auf kleine Ungenauigkeiten gestoßen zu sein, auf Schnitte, auf vergessene Episoden, etwa über das Bild ihrer Großmutter Dubois de Poncelet zur Zeit des *Front populaire*, als sie auf dem Balkon der sechsten Etage in der Avenue du Roule in Neuilly die Demonstranten vorbeimarschieren sah und ihre sich am Gitter festklammernde Hand aussah wie eine erhobene Faust.

Da sie davon überzeugt war, daß ihr Unbehagen auf diese Formen von »Verrat« zurückzuführen war, auf diese kleinen, unvermeidbaren Verschiebungen zwischen dem Wort und der Schrift, widmete sie sich sogar der unnützen Übung, die darin besteht, Seite für Seite miteinander zu vergleichen. »Ich wollte alles prüfen, alles kontrollieren.« Doch sehr schnell erkannte sie, daß das Übel tiefer saß. »Ich log. Es war nicht ›das Schöne‹, das plötzlich zu ›das Hübsche‹ geworden war, das mich störte. Es war das Ganze, in seiner Gesamtheit. Es war das ›Ich‹, von dem ich beim Lesen immer wissen würde, daß es nicht mehr mein ›Ich‹ war, obwohl meine Ideen respektiert und meine Grammatik verbessert worden waren.«

Was sie so sehr störte, war die legitime Verwirrung des enteigneten Schriftstellers. Der Schriftstellerin, die in ihr steckte und deren immer zwingendere Anforderungen anzuerkennen sie sich verzweifelt weigerte, weil sie Angst vor dem hatte, was ihr eigener Wunsch ihr aufzwingen würde. Diese unbekannte Schriftstellerin, die sie tausendmal lieber im Verborgenen ihres Herzens hätte weiterschlummern lassen, so wie sie es immer getan hatte. Weil das Schreiben schwierig ist, was sie schon im vorhinein wußte, wie die Tatsache beweist, daß sie alles getan hatte, um sich dieser unmöglichen Aufgabe zu entziehen. Weil es eine einsame Arbeit ist, eine Arbeit ohne Netz und ohne Garantien, eine Arbeit, die den unvorhersehbaren Wellen der Inspiration ausgeliefert, von Mißerfolg, Entmutigung und Pannen bedroht und überdies dem zufälligen Urteil der Leser unterworfen ist.

Doch von diesem Manuskript, das für sie nur ein Buchersatz sein konnte, fühlte sie sich in die Enge getrieben, ohne Möglichkeit zur Flucht. Daher ihre Wut. Denn diese Frau, die sich so leidenschaftlich für Gerechtigkeit einsetzte, konnte auch sehr ungerecht sein. So als könnte der Funken, der die köstlichen Qualen kreativer Arbeit schließlich auslösen sollte, für sie nur aus der großen Wut entspringen. »Noch wußte ich nicht, daß es mir lange Zeit Spaß machen würde. Noch wußte ich nicht, daß mir Tage bevorstanden, an denen ich absolut keinen Spaß daran habe würde. Noch wußte ich nicht, daß mir die Begegnung mit etwas bevorstand, das ich bislang nie gekannt hatte: die Notwendigkeit, allein zu sein.«

Ich nehme mein Kaleidoskop. Ich presse mein rechtes Auge an die kleine Lichtöffnung, schließe mein linkes Auge und betrachte die Weltsplitter, die glitzernd umherschwirren. Das Bild teilt sich, zunächst auf der einen, dann auf der anderen Seite. Leichtes Schwindelgefühl. Ich drehe am Zylinder, der mit einem Papier bedeckt ist, dessen körnige Oberfläche sich weich anfühlt, und es bilden sich neue Sterne. Ein Bild entsteht und löst sich sogleich wieder auf, es folgt ein anderes, mit glänzendem Staub bedeckte Engelsflügel, bunte Schmetterlinge, in leuchtenden Prismen kreisende Miniaturspiegel. Eines Tages möchte ich ein Buch schreiben, das dem gleicht, was da drin zu sehen ist.

Ich lege das Kaleidoskop beiseite, und die Welt mit ihrer hartnäckigen Undurchsichtigkeit, dem rätselhaften Holz des Tisches, dem ruhigen Licht der Lampe ist immer noch da. Draußen ist es stockdunkel, doch unter dem Mond singen immer noch die Vögel, so als hätten sie noch keine Zeit gehabt, alles zu sagen. Gestern abend, im Moulin d'Andé, genossen die Gäste die sommerliche Trägheit unter den Linden, ein Akkordeonspieler stimmte verträumt die ersten Takte eines argentinischen Tangos an. Nichts wäre angenehmer gewesen, als dort zu bleiben, umgeben von untätigen Freunden, und in der so jungen Nacht noch ein wenig Weißwein zu trinken. Simone Signoret, die sich mit magischen Orten auskannte und in der Nähe des Moulin d'Andé wohnte, kam oft hierher, zum Mittagessen am Ufer des Flusses.

Heute nacht ist ganz am Ende der einsamen Insel ein großer Baum umgekippt. Der Stamm brach einen Meter über dem Boden ab, zum Glück sind die Wurzeln nicht herausgerissen worden. Andernfalls wäre beim Sturz wahrscheinlich eine gewaltige Erdmasse aus dem Boden gehoben worden, ein Stück der kleinen Insel, die ohnehin jedes Jahr kleiner wird. Doch die Insel ist unbeschädigt. Der riesige, halb versunkene Stamm spiegelt sich im ruhigen Wasser. Schon lassen die Vögel sich darauf nieder und erkunden ein neues Territorium.

Simone Signoret wäre da, als Nachbarin. Wir würden einen Fruchtsaft trinken, über den großen Baum sprechen.

Wenn Maurice Pons mit belegter Stimme und einem traurigen Lächeln von ihr spricht, erzählt er schöne und schwierige Dinge, Geschichten von Freundschaften und Mißverständnissen, alte Geschichten, die einen zum Lachen bringen und gleichzeitig weh tun. Doch er spricht nie in der Vergangenheit von ihr. Das bringt er nicht über sich. Nicht ein einziges Mal sagt er: »Simone war«, sondern immer nur: »Ach, Simone, sie ist... wundervoll, furchtbar...« Für ihn lebt sie immer noch, deutlich sichtbar, zärtlich und unbarmherzig, lustig, sinnlich, eine Frau, die mit weit geöffneten Augen und freiem Geist durch das Leben geht.

Ja, es ist mild an diesem Abend, doch ich muß weiterschreiben, obwohl ich, ich schwöre es hoch und heilig, nicht weiß, warum. »Ich weiß nicht im geringsten, warum ich zu schreiben begonnen habe«[11], sagte Simone Signoret. Unruhig wie eine Schülerin hinten im Klassenzimmer rutsche ich auf meinem Stuhl hin und her. Ich trinke ein wenig Wasser, ich mache mir Kaffee, ich zähle die bereits geschriebenen Seiten, ich stelle meine herumliegenden Filzstifte in das Duralex-Glas, wo sie einen Plastikblumenstrauß bilden, ich kratze mich am Ohr, ich stecke meine Haare zu einer Kugel am Kopf hoch, ich betrachte lange das Bild des auf dem Boden hockenden Schriftgelehrten, das ich mit Tesafilm an der Wand vor meinem Schreibtisch, neben dem Foto von Simone, befestigt habe. Er hat einen kleinen, rundlichen Bauch, große Ohren und den starren Blick ägyptischer Gottheiten, er ist ruhig, seine Hand zittert nicht, und ich beneide ihn darum, so gelassen zu sein. Wenigstens er hat seine Arbeit beendet. Was mir zu beschreiben bleibt, ist eine lange Nacht, und ich weiß wirklich nicht, warum ich hier sitzen bleibe, auf diesem unbequemen Strohstuhl, ich bräuchte ein Kissen, ich stehe auf, um mir ein Kissen zu holen, ich schalte das Radiogerät ein, ich stoße die Lampe um, sie zerbricht, ich sehe nach, ob die Glühbirne noch funktioniert, zum Glück finde ich eine andere. Harte Arbeit.

Jeden Morgen um halb zehn, nachdem sie geduscht, Kaffee getrunken und dabei die Nachrichten gehört hatte, ließ sich Simone Signoret an ihrem Schreibtisch nieder. Sie ging zur Arbeit. Sie setzte sich vor das weiße Blatt, wie sie sich in jenen glücklichen Tagen, als sie Filme drehte, an den Schminktisch setzte, und rauchte Zigaretten aus hellem Tabak. Sie hatte aus einem inneren Drang heraus zu schreiben begonnen, so wie man eine Reise antritt, »mit dem köstlichen Schuldgefühl einer Ausreißerin«. Und sie wurde erneut zu einer pflichtbewußten Beamtin.

Ohne die unerwarteten Verleumdungen in Anne Gaillards Sendungen wären wir zweifellos weniger gut über die kleinen Rituale informiert, die sie eingeführt hatte, um durchzuhalten, und die sie uns in allen Einzelheiten dargelegt hat, um uns leichter überzeugen zu können. All die lächerlichen Tricks, die dem Schriftsteller auf seiner langen, einsamen Reise helfen, die intimen Zeremonien, die jeder für sich selbst erfindet, um sich zu zwingen, am Tisch auszuharren und den Mut zu finden, die Seiten zu füllen, den Dschungel der Gefühle zu erkunden, das Gedächtnis aufzuhellen, langsam in die Zukunft des Blattes vorzudringen.

Das Schreiben ist eine Lieferantin kleiner Verrücktheiten.

Jeder hat seine Geheimnisse, seine uneingestandenen Lächerlichkeiten, seine persönlichen Drogen. Die einen räumen stundenlang ihren Schreibtisch auf, bevor sie die erste Zeile niederschreiben können. Andere rufen ihre sämtlichen Freunde an, um ihnen mitzuteilen, daß es nun endlich soweit ist und sie mit dem Schreiben beginnen werden. Wieder andere schreiben erst einmal ihr Adreßbuch ab. Die Nachtschwärmer warten bis drei Uhr früh auf eine Idee und gehen am frühen, fahlen Morgen erschöpft zu Bett. Simenon spitzte jeden Morgen seine achtzehn Bleistifte und verlor achthundert Gramm Schweiß pro Kapitel, Balzac trank literweise Kaffee, Freud rauchte, trotz des Krebsgeschwürs im Mund, Zigarren.

In einer Zeitungsredaktion erfährt man zuweilen, wenn alle in mitteilsamer Stimmung sind, die seltsamsten Geschichten. Chantal zieht über ihr T-Shirt einen alten Büstenhalter an und schlüpft in Pantoffeln. Marie breitet ihre sämtlichen Notizen auf dem Fußboden aus und hockt sich mitten in die herumliegenden Zettel. Emmanuel kritzelt Sätze auf Metro-Tickets, Maurice raucht Mentholzigaretten und trinkt Whisky, Claire spült das Geschirr ab und rennt mit dem Staubsauger durch die Wohnung, Mariella joggt sechsmal rund um den Park, Catherine legt sich unter den Tisch und hält auf dem Teppich, im Geruch trockenen Staubs, ihr Mittagsschläfchen. »Wichtig war, daß ich den Raum, in dem ich arbeitete, nicht verließ. Es ist ein Zimmer, das Montand für mich eingerichtet hat, es hat ins Dach eingebaute Fenster, ich kann nicht einmal die Landschaft sehen. Dort fühlte ich mich wohl, vollkommen isoliert, nichts, was mich ablenkte, den Blick auf die weiße Wand gerichtet. Und auf dieser weißen Wand wird man, wenn man sucht und nichts findet, früher oder später doch Dinge erkennen.«[12]

Der Wunsch zu schreiben ist heftig und flüchtig, Alkohol, der sich in Luft auflöst, ein Trugbild, das mit der Zeit verschwindet, ein Engel, der uns bewacht.

Wir leben in einer paradoxen Zeit, in der die Schrift uns überwältigt und uns unter den Fingern zerrinnt. Obwohl sie scheinbar von der Macht des Bildes verdrängt wird, so fährt sie doch fort, sich weiterhin in unseren Köpfen festzusetzen, uns als Referenz und Gedächtnis zu dienen, und wir haben große Ehrfurcht vor diesen eingefrorenen Wörtern, die die Gedanken zum Blühen bringen, damit wir sie besser aufbewahren können. Indem sie, wie sie sagte, von der Üppigkeit der Leinwände zur Schlichtheit des Schreibens überwechselte, drang Simone Signoret immer tiefer in ihre Zeit vor. Als Königin der Kinosäle lieh sie ihren Schatten dem Aufmarsch von Phantasiegebilden. Doch wenn sie schrieb, dann war es nicht mehr ihr Bild, das sich auf das Blatt Papier projizierte, nicht mehr ihre unnachahmliche Stimme, die bei der Wahl der Wörter herauszuhören war.

Das Bild löste sich auf und machte der Person Platz. Unter dem Druck des Schreibens zersprang der Spiegel, das Bild wurde auseinandergesprengt wie die tausend Glassplitter im Kaleidoskop. Sie spielte mit dem Bild, verkleidete sich und flüchtete vor sich selbst, indem sie die Identitäten vervielfältigte. Endlich fand sie zu der Möglichkeit, diesem Bild, das sie zuerst durch Mißhandlung, durch Entstellung ihres Gesichts zu zerstören versucht hatte, seine eigentliche Bestimmung als vergängliche Illusion zurückzugeben. Sie hatte die Veränderungen ihres Äußeren zur Genüge genossen und konnte sich nun von ihnen abwenden. Schreibend schaffte sie es, in ihrem tiefsten Inneren Wurzeln zu schlagen. Sie weigerte sich, nach außen Ersatz-Simones zu projizieren, ganz gleich, wie verführerisch diese auch sein mochten, und legte endlich den Schleier ab. Sie wischte die Schminke ab, und ihr Gesicht löste sich nicht auf. Ganz im Gegenteil. Am Ende des Tunnels kam ein anderes Gesicht zum Vorschein, ein vollkommenes, vollendetes, erhabenes und nicht von der zweidimensionalen Filmleinwand entstelltes Gesicht. Das Gesicht jener Simone, die das Schreiben geschaffen hat, die man gerne wiedersehen würde.

Es war keine leichte Entscheidung gewesen. Erst unter dem Druck ihrer Freunde hatte sie sich zum Schreiben entschließen können. Diese Freunde verkörperten für sie das seltsame Gesetz einer Epoche, in der eine Filmkarriere ohne einen Abstecher auf das karge Feld der Schriftstellerei unvollständig zu sein schien. Und sie hatte sich Hals über Kopf in diesen neuen Beruf gestürzt, mit viel größerem Engagement, als von ihr erwartet wurde und trotz der kleinen Schmerzen eines Lebens am Schreibtisch, trotz der Ungewißheit über ihre Fähigkeiten, trotz der Risiken.

Und es war noch immer nur eine Etappe, erst der Beginn der Erfüllung des Traums.

Denn es wird noch viele Jahre dauern, noch mancher Ermutigung und manchem Druck von seiten ihrer Freunde bedürfen, bevor sie den nächsten Schritt tut, den entscheidenden Schritt in Richtung Fiktion, die für einen Schriftsteller einen der beiden Wege darstellt, die zur schöpferischen Freiheit führen. Der andere ist die Poesie.

»Eine fünfstellige Zahl, wobei die beiden ersten Ziffern nur sechzehn oder siebzehn sein konnten ...«
Simone SIGNORET

21

Von nun an bewegt sich ihr Leben zwischen dem Film – oder dem Fernsehen – und dem Schreiben hin und her. »Seit einigen Jahren geht das so: Sobald ich zu spielen aufhöre, möchte ich schreiben.«[1] Wenn die Dreharbeiten das Bücherschreiben unterbrechen, schleppt sie ihre Schreibmaschine überallhin mit und hofft, dem noch unvollendeten Werk zwischen zwei Auftritten einige Seiten hinzufügen zu können. Doch das ist unmöglich, denn sie kann sich keinem Projekt nur mit halber Kraft widmen. Übrigens konnte sie das nie, und mit den Jahren ist diese innere, auf die Intensität ihres Willens zurückzuführende Konzentrationsfähigkeit immer stärker geworden, ganz gleich, um welches Projekt es sich handelte.

Mehrere Leben zu leben, wie sie es tat, war nur möglich, weil sie sich im Grunde nie verzettelte, sondern jede ihrer Unternehmungen mit der erforderlichen Aufmerksamkeit und mit gleichbleibendem Professionalismus anging. Sie widmete sich jeder neuen Erfahrung, ob das nun eine Begegnung, ein Film, ein Kampf oder ein Buch war, mit der gleichen Ernsthaftigkeit und Konsequenz. Sobald sie ein Universum betrat, verlor sich der Rest am Horizont. Da sie immerzu von Dreharbeiten in Anspruch genommen wurde, stand sie seit jeher ein wenig abseits des gewöhnlichen Alltags, und nicht einmal ihre Leidenschaft für das Schreiben hatte daran etwas geändert. Was sich verändert hatte, war die Tatsache, daß niemand mit ihr über den nächsten Film sprechen durfte, wenn sie mitten in der Schreibarbeit steckte. Alain Corneau machte diese bittere Erfahrung, als er sie in Autheuil besuchte, um ihr von *Police Python 357* zu erzählen, während sie in ihren *Ungeteilten Erinnerungen* gerade irgendwo zwischen Ostdeutschland und der Tschechoslowakei unterwegs war.

1977 stürzt sie sich nach langem Zögern in das gefährliche Abenteuer von *La Vie devant soi* von Moshé Mizrahi, einer Adaptation des mit dem Prix Goncourt ausgezeichneten Romans *Du hast das Leben noch vor dir*[2] von Emile Ajar. Sie mißtraut diesem mysteriösen Ajar, von dem damals noch niemand weiß, daß es sich um Romain Gary handelt. Sie findet, daß er sich etwas zu sehr an der Erzählung *Fever* von Peter Feibleman orientiert hat, die sie in Hollywood entdeckt und die sie so fasziniert hatte, daß sie darauf bestand, sie zu übersetzen und bei Gallimard zu veröffentlichen. Ihrer Ansicht nach erinnert die Geschichte von Madame Rosa sehr an die von Feiblemans Heldin.

Vor allem aber war es ein aussichtsloses Unterfangen, eine extreme Erfahrung. Sie wußte, daß sie sich damit abfinden müßte, ihrem Bild von früher definitiv den Gnadenstoß zu versetzen, wenn sie diese erbarmungslose Rolle annehmen würde. Goldhelm verwandelte sich in eine fette Alte. Madame Rosa, eingeschnürt in ihr geblümtes Kleid, schrecklich geschminkt und mit lächerlichen Löckchen im Haar, hatte das letzte Stadium des physischen Verfalls erreicht. Das Phantom von Bubulina war endgültig besiegt. In der Rolle der ergreifenden Madame Rosa, die vom Schicksal gebeutelt wurde, vor Einsamkeit fast starb und an ihrem körperlichen und seelischen Elend zu ersticken drohte, überwand Simone Signoret ihre falschen Schamgefühle und ihre allerletzte Koketterie. Am schwierigsten war es, Montands Blick standzuhalten, seiner Enttäuschung, seiner Ungläubigkeit angesichts der Verwandlung der Frau seines Lebens in einen schwabbeligen Koloß aus Fleisch.

Um an diesen äußersten Punkt zu gelangen, an dem sie ihrem schauspielerischen Können Vorrang vor allem anderen gibt, bedurfte es eines Regisseurs wie Moshé Mizrahi, dem sie vollstes Vertrauen entgegenbringt, ohne daß er zu ihrem engsten Freundeskreis gehört. Vor ihm haben bereits Claude Berri und Costa-Gavras ihr die Rolle der Madame Rosa angeboten. Doch sie spürt, daß sie sich von ihnen, die sie schon lange kennt, nicht genug unter Druck gesetzt fühlt, sondern dem Wunsch nachgeben würde, zu retten, was noch zu retten ist und sich weniger überzeugend häßlicher zu machen. Moshé Mizrahi bittet sie, viel zu enge geblümte Kleider anzuziehen, die sie noch dicker aussehen lassen. Sie zieht die Kleider an, betrachtet sich im Spiegel, sieht eine Karikatur ihrer selbst – und findet sich damit ab. Von nun an ist sie zu allem fähig, was eine Rolle von ihr verlangt. Mit Mizrahi fühlt sie sich außerstande zu mogeln, kann sie sich nicht die geringste Schwäche erlauben, und so leert sie den Kelch bis zur Neige. Mizrahi ist angesichts dieser unbeugsamen Entschlossenheit von ihrem Können, ihrer Professionalität tief beeindruckt. »Manchmal legte sie ein solches Engagement in ihre Rolle, daß ich Angst hatte, sie könnte ihre ganze Kraft verlieren.«

Mit Mut und Leidenschaft wird sie zu Madame Rosa. Nach ihrer Rolle als *Die jüdische Frau* von Brecht spielt sie erneut eine Jüdin, doch diesmal trägt sie das Brandmal der ehemaligen Deportierten von Auschwitz an der Innenseite ihres Handgelenks. Obwohl man dieses Zeichen im Film nicht sieht, da der Unterarm von Madame Rosa nur selten entblößt wird, hat Simone Signoret darauf bestanden, es zu tragen: »Ich mußte es spüren unter meinem Nachthemd und unter dem Pullover, der es bedeckte.« Ihre Maskenbildnerin Maud Begon, eine ehemalige Widerstandskämpferin und Überlebende des Konzentrationslagers von Ravensbrück, hat ihr die Kennummer 17329 zugewiesen. »Von uns allen war sie die einzige, die wußte, daß Madame Rosa, die 1942 deportiert wurde, notgedrungen zu der Gruppe derjenigen zählen mußte, deren einziges persönliches Kennzeichen von nun an eine fünfstellige Zahl sein würde, wobei die ersten beiden Ziffern nur sechzehn oder siebzehn sein konnten.«[3] Da Signoret diese verhängnisvolle Nummer trug, die jeden Morgen aufgefrischt und gepudert werden mußte, prägte sich die Madame Rosa noch stärker in sie ein als alle ihre anderen Rollen; und es war nicht nur Madame Rosa, sondern gleichzeitig das Phantom der Millionen von Juden, die von den Nazis umgebracht worden waren und von denen Simone Kaminker wußte, daß sie, wenn das Schicksal es so gewollt hätte, durchaus eine von ihnen hätte sein können.

Sie konnte das alte Bedauern, nicht am Widerstandskampf teilgenommen zu haben, nicht überwinden. Im Gegenteil. In gewisser Hinsicht half ihr dieses »Schamgefühl«[4] sogar, in ihrer inneren Entwicklung noch weiter, noch tiefer voranzukommen. Innerhalb des langen Reifeprozesses, der sie in den ihr verbleibenden Jahren zu einer bewegenden Wiederaneignung ihrer so lange vernachlässigten jüdischen Identität führen sollte, stellt die Begegnung mit Moshé Mizrahis Madame Rosa eine entscheidende Etappe dar. Aus einer Art Aberglaube und aus Respekt vor denen, die ihre Tätowierung nie wieder entfernen konnten, sieht sie nach den Dreharbeiten einige Tage lang davon ab, diese kleine Markierung auf ihrer Haut mit Seife abzuwaschen. »Die Ziffer 1, die 7, die 3, die 2 und die 9 lösten sich allmählich von selbst auf, das Blau wechselte über ins Malvenfarbene, das Malvenfarbene ins Graue, bis am Ende nur mehr winzige Zeichen übrigblieben, die außer mir niemand entziffern konnte.«[5]

In *Chère Inconnue*, einem anderen Film von Moshé Mizrahi, wiederholt sich im darauffolgenden Jahr die seltsame Wirkung der Zeitverschiebung, die Simone Signoret zwischen *Le Chat* und *La Veuve Couderc* jünger werden ließ. Sie gewann zwar nicht ihre verführerischen Reize wieder, doch zumindest sah sie nun weniger karikaturhaft aus. Kurze Zeit später sollte die Krankheit sie jedoch ein weiteres Mal verwandeln.

Im Mai 1980 müssen die Dreharbeiten zu *L'Etoile du Nord* von Granier-Deferre auf später verschoben werden. Simone Signoret liegt im Krankenhaus. Da sie nie ernstlich krank war, ist dies für sie ein erstes Anzeichen von Gefahr. »Man glaubte, ich hätte Krebs, und hat viel Aufhebens von dieser Sache gemacht. Nach der operativen Entfernung der Gallenblase hätte man beruhigt sein können. Doch ich habe eine sechsmonatige Pause eingelegt.«[6] In Wirklichkeit handelte es sich wahrscheinlich um das erste Anzeichen des Krebsgeschwürs, an dem sie fünf Jahre später sterben sollte. Aus dieser Schicksalsprüfung geht eine schlankere und endgültig von ihrer Alkoholsucht geheilte Simone hervor, die nun einer Großmutter mit strengem Blick ähnlich sieht. Anderthalb Jahre später spielt sie die ergreifende Madame Baron, eine Zimmervermieterin in Charleroi, die sich unsterblich in einen ihrer Pensionsgäste verliebt hat. Philippe Noiret spielt diesen gefährlichen, kaltblütigen und zugleich charmanten Ganoven, der sie mit seinen Erzählungen über seine Reisen in den Orient zum Träumen bringt. *L'Etoile du Nord* sowie *Guy de Maupassant*, ein Film von Michel Drach, in dem sie die Mutter des Schriftstellers spielt, sollten ihre beiden letzten Filme sein. Der Countdown hatte begonnen. Doch noch standen ihr einige entscheidende Abenteuer bevor, ohne die ihr Schicksal unvollendet geblieben wäre.

Als sie 1982 das Angebot annahm, den *Off*-Kommentar zu Moscos Film über die Kämpfer der M. O. I., der Gastarbeiterbewegung, über diese »Terroristen im Ruhestand« zu sprechen, da ahnte sie noch nicht, daß diese Erfahrung, die, verglichen mit den Kriterien, die man normalerweise bei der Zusammenstellung einer Filmographie berücksichtigt, als zweitrangig betrachtet werden könnte, von grundlegender Bedeutung für ihre persönliche Weiterentwicklung sein sollte. Diesen verkannten Helden der Résistance, deren vergessene Geschichte sie mit großer Ergriffenheit entdeckte, war es zu verdanken, daß sie endlich die letzte Hürde überwinden konnte, die sie noch vom Romanschreiben abhielt.

Simone Signoret sitzt mir in meiner Küche gegenüber. Sie hat nur noch wenige Monate zu leben. Ihre Haare sind grau und kurzgeschnitten, sie trägt eine Bluse, deren himmelblaue Farbe dem Himmelblau ihrer fast völlig erblindeten Augen entspricht. Ihr Gesicht ist nicht mehr so aufgedunsen wie in ihren tragischen Filmen, sie ist wieder schön, schlank, wie gereinigt und sieht aus, als hätte sie zu sich selbst, zu ihrer ehemaligen Würde, zurückgefunden. Ihre Gesichtszüge sind unter der blassen Haut und den feinen Falten erneut sichtbar geworden, sie ist gealtert, doch so, »wie *Goldhelm* gealtert wäre. Und nicht wie *Madame Rosa*. Gealtert, wie es für das junge Mädchen logisch war, das ich 1942 flüchtig im *Flore* sah«[7], wie Jorge Semprun in *Yves Montand: das Leben geht weiter* schreibt. Die Krankheit, die ihre zerstörerische Arbeit tut, hat ihr auch dieses kurzlebige Geschenk, diese allerletzte Aussöhnung mit ihrem Bild gebracht.

An jenem Tag im Frühling, ihrem letzten Frühling, hat sie sogar Appetit und freut sich, mit jemandem diskutieren zu können. Mit völlig ungebrochener Leidenschaft – denn sie spricht von sich selbst, von den Fehlern ihrer Vergangenheit – erzählt sie von den Rosenbergs aus Amerika und vom Slánský-Prozeß in Prag. Ihr Gedächtnis ist von verblüffender Präzision, ihr Geist ist lebendig und schnell. Sie kann es immer noch nicht fassen, eine jener gutwilligen Intellektuellen gewesen zu sein, die sich zwar für »Spione« einsetzten, die den Inquisitoren des FBI ihre Verbrechen nicht gestanden und auf dem elektrischen Stuhl hingerichtet wurden, sich aber gleichzeitig und aus Treue zu einer bestimmten linken Ideologie blind stellten für die Schauprozesse im Osten. Sie macht sich selbst nach wie vor den Vorwurf, an Eluards kriminellen Satz über die Unschuldigen und die Schuldigen geglaubt zu haben. Sie ist bedrückt, wenn sie an jene denkt, die wie Arthur London und Oskar Langer von der sowjetischen Maschinerie niedergetrampelt wurden, und zwar mit dem Segen der aufrichtigen Westeuropäer, die ihnen hätten helfen müssen und die durch die ideologischen Scheuklappen, mit denen sie sich aufgeputzt hatten, daran gehindert wurden. »Auf der einen Seite gab es die Leute, denen man versprach, sie am Leben zu lassen, wenn sie sich der Spionage schuldig bekennen würden, die jedoch nicht gestanden und auf dem elektrischen Stuhl hingerichtet wurden. Und auf der anderen Seite wurden Leute hingerichtet, die Verbrechen gestanden, die sie nicht begangen hatten! Zur gleichen Zeit!« Sie ist erstaunt und empört. Ihre beinahe blinden Augen glänzen schwach, sind erhellt vom Meer der Vergangenheit, und bleiben doch auf die Welt, auf die Tiefen des Jahrhunderts gerichtet.

Heute sitzt dieses Jahrhundert in meiner Küche. Es trägt den Namen Adam Rayski. Rayski ist einer der ehemaligen Führer der M. O. I., der von der PC während des Krieges für Spanier, Italiener, Polen, Armenier wie Manouchian und Juden wie Mitzflicker, Kogitski und Rayski gegründeten Widerstandsorganisation für Immigranten. Im Auftrag des *Nouvel Observateur* führte Simone Signoret ein Gespräch mit Adam Rayski, dessen Buch *Nos Illusions perdues*[8] soeben veröffentlicht wurde. Ein passender Titel für die Memoiren eines Mannes, der die Widersprüche seiner Zeit in ihrem ganzen Ausmaß, in ihrer ganzen Absurdität erlebt hat.

Er wurde in Polen geboren, flüchtete in den dreißiger Jahren nach Frankreich, wurde Parteifunktionär der PCF und später, zur Zeit der Okkupation, einer der Anführer der Widerstandsbewegung der Immigranten in Paris. Damals wird er mit den beängstigenden Widersprüchen innerhalb der in die Provinz geflüchteten Parteiführung konfrontiert. Die ausländischen Widerstandskämpfer, die allein in der Hauptstadt zurückgeblieben sind, wissen, daß sie denunziert wurden und beschattet werden. Doch als Rayski darum bittet, sich nach Lyon zurückziehen zu dürfen, antwortet man ihm, daß man »die Führungskräfte der Partei nicht abziehen lassen kann«. Wie vorherzusehen, werden einen Monat später dreiundzwanzig M. O. I.-Aktivisten angezeigt, beschattet und verhaftet. Am 21. Februar 1944 werden sie am Mont Valérien hingerichtet und ihre unaussprechlichen Namen und ihre nicht sehr katholische Herkunft anschließend vierzig Jahre lang vergessen.

1982, anläßlich des Films von Mosco, der von der tragischen Geschichte dieser Männer erzählt, begegnen sich Adam Rayski und Simone Signoret zum ersten Mal. Zusammen mit Gérard Desarthe setzt sich Simone Signoret für dieses außergewöhnliche Dokument ein, das zum ersten Mal seit dem Krieg das Schweigen über diese unbekannten Helden bricht. Sie ist erschüttert über das Schicksal dieser Handvoll Immigranten, zumeist Juden, deren Familien und Freunde deportiert worden und die im von der Angst beherrschten Paris zurückgeblieben waren, allein mit ihrem unmöglichen Akzent, mit Bomben in ihren ans Zuschneiden und Nähen gewohnten Händen, allein mit dem Mut der Verzweiflung.

Zweifellos hatten die Führer der PCF bei dieser Geschichte dann doch ein schlechtes Gewissen, denn mit mehr oder weniger diskret ausgeübtem Druck gelang es ihnen, die Ausstrahlung des Films auf Antenne 2, dem Koproduzenten, mehrere Jahre lang zu verhindern. Der Film war 1979 vom Vorsitzenden Maurice Ulrich in Auftrag gegeben und später unter verschiedenen Vorwänden durch Desgraupes und Héberlé abgesetzt worden, um am 2. Juli 1985 schließlich doch ins Programm zu kommen, was zu einem großen Teil Simone Signorets Hartnäckigkeit zu verdanken war. Es war der letzte Kampf, den sie nach hartem Ringen und wenige Monate vor ihrem Tod siegreich beenden sollte. Am 14. Mai 1985 hatte Jean-Pierre Ravery in *L'Humanité* einen allerletzten Einschüchterungsversuch gewagt: »Um die Ungeheuerlichkeit der Entscheidung (...), den Fernsehzuschauern Moscos Film zu zeigen, zu begreifen, genügt es, sich einen Fernsehsender vorzustellen, der damit einverstanden wäre, eine Theorie zu verbreiten, die besagt, daß General de Gaulle für den Tod von Jean Moulin verantwortlich gemacht werden müßte.« Colonel Passy hingegen, einer der berühmten Anführer des gaullistischen Widerstands, nahm in einem Interview mit der

Zeitschrift *Le Point* gelassen Stellung: »Dieser Film läßt Gerechtigkeit widerfahren.« Inzwischen war der Film, dank Marin Karmitz, in einem Pariser Kino gezeigt worden.

Es war ein gerechter und starker Film, der schwerwiegende Fragen aufwarf, ohne endgültige Antworten mitzuliefern. Wurden die immigrierten Widerstandskämpfer von den Führungsinstanzen der Partei aufgrund sogenannter höherer Zwänge geopfert, die nach einem Ausharren der Widerstandskämpfer in Paris verlangten, obgleich ihr Bleiben einem Selbstmord gleichkam? Hat der Kampf um die Vormachtstellung der Kommunisten innerhalb der französischen Résistance den Kampf gegen Hitler dann und wann in den Hintergrund gedrängt? Stand das anschließende, jahrelange Schweigen über die Märtyrer der M. O. I. in Zusammenhang mit dem fremdartigen Klang ihrer Namen? Ob diese Fragen nun peinlich waren oder nicht, das mußten diejenigen beurteilen, die sich angesprochen fühlten. Indem Mosco mit den Überlebenden dieser tragischen Episode sprach, lüftete er eine Ecke des Schleiers, der über einer immer noch weitgehend verkannten Epoche der französischen Geschichte liegt. Für Simone Signoret war es eine Enthüllung, ein Schock, der eine ungeheure Wirkung auf ihre letzten Jahre haben sollte, da er sie zu den Figuren und der Rahmenhandlung ihres Romans *Adieu Wolodja* inspirierte.

Sie empfand Betroffenheit und Zuneigung und wollte die Überlebenden der M. O. I. treffen, die Mosco aufgespürt hatte. Sie wollte diese Männer im Schatten kennenlernen, die zu einer Zeit selbstgebastelte Bomben auf deutsche Kinos warfen, auf dem Pariser Pflaster vor Kälte fast umkamen und in jedem Moment ihr Leben aufs Spiel setzten, als sie bereits Stammgast im Flore war und ihre Karriere als »Statistin« in *Le Prince charmant* und *Boléro* von Jean Boyer begann – ohne auch nur eine Sekunde lang zu ahnen, daß zur selben Zeit und in derselben Stadt Immigranten der M. O. I. die Hölle durchlebten.

Auf ihre Bitte hin nahm Mosco sie mit in die Schneiderateliers, in denen die Überlebenden dieser tragischen Ereignisse weiterhin Mäntel zuschnitten und Jackenrevers nähten. Es waren alte weise Juden, die immer noch von Angst und Schrecken ergriffen wurden, wenn sie an die Vergangenheit zurückdachten. Sie standen nach wie vor unter einem schweren seelischen Schock und zeigten jenen schwarzen Humor, der auf das absurde Gefühl zurückzuführen ist, nur durch Zufall überlebt zu haben. Es waren Überlebende, die es niemals wirklich geschafft hatten, diese Zeit hinter sich zu lassen und einen Schlußstrich unter den Krieg und die Schrecken der Nazi-Zeit zu ziehen. Es gibt Erlebnisse, die man nie vergißt, Dramen, die zu groß sind, um von der Erinnerung aufgesogen zu werden.

In einer Schublade, inmitten von Zwirnrollen und gebogenen Scheren, bewahrt Adam Mitzflicker den alten Revolver auf, mit dem er aus dem Schatten der Platanen auf die Nazi-Offiziere geschossen hat. Es verblüfft ihn immer noch, daß er in der Lage gewesen war, dieses so ungewöhnliche, dieses für einen friedfertigen Juden so wenig geeignete Instrument zu handhaben. »Meinen ersten Deutschen hätte ich mit einem Hammer erschlagen sollen. Doch das konnte ich nicht, ich war kein Mörder.« Er lacht und erklärt, wie man es in der damaligen Zeit der Entbehrungen schaffte, einen Molotowcocktail herzustellen.

Simone Signoret aß mit Mitzflicker, Kogitski und Rayski zu Mittag, hörte ihnen beim Erzählen ihrer Geschichte zu und hatte plötzlich das Gefühl, mit Angehörigen ihrer Familie zusammenzusein. Mit Onkeln und Brüdern. Als sie älter war, wurde diese verborgene Seite ihrer Geschichte ihr immer bewußter. Es hatte langer Jahre, zahlreicher Erfahrungen, Begegnungen und Enttäuschungen bedurft, bis sie erneut, über ihren Vater hinaus, ihren Vorfahren aus der Familie Kaminker gegenüberstand. Drei Jahre später, als Adam Rayski ihr per Telefon mitteilte, daß er sein Buch beendet hätte, antwortete sie ihm: »Auch ich habe meinen Roman abgeschlossen, und er handelt von Menschen, die so sind wie

Sie.« Was sie nicht sagte, war, daß es ihr dank dieser erfundenen Geschichte endlich gelungen war, mit ihrem Vater ins reine zu kommen, sich mit diesem Toten, den sie nie wirklich kannte, auszusöhnen.

Doch bevor sie sich diesem großen, allmählich heranreifenden Projekt widmen würde, wollte sie sich noch einen alten Kindheitstraum erfüllen. Damals in Neuilly, als sie mit ihrer Großmutter Signoret unter den Akazien spazierenging, erzählte diese ihr die wahre Geschichte von Thérèse Humbert, jener gerissenen Abenteurerin, der es zur Zeit der Dreyfus-Affäre gelungen war, die Pariser Bankiers davon zu überzeugen, daß sie im Begriff war, eine größere Erbschaft von hundert Millionen Goldfrancs anzutreten. Thérèse hatte mehrere Jahre lang auf großem Fuß gelebt, mit Wechseln jongliert und ihre Gläubiger verführt.

Ihre Großmutter, die sich in den Parks gerne als die Frau des »berühmten Schauspielers Gabriel Signoret« ausgab, hatte bloß kleinere Gaunereien auf dem Kerbholz – und empfand demnach grenzenlose Bewunderung für diese begnadete Hochstaplerin. Thérèse Humbert schürte das Feuer ihrer großen Träume, baute Luftschlösser auf Treibsand und spielte so leidenschaftlich »Wer-verliert-gewinnt«, daß die ganze Welt ihr zu Füßen lag. Hochstaplerinnen sind vor allem hervorragende Verführerinnen. Sie stellen ihr Leben schöner dar, als es tatsächlich ist, und ziehen so die Blicke der andern auf sich, und ihre unwahrscheinlichen Geschichten haben in erster Linie die Eigenschaft, sie mit imaginärem Glanz zu schmücken. Kiki war von Thérèse Humbert ebenso fasziniert wie ihre Großmutter und schwor sich, später einen Film über sie zu machen.

Dem Talent und der aufmerksamen Freundschaft von Jean-Claude Grumberg, dessen Theaterstück *L'Atelier* Simone Signoret bewunderte, ist es zu verdanken, daß *Thérèse Humbert* zu einem von Marcel Bluwal inszenierten, vierteiligen Fernsehfilm wird. Die Dreharbeiten sind ein Fest, eine Krönung von Simones Laufbahn, bei der ihr kreativer Trieb auf eine nie dagewesene und überwältigende Weise befriedigt wird. Thérèse Humbert ist nicht nur eine geniale Lügnerin und somit eine Schauspielerin der Wirklichkeit, eine Königin der Hochstapelei, sondern auf ihre Art eine Romanschriftstellerin, die ihr Leben in eine grandiose Fiktion verwandelt, in einen wahren Roman, in dem ihre Zeitgenossen, die Juristen, Spekulanten und Bankiers, zu unfreiwilligen Protagonisten werden.

Wie Simone Signoret steht auch Thérèse Humbert ständig im Mittelpunkt des Geschehens. Sie ist die Bandenchefin, die Anführerin, das *alter ego* des Bankiers Law. Um ihre charismatische Person drehen sich alle Intrigen dieser subtilen Fabel, dieser Komödie der Macht und der Unwirklichkeit des Geldes in einer auf Kredit, das heißt auf Glauben und Fiktion, begründeten Gesellschaft. »Laß mich nur machen«, sagt sie immer dann zu ihrem Mann, wenn die Wahrheit ans Licht zu kommen droht, die grausame Wahrheit über den großen leeren Geldschrank, der inmitten der märchenhaften Ausstattung des bürgerlichen, mit äußerlichen Zeichen von Reichtum, mit Wandbehängen, Teppichen, Gemälden, Wanduhren, Kerzenleuchtern und Samtbändern vollgestopften Versailles verborgen ist – und dieser Satz klingt wie ein Motto. In ihrer Familie, deren Mitglieder ihr als Komplizen dienen, ist es stets an Thérèse zu improvisieren, neue, bereitwillige Opfer, weitere Pfandleiher zu finden, wobei es ihr trotz der Offenkundigkeit ihres Schwindels, trotz des Argwohns und der Zweifel immer wieder gelingt, das Trugbild des gewaltigen und unauffindbaren Vermögens bis zum Schluß, bis zum Niedergang, bis zum Wahnsinn aufrechtzuerhalten. Gleichzeitig ist die von ihrer eigenen Macht als Illusionistin faszinierte Thérèse die einzige Heldin des Skandals, die bis zum endgültigen Scheitern Siegerin bleibt, die Primadonna eines unendlichen Prozesses, des Prozesses der triumphierenden Spekulation. In dieser Rolle, die sie unbedingt spielen wollte, in dieser Rolle einer großen Dame mit bösem männlichen Charakter, die ihr auf den Leib geschnitten ist, zeigt eine hervorragende Simone Signoret ihr ganzes überwältigendes Können.

Nach Abschluß der Dreharbeiten fühlte sie sich wie immer völlig ausgepumpt, ausgebrannt und verlassen. »Seit einigen Jahren habe ich immer dann zu schreiben begonnen, wenn ein Film zu Ende gedreht war und ich mich erneut wie ein Waisenkind fühlte.«[9] Und auch nach *Thérèse Humbert* hat sie wieder Lust zu schreiben. Noch kennt sie das Thema ihres Romans nicht, doch der Romanstoff ist bereits vorhanden und muß nur noch verarbeitet werden. Sie war ihren zukünftigen Figuren begegnet, als sie sich mit den Leuten der M. O. I. traf. Und einen Teil der Umgebung, in dem ihr Roman sich abspielen sollte, hatte sie während der Dreharbeiten zu *Thérèse Humbert* gefunden, als sie jeden Tag nach Pigalle ging, um ihre prachtvollen Kleider in den dortigen Ateliers richten zu lassen.

Ihr Leben zu erzählen bedeutete für Simone Signoret einmal mehr, sich einem Genre, einem von den gerade geläufigen Erwartungen diktierten Stil anzupassen. Eine Schauspielerin erzählt ihre Memoiren, ihre Erinnerungen an Dreharbeiten, Gesichter, Liebesaffären und Verpflichtungen, die sie im Verlauf der Geschichte eingegangen ist. Ein Roman ist damit nicht zu vergleichen. Wie der große argentinische Schriftsteller Ernesto Sabato eines Tages zu mir sagte: »Die Fiktion ist die einzige Wahrheit über das menschliche Dasein.« Er wußte, wovon er sprach, denn er hatte die Kernphysik zugunsten der Literatur an dem Tag aufgegeben, an dem die erste Atomspaltung durchgeführt wurde.

Aus diesem Grund glaube ich, daß Simone Signoret sich in *Adieu Wolodja* noch stärker exponierte als in *Ungeteilte Erinnerungen.* In ihrem Roman zeigte sie, wenn auch versteckt, mehr von sich selbst als in ihren Memoiren. Denn im Grunde war das Thema der *Ungeteilten Erinnerungen* eher Montand. Die ganze Erzählung ist, von den ersten Seiten an, unaufhaltsam auf den magischen Augenblick ihrer Begegnung mit ihm ausgerichtet. Anschließend ist es nicht mehr ihr Leben, von dem sie erzählt, sondern ihrer beider Leben, ihr gemeinsames Leben.

In *Adieu Wolodja* betreffen Simones Bekenntnisse, zumindest oberflächlich betrachtet, nicht mehr ihr eigenes Leben, sondern beziehen sich vielmehr auf ihre Vorfahren väterlicherseits, auf das, was sie über sie wußte, was sie nicht wußte und was sie sich vorstellte. Auf das, was ihr übermittelt worden war, auf eine Mischung aus Erinnerung und Vergessen. Im reifen Alter wandte sie sich endlich ihrem Vater zu, um den Teil ihrer selbst wiederzufinden, der bislang stets im verborgenen lag. Und da sie nichts über ihn wußte, mußte sie etwas erfinden, um ihn auf diese Weise wiederfinden zu können, mußte sie auf »das Volk in ihrem Innern«[10] hören. Wie man sieht, mußte *Adieu Wolodja* ein Roman sein, um der Wahrheit so nah wie möglich kommen zu können.

»Ich habe nie gewußt, wann, wie und aus welchem Schtetl mein Großvater gekommen war. Ich habe es nie gewußt, weil man es mir nie erzählt hatte. Zu Hause wurde nicht darüber gesprochen. Und ich stellte keine Fragen. Vielleicht hatte schon mein Großvater meinem Vater nie davon erzählt. (. . .) Vielleicht hat dieser Großvater, der aus irgendeinem Ghetto gekommen war, von dem ich nun nie etwas erfahren werde, die Samenkörner unbewußt in mir zum Keimen gebracht. Ja, daran besteht kein Zweifel, doch ich weiß nicht, wie die Dinge sich abgespielt haben.«[11]

In diesem Zusammenhang habe ich eine ähnliche Erfahrung gemacht. Mein Vater war, bis auf wenige Jahre, genauso alt wie Simones Vater, was uns gewissermaßen zu Angehörigen derselben Generation macht, obwohl sie achtundzwanzig Jahre älter war als ich. In der Familie meines Vaters wurde nur mit einer Art Schamgefühl, das sich in Humor verwandelte, vom Krieg gesprochen. Man erzählte keine alten Geschichten, und wenn doch, so nur in Form von Witzen und Anekdoten. Die Berichte über die Massenflucht der französischen Zivilbevölkerung im Jahre 1940, die meine Kindheit prägten, waren oft groteske Szenen: mein wütender Onkel, der seine Frau mit einer Kugelspritze durch die Weinberge verfolgte, die Lungenpastete, die noch atmete, und das rachitische Schwein namens Adolf. Die allzu realen Ängste, die feindseligen Nachbarn, die Identitätswechsel, das fluchtartige Aufbrechen am frühen Morgen, kurz bevor die Gestapo eintraf – das alles blieb im Schatten der Familienerinnerung verborgen.

Simone Signoret hatte einen großen Teil ihres Lebens damit verbracht, Geschichten Leben zu verleihen, die andere sich ausgedacht hatten, imaginären Figuren Gestalt zu geben, Vorstellungen zu verwirklichen, sich von fremden Gefühlen, Erinnerungen und Sehnsüchten durchdringen zu lassen. Sie glaubte, zu einem ständigen Hin und Her zwischen den Fiktionen der andern und den Reisen in ihre eigenen Erinnerungen verurteilt zu sein. »Ich glaubte, nur das erzählen zu können, was ich wußte, nur meinem Gedächtnis folgen zu können.« Noch war die Fiktion ein unmöglicher Traum, ein unausgesprochener Wunsch, ein unerreichbares Gelobtes Land. »Wenn man mich fragte: ›Und wie steht es mit der Fiktion?‹, dann antwortete ich: ›Ich habe keine Phantasie‹.«[12]

Doch seit *Ungeteilte Erinnerungen* gehörte das Schreiben zu ihrem Leben, und es kam nicht in Frage, jemals wieder darauf zu verzichten. Es war zu ihrem Refugium an drehfreien Tagen geworden, zum Ort der leisen Bekenntnisse, zum Augenblick der Meditation und der inneren Sammlung. Das Schreiben spannte seine Netze über die Leere des Alltags, projizierte Leben auf die Leinwand der weißen Mauer, ließ die fröhliche Intensität der Dreharbeiten wiederaufleben.

Nach *Thérèse Humbert* kehrt sie also wieder an die Arbeit, vor die weiße Wand, an ihre Schreibmaschine zurück. So als würde sie nach einem ausgiebigen Trinkgelage wieder nüchtern werden. Zunächst entwirft sie den Plan, eine Art Fortsetzung der *Ungeteilten Erinnerungen* in Romanform zu schreiben, eine Episode zu erzählen, die dort keinen Platz gefunden hatte.

Es stimmt, auch wenn eine Autobiographie so detailliert wie nur irgend möglich ist, so bleiben doch fast immer dunkle Zonen, vergessene Anekdoten und verdrängte Erinnerungen übrig, die den Stoff für eine weitere Erzählung liefern können. Es sei denn, man hat sein ganzes Leben damit verbracht, es gleichzeitig zu erzählen, so wie Simone de Beauvoir, die kurz vor ihrem Tod, wie sie mir anvertraute, den Eindruck hatte, nur mehr ein leeres Gedächtnis und alles ins Schriftliche übertragen zu haben. Anders Arthur Miller, der nach Abschluß seines sehr ausführlichen Erinnerungsbuches *Zeitkurven*, in dem er sämtliche Fäden seines langen Lebens miteinander verknüpft zu haben glaubte, mit Erstaunen feststellte, daß ihm noch genügend Erinnerungen geblieben waren, um einen zweiten, ebenso umfangreichen Band damit zu füllen. Was erneut bestätigt, daß das Gedächtnis unerschöpflich ist. Und Simone Signorets Gedächtnis war unerschöpflicher als jedes andere. Sie sprach mit einer Art Betroffenheit darüber, so als handelte es sich um ein sehr schweres Gepäckstück, das sie mit sich herumschleppen müßte und das immer schwerer würde. »An einem Tag ziehe ich eine Henri-II.-Anrichte hervor, an einem andern ein vergilbtes Foto. Und die Erinnerungen ziehen in meinem Kopf vorbei. Es ist erschreckend und aufregend. Ich kann nichts vergessen, nichts.«[13] Sie durfte also davon ausgehen, nahtlos an die *Ungeteilten Erinnerungen* anknüpfen, aus ihrem Reservoir schöpfen zu können und »meine Geschichte zu erzählen, die sich zwischen 1943 und 1979 abspielte, die Geschichte eines großen Wiedersehens«[14].

Doch die Quelle war versiegt. Nicht das Gedächtnis hatte ausgesetzt, sondern der Wunsch, an die alten Orte zurückzukehren und die alten Geschichten wiederaufleben zu lassen. Sie war bereit, eine neue Forschungsreise in eine andere, ihr unbekannte Vergangenheit anzutreten, in andere Erinnerungen, die zwar nicht ihre eigenen waren, die sie in ihrem

Inneren jedoch etwas angingen. »Ich schrieb zehn Seiten. Gut. Ich war zufrieden. Bis zu dem Moment, wo ich die beiden – sie und einen Herrn, der ›er‹ hieß – an die Tür eines kleinen, schäbigen Chalets oberhalb von Grenoble führte und versuchte, mich an die Farbe des Holzes, an die Form der Klinke zu erinnern. Ich geriet ins Stocken. Welche Farbe hatte das Holz? Und in diesem Moment begriff ich, daß ich erneut die gewohnte Richtung eingeschlagen hatte und dabei war, einen Bericht über mein eigenes Leben *niederzuschreiben* und mich schrecklich dabei langweilen würde, weil ich den Ausgang der Geschichte bereits kannte. Ich schrieb: ›Hinter dieser Tür wurden sie von jemandem erwartet, der lächelte.‹ Die Tür blieb zu.«[15]

Langeweile ist in der Tat ein großes Hindernis. Manche Schriftsteller haben das, was sie schreiben wollen, vorher in allen Einzelheiten im Kopf, und genau so schreiben sie es auch nieder. Sie verzichten von vornherein darauf, sich von dem überraschen zu lassen, was ihnen in die Feder fließt, und konstruieren ihre Bücher wie Appartements – nach Plan. Sie halten sich an das Programm, das sie sich selbst vorgegeben haben, gehorchen ihren eigenen Anweisungen. Unter diesen Umständen ist das Schreiben nur mehr die Niederschrift eines zuvor existierenden Gedankens, ein *Ausdrucksmittel*, die genaue Übertragung einer Mitteilung. Doch in diesem Fall bleibt die Tür verschlossen.

Simone Signoret war sich bewußt geworden, daß das Schreiben eine andere Art war, Filme zu machen. »Wenn ich über die Leute schreiben konnte, so nur, weil ich sie alle gespielt habe. Die Eltern, die Kinder, die Freunde. Was einen Schauspieler berauscht, ist das Gefühl, alles zu beherrschen: Beim Verfassen eines Buches ist man sein eigener Regisseur, sein eigener Bühnenausstatter, seine eigene Maskenbildnerin, seine eigene Garderobiere. Und vor allem sein eigener Cutter. Und zudem ist man Herr über die Gefühle.«[16] Die zehn allzu weisen, allzu wahrheitsgetreuen Seiten warf sie in den Papierkorb und begann erneut mit den Worten, den

Bildern, den Gesichtern der Überlebenden der M. O. I., mit denen Mosco sie bekanntgemacht hatte, zu spielen. »Nach und nach hat die Geschichte ihren Weg von ganz alleine gefunden. Wie ohne mein Zutun.«[17] Eine Geschichte, die sich entwickeln, sich verzweigen, zur Schöpfung einer dichtbevölkerten Welt führen und schließlich zu einem dicken Roman von fünfhundertzweiundvierzig Seiten werden wird, zu einer Art Vermächtnis in Romanform.

Sie erfindet ihnen eine Kindheit und Vorfahren in der Ukraine und in Polen. Maurice, Zaza, die mit Heimarbeit beschäftigten Mütter, das 20. Arrondissement in der Zeit zwischen den beiden Weltkriegen, das Gesicht von Dr. Pierre auf der Blendwand eines Wohnhauses, das Lebensmittelgeschäft von Julien Damoy, die Speckkuchen im Blé d'Or de Quimper, der Lehrer des Viertels, die Freundinnen, die Himmel und Hölle spielen, die Schneiderateliers... Sie entwirft einen Alltag für sie, Spiele, heimliche Erinnerungen, alte Schrecken, beruhigte Ängste, tröstliche Illusionen über die Zukunft des schönes Landes, das diese Fremden, diese Vertriebenen so großmütig aufnimmt, das diesen Juden Arbeit gibt, eine Überlebenschance, einen Personalausweis. Ohne Plan, ohne Programm, ohne vorgefaßte Meinung beginnt sie zu schreiben. Und vor allem weiß sie nicht, wie die Geschichte ausgehen wird, die sie im Lauf der Zeit immer genauer kennenlernt und die sich ihre Spannung, den Motor der Erzählung, bis zum Schluß bewahrt.

Und so kommt es, daß die Figuren sich unter ihrer Feder mühelos und ungezwungen zu bewegen beginnen, wie Figuren aus einem Film, die plötzlich auf der Leinwand auftauchen, wenn das Licht ausgeht. Sie ist die erste Zuschauerin, die erste Leserin der Seiten, die aus ihrer Schreibmaschine kommen, sie entrinnt der Langeweile, dem Plan und der gewöhnlichen Erinnerung, sie bahnt sich einen unbekannten Weg, sie lüftet die Schleier, die die Welt dahinter verhüllen. Tag für Tag beginnt das Wunder von neuem, sie kann es gar nicht fassen, sie kann gar nicht mehr aufhören zu schreiben. Achtzehn Monate lang wird sie in ihrem kleinen Arbeitszimmer unter dem Dach, vor der weißen Wand weiterschreiben, trotz ihrer immer schlechter werdenden Augen, immer tiefer über die Blätter gebeugt. Mit einer Lupe liest sie das Geschriebene noch einmal durch, sie arbeitet bis zur Erschöpfung, doch es macht ihr Spaß, sie freut sich, und es ist die Freude, die man empfindet, wenn man sich selbst in Erstaunen versetzt. »Ich spürte, daß ich mich in der großen Gefahr befand, nicht mehr aufhören zu können. Ich hätte schreiben können bis zu meinem Tod. (...) Aber ich wünschte mir, meine Figuren würden weiterleben.«[18]

Sie schöpft aus ihrem ungeheuren Gedächtnis. Wie *Ungeteilte Erinnerungen* läßt *Adieu Wolodja* insgeheim an einen »Lagerraum« denken. An einen »Lagerraum« voll freundschaftlichem Augenzwinkern, voller Erinnerungen und Nebenpersonen, denen man im Verlauf der Erzählung wiederbegegnet wie Fotografien, die im Rahmen eines Spiegels über einem Kamin stecken. Man begegnet Visconti in der Gestalt eines gutaussehenden italienischen Regieassistenten, Jacques Becker, Danielle Darrieux, Jean-Pierre Aumont, Marcel Duhamel, Pierre-Richard Wilm, dem Assistenten von Renoir, und diesem Typen, der »Prater oder Prévert hieß, den jedoch alle nur Jacques nannten...«. Die Begegnung mit dem Cousin Wolodja wurde unmittelbar von dem verpaßten Treffen mit Jo Langer inspiriert. Nicole Roginski, die schöne jüdische Hochstaplerin, die nur jiddisch spricht, wenn sie mit jemandem schläft, denkt sich slawische Vorfahren aus Petersburg aus und lügt genauso unverschämt wie Thérèse Humbert. Und wenn es Zaza Roginski während des Krieges untersagt ist, ihren Beruf als Scriptgirl auszuüben, so liegt das daran, daß sie, wie Simone Kaminker, die berüchtigte COIC-Karte nicht bekommen konnte... Man stößt sogar auf Jugenderinnerungen von Montand, »Dinge, die ich stibitzt habe, ohne mir dessen bewußt zu sein: Wenn eine meiner Figuren mit den nagelneuen Einbürgerungspapieren nach Hause kommt und mit Tränen in den Augen sagt: ›So, das wäre geschafft, jetzt sind wir Franzosen‹, dann beschreibe ich nur, wie es sich bei den Montands abgespielt hat«.

Nach der Veröffentlichung des Buches wird sie eine gezwungenermaßen unvollständige Bestandsaufnahme dieser autobiographischen Elemente machen. »Für diesen Roman habe ich mich in gewisser Weise selbst psychoanalysiert.«[19] Was jedoch nicht bedeutet, daß *Adieu Wolodja* ein sogenannter Schlüsselroman ist. Ganz im Gegenteil. In einem Schlüsselroman sind die Muster von Anfang an klar definiert. Simone Signoret hingegen entdeckte die Übereinstimmungen zwischen der Fiktion und ihrem Leben größtenteils erst, als sie den Roman zu Ende geschrieben hatte, so wie man überrascht ist, wenn man alten Freunden an einer Straßenekke in einer fremden Stadt begegnet. Sie drückte es so aus: »Es ist verrückt, was alles ich aus meinem Leben in diesen Roman eingebracht habe, dabei bin ich mir dessen erst viel später bewußt geworden, als das Buch längst fertig war.«[20]

Viele dieser geheimen Zeichen, dieser Rätsel, dieser Zufälle hatte sie selbst bemerkt, doch viele davon sollten sogar ihr verborgen bleiben. Und das war gut so. Denn ein authentischer Schriftsteller, der unaufhörlich aus seinen eigenen Lebenserfahrungen schöpft, ist nie ganz und gar Herr dessen, was er darüber berichtet. Das Autobiographische in einem Roman sind nicht unbedingt Erlebnisse, Liebesaffären, Kummer, Verrat, Reisen oder Trauer. All diese feierlichen Dinge, die dem Leben seinen Rhythmus geben, können natürlich umgesetzt, in eine Fiktion übersetzt werden, doch ein Romanschriftsteller kann durchaus eine Geschichte erzählen, die nicht das geringste mit seinem eigenen Leben zu tun hat und in der es dieses flüchtig aus einem Zugfenster wahrgenommene Bild gibt: das Gesicht eines schlafenden Clochards, ein mit Kastanienbäumen gesäumter Boulevard, der gewaltige Rumpf eines im Hafen liegenden Frachters. Und womöglich sind es diese aus dem geheimen Gedächtnis, aus den Zwischenräumen des Lebens stammenden Visionen, diese unsichtbaren, jedoch vertrauten Bilder, die dem Roman seinen eigenen Ton, seine einzigartige Wahrheit verleihen. Denn es sind der Romanstoff, der Stil, die Art und Weise, die Wörter, Sätze und Abschnitte aneinanderzureihen, die Wahl der Namen, der Aufbau der Geschichte, die vom Leben des Schriftstellers durchdrungen sind wie ein von Parfüm durchtränktes Taschentuch. So kommt es, daß ein Wort auf geheimnisvolle Weise auf dem Blatt zu verharren beginnt, wie ein Kind, das beständig am Ärmel seiner Mutter zerrt.

Simone Signoret, die große Ehrfurcht vor der Erinnerung hatte, machte ihre Helden zu »jungen, an Gedächtnisschwund leidenden Eltern«. Zu Juden, die aus der Ukraine und aus Polen stammen, die sich im 20. Arrondissement niedergelassen haben und ihren Kindern die Last ihrer von Pogromen, Bränden und Schreien beherrschten Erinnerungen ersparen wollen. Die Eltern von Maurice Guttman und Zaza Roginski haben den feierlichen Schwur geleistet, Stillschweigen über die grauenhaften Erinnerungen ihrer gemeinsamen Vergangenheit zu bewahren. »Sie wollten es weder ihren Eltern noch ihren Großeltern nachtun, die beim unheimlichen Schein der Talglichter immer wieder Einzelheiten der Pogrome früherer Zeit erzählten, sie mit denen von gestern verglichen, denen man eben entkommen war (...).« Und wie alle guten Romanschriftsteller findet Simone Signoret einen allgemeingültigen Namen für ihre Verfolger: den Namen Petljura.

Hauptmann Petljura war jener Gouverneur, der die unabhängige Ukraine von 1918 bis 1920, in den schwarzen Jahren des Bürgerkriegs, der auf die Oktoberrevolution gefolgt war, regierte und dessen Name die ukrainischen und polnischen Juden seither an die schrecklichen Massaker erinnert, die seine *Pogromtchiki*-Truppen begangen hatten. Die emigrierten Juden, denen Simone Signoret begegnet ist, hatten das Bild dieses antisemitischen Folterknechts in ihrem Gedächtnis bewahrt, »der zwischen 1918 und 1920 Tausende ihrer

Landsleute in der Ukraine massakriert hatte und auf seinem Rückzug vor der Roten Armee Tausende in Polen umbrachte, genauer in der Gegend von Lublin«.

Der Name Petljura übt im Roman die Funktion eines Signifikants im psychoanalytischen Sinne aus, er ist eines dieser Sprachkonzentrate, die so undurchlässig und unveränderlich wie Urankerne sind, die ganze Generationen durchdringen und dabei Erinnerungsfragmente und alte, immer rätselhafter, immer aktiver werdende Bedeutungen wahren. »Tatsächlich waren die Guttmans vor allem wegen Petljura aus der Ukraine geflohen, und die Roginskis hatten vor allem wegen Petljura die Flucht aus Polen ergriffen. Das hatte man den Kindern aber nie erzählt.« Eben weil der Name Petljura in Schweigen gehüllt wird, verwandelt er sich für die Kinder in eine Art Schreckgespenst, in eine Bettel-Lura, eine männliche böse Fee und wird bei ihren Spielen in Form von Puett-Puett zu einem Erkennungsschrei. Ohne die Erzählung ihrer Geschichte zu unterbrechen, wie nebenbei, gelingt es Simone Signoret auf diese Weise zu zeigen, wie das Geheimnis, das keineswegs irgendwann vergessen wird, in gewissen Familien eine indirekte Form von Gedächtnisübertragung darstellen kann. Ein Phänomen, das sie angesichts des bedrückenden Schweigens über die Familie ihres Vaters zweifellos selbst erlebt hatte.

»Meine liebe Anna, schreib auf den Grabstein meines Vaters, daß sein Sohn Shalom das Blut seines Vaters gerächt hat.« Dies schrieb ein gewisser Samuel Schwartzbard 1926 seiner Frau, bevor er Hauptmann Petljura in einer Straße von Paris, wohin er geflüchtet war, umbrachte. Petljura bezahlte für die in seinem Namen begangenen Massaker und für die seit grauer Vorzeit von Horden von Kosaken, Tataren, Polen, Ungarn und Ukrainern verübten Verbrechen. Doch in den Jahren 1926 und 1927, als die nach Paris geflüchteten Guttmans und die Roginskis endlich ein sicheres Asyl für sich und ihre Kinder gefunden zu haben glaubten, kündigten sich bereits neue Massaker von unvorstellbarem Ausmaß an.

Anläßlich des Prozesses von Samuel Schwartzbard sieht Elie Guttman endlich Wladimir Guttman, »den schönen und sanften Wolodja« wieder, den totgeglaubten Cousin, von dem er seit vielen Jahren nichts mehr gehört hat. Simone Signoret macht Wolodja zu einem der achtzig Zeugen, die von Anwalt Henri Torrès vorgeladen wurden, um bei der Verteidigung von Samuel Schwartzbard zu helfen. Sie kamen aus Polen, der Ukraine, Europa und Amerika und erzählten, wie die Zeugen im Barbie-Prozeß, von den Greueltaten, die die Truppen von Hauptmann Petljura einst begangen hatten. Sie sagten, daß Samuel Schwartzbard eine gerechte Tat beging, als er einen ungestraften Mörder umbrachte. Und Samuel Schwartzbard wurde tatsächlich von diesem im Affekt begangenen Verbrechen freigesprochen.

Der Grundschullehrer Monsieur Florian, einer jener gutherzigen Lehrer, die die Dritte Republik hervorbrachte, entdeckt in einer Zeitung unter den vor Gericht zitierten Zeugen den Namen von Wladimir Guttman und benachrichtigt die Eltern seiner Schüler. Wolodja lebt, er hat das Pogrom von Schitomir überlebt, er ist aus der Ukraine nach Paris gekommen, er wird seine Cousins wiedersehen, sie in die Arme schließen und ihre Kinder kennenlernen.

Doch niemand kennt seine Adresse, nicht einmal Henri Torrès, der Verteidiger, der die Zeugen vorgeladen hat. Wladimir Guttman ist mit einer Reisegruppe, zusammen mit einem Dolmetscher und vier anderen Zeugen, nach Paris gekommen. Und alles ist so wohlorganisiert, daß er unauffindbar bleibt. Erst am Tag seiner Heimreise in die sowjetische Ukraine läßt sich ein Treffen »im Café-Restaurant ›Trois marches‹, an der Place Dauphine, vor dem Palais de Justice« arrangieren.

Für Simone Signoret ist die Place Dauphine ihr Zuhause, »der Zigeunerwagen«, der kleine Platz, wo sie in Paris wie in einem Dorf lebt, wo die Bewohner, die Bäume und die Seine ihr so vertraut sind wie die Schubladen ihrer Kommode. Es ist kein Zufall, daß sie das mißglückte Treffen der beiden Cousins Elie und Wolodja Guttman an diesen intimen, persönlichen Ort verlegt. So als wollte sie den fernen Cousin Wolodja zu sich nach Hause kommen lassen, auf ihr eigenes Territorium im Schatten des Justizpalastes, dort, wo die Schicksale sich entscheiden. So als wollte sie diese wichtige Szene, über der stumm die Geister jener schwebten, die 1957 ihre Begegnung mit Jo Langer verhindert hatten, noch ergreifender gestalten.

Simone Signoret ist wie besessen von diesem großartigen Thema und schreibt fieberhaft, leidenschaftlich, und je mehr Seiten sich anhäufen, um so kranker und schwächer werden ihre Augen.

Freunde kommen vorbei, schüchtern reicht sie ihnen die Seiten, die sie zuletzt geschrieben hat: »Willst du nicht einen Blick darauf werfen?« Sie kannte nicht diese Scham ängstlicher Anfänger, die ihr Manuskript wie einen geheimen Schatz hüten, der sich an der freien Luft aufzulösen droht wie die antiken Fresken in *Fellini: Roma*, die verblassen, sobald man sie anschaut. »Ich schäme mich nicht zu zeigen, was ich tue.« Sie wehrt sich nicht nur nicht dagegen, anderen das zu lesen zu geben, was sie gerade schreibt, sondern sie braucht diese Blicke geradezu, sie stärkt sich an ihnen und schöpft aus ihnen die Kraft zum Weiterschreiben. Die Freundschaft war für sie immer schon ein Sprungbrett, ein Sockel, auf den sie sich stützte, um Atem zu holen, um ihren Schwung zu sichern. Und selbstverständlich lasen die Freunde, was sie geschrieben hatte, und staunten mit ihr, versicherten ihr, daß *Adieu Wolodja* sehr wohl ein entstehender Roman sei, eine Baustelle, ein lebensfähiges Kind.

Yvette Étiévant, ihre Nachbarin vom Land, die sie seit jenen unbekümmerten Tagen kennt, an denen das Volk von Theben im Théâtre des Mathurins den Namen Jokastes skandierte, ist zu dieser Zeit ihre beharrlichste Leserin. Und als Yvette ihr eines Tages erzählt, daß sie die ganze Woche über in ihrem Büro in Paris an Maurice und Zaza, an die Guttmans und die Roginskis denken mußte, da ist Simone endgültig beruhigt. Ihre Figuren leben, und zwar nicht nur für sie allein, das heißt, ihre Figuren werden sie überleben, und das ist die Hauptsache. Von diesem Standpunkt aus betrachtet, ist sie, bei allen Unterschieden, von der gleichen Obsession befallen wie Balzac, der auf seinem Sterbebett nach Bianchon, dem Arzt aus *La Comédie humaine*, verlangte, weil dieser ihn bestimmt zu heilen gewußt hätte.

Von Jo Langer über die Helden der M. O. I. bis zu Wolodja – damit war sie wieder am Ausgangspunkt angelangt. Doch die Wunde, die ohne ihr Wissen im Hotel Alkron in Prag aufgerissen war, sollte nie wieder heilen. Dank dieses Bewußtseins eines nicht wiedergutzumachenden Versäumnisses gegenüber Oskar Langer, das im Grunde nur das Gefühl eines Verlustes wiederaufleben ließ, das ihr seit ihrer Kindheit vertraut war, gelang es ihr endlich, wieder an die Erinnerungen ihrer Vorfahren anzuknüpfen, die wiedergefundene Zeit in den Dienst ihrer Träume zu stellen und ganz und gar zur Schriftstellerin zu werden. Wie Adam Rayski an jenem Tag im Frühjahr 1985 zu ihr sagte – und ihr damit womöglich das schönste Kompliment machte, das man einem Romanschriftsteller machen kann: »Je weiter Sie in die Fiktion vordringen, um so näher kommen Sie der Wirklichkeit.«

Aus diesen Gründen haben viele polnische Juden sich in den Figuren ihres Romans wiedererkannt. Ich weiß, wovon ich rede, denn es war Isi Beller, der Vater meiner Tochter, der es mir und vor allem auch ihr gesagt hat, an jenem denkwürdigen Tag, als sie in unserer Küche saß und sich über das Essen und die Gespräche freute, als sie Fragen stellte und sich so neugierig zeigte, wie nur eine Schriftstellerin, eine Freundin, es sein kann. Sehr rasch verspürte er das Verlangen, sich ihr anzuvertrauen, ihr von seinen Eltern zu erzählen, von seinem Vater Chaïm, dem Kürschner, der Maler wurde und in Moscos Film als Zeuge auftritt, vom Lärm der Nähmaschinen, die er in den Nächten seiner Kindheit hörte, als sein Vater noch Pelzärmel nähte, bevor er im reifen Alter fröhliche und grelle

Bilder seines verschwundenen Schtetls zu malen begann. Die Roginskis und die Guttmans aus *Adieu Wolodja* sind auch seine Familie. Sie hörte zu und wollte noch mehr erfahren: Und wie haben Sie während des Krieges überlebt? Und das Leben in Polen, im Schtetl? Haben Ihre Eltern Ihnen davon erzählt, haben sie wenigstens nicht an Gedächtnisschwund gelitten? Sie wollte alles wissen, sie wurde nicht müde, ihrem eigenen Leben neue Leben hinzuzufügen.

Ich wiederhole: Simone Signoret ist eine von uns.

Ich spreche von der Simone, von der Frau mit dem abgemagerten Körper und der ungebrochenen Leidenschaft, die ich an jenem Märztag im Jahre 1985 gekannt, zu kurz gekannt habe. Ihr Schicksal hatte sich erfüllt. Ihre Bücher waren geschrieben, der Gipfel des Ruhms war erreicht, und nie zuvor war sie vom Publikum so sehr geliebt und geachtet worden.

Und plötzlich begann sie von ihren kranken Augen zu sprechen, von diesem Gebrechen, das sich in ihrem Leben festgesetzt hatte, von diesem Fluch. Sie sah fast nichts mehr, konnte nur mehr die Ränder, die »Umrisse der Dinge« erkennen. Sie schaffte es nicht mehr, die Strahlen zu bündeln. Während ich ihr zuhörte, dachte ich, daß das Schicksal dieser Frau, die ihrem Blick ihren ganzen Ruhm zu verdanken hatte, wirklich von grausamer Ironie war. Und ich dachte an den alten Teiresias, der mit seinen erloschenen Augen so viel klarer sah.

Während des Schreibens hatte es allmählich eingesetzt. Eine Verschwommenheit, die sich ausbreitete. Ein Schleier. Sie kämpfte gegen den Nebel, der jeden Tag dichter wurde, und schob den Zugriff des Schicksals weiter hinaus. Zuerst kaufte sie eine dicke Brille, dann eine Lupe, und sie beugte sich weit über den Tisch, um das Papier besser sehen zu können. Doch sie schrieb weiter. Als man ihr die Korrekturfahnen schickte, sah sie noch genug, um die fünfhundertzweiundvierzig Seiten noch einmal zu lesen, die Satzfehler zu verbessern und die druckreifen Vorlagen zu unterzeichnen. »Und am Tag, als ich das Paket mit den Korrekturfahnen an meinen Verleger zurückschickte, war es vorbei, konnte ich absolut nichts mehr sehen.«

Sie sagte das nicht, doch es war klar, daß sie überzeugt war, es so »arrangiert« zu haben, daß sie so lange sehen würde, bis das Buch abgeschlossen wäre. So als gäbe es einen Auftrag, eine verdammte Pflicht zu erfüllen. In jener Zeit schrieb sie wundervolle Seiten, die allerschönsten Seiten des Romans *Adieu Wolodja*, in dessen Zusammenhang übrigens nie deutlich genug hervorgehoben wurde, daß sich die Haupthandlung zwischen zwei antifaschistischen Morden abspielt: zwischen dem von Samuel Schwartzbard an Petljura und dem von Maurice Guttman, Elies Sohn und Wolodjas Cousin, an drei ukrainischen Offizieren.

Nach seiner Tat flüchtet Maurice in die Wälder. »Im Gehen dachte er, daß er sich gestern um diese Zeit bereitgemacht hatte zum Töten und gleichzeitig, vielleicht zu sterben. Heute waren die, die er vermutlich umgebracht hatte, anonyme Tote und er ein unbekannter Lebender. (...) Sie würden durch andere ersetzt werden, die bei Tagesende woanders hingingen, um zu trinken.

Sein Tag war auch bald zu Ende. Er atmete die kalte Luft tief ein, aber ihm war nicht kalt, er schaute mit weit geöffneten Augen zu dem Schnee hoch oben, und noch höher hinauf zum unglaublich klaren Himmel, der königsblau, nein, eher ein wenig violett wurde, mit einer blaßroten Sonne, die aber doch so hoch stand, daß sie bei seiner Ankunft noch nicht gesunken sein würde.«

Simone Signorets Tage auf Erden waren fast zu Ende. Mit ihren kranken Augen hatte sie diese unglaublichen Farben des Schnees und des Himmels, der blaßroten Sonne, des drohenden Todes und der Absurdität eines Kampfes wiederentdeckt, der anonyme Tote und stumme Lebende fordert. Zum Glück sah sie noch genug, um das schreiben, uns das schenken zu können.

Später fragte Bernard Pivot sie in der Sendung »Apostrophes«, ob sie Montand mit diesem Buch »verblüfft« hätte. Sie lachte sanft und mit jener Befangenheit, die diese so starke Frau sich gelegentlich anmerken ließ, wenn sie im Fernsehen in ihrem eigenen Namen sprach, ohne sich hinter der Maske einer Figur zu verbergen. Sie antwortete, sie wüßte nicht, ob es ihn verblüfft hätte. Erstaunt wäre er jedenfalls gewesen. Seit sechsunddreißig Jahren teilte er sein Leben mit ihr, und die Frage, die er sich stellte, war die, wie sie auf das alles wohl gekommen war. Er wußte nicht, daß sie so viel Phantasie hatte. Was beweist, daß sogar die Menschen, die uns am nächsten stehen, uns glücklicherweise zu einem gewissen Grad fremd bleiben.

Als Simone Signoret mit Jean-Claude Grumberg und Marcel Bluwal, ihren Komplizen aus *Thérèse Humbert*, ihre letzte Fernsehrolle in *Music-Hall* spielte, bewegte sie sich immer noch durch den Nebel vor ihren Augen. In dieser tragischen Musikkomödie kämpft Yvonne Pierre, die Besitzerin eines Pariser Theaters im Jahre 1938, zur Zeit des Münchner Debakels, für die Rettung ihrer Revue; während jüdische Flüchtlinge aus Deutschland an ihre Tür klopfen, so wie Judith aus *Die jüdische Frau* es hätte tun können, nachdem sie ihren Mann in Frankfurt verlassen hatte. Simone Signoret war damals schon fast blind, doch sie beherrschte ihr Metier so gut, hatte eine solche Erfahrung mit Dreharbeiten und einen solchen schauspielerischen Instinkt, daß sie sich vor der Kamera ganz normal bewegte. »Wenn ich die Klappe höre, ist es, als würde ich sehen.« Doch das war noch nicht das Schlimmste.

Sie hatte Krebs, sie wußte es und hatte gute Gründe, mit dem Schlimmsten zu rechnen. Sie sagte es Marcel Bluwal und seiner Frau Danièle Lebrun, doch sie waren die einzigen des Teams, die Bescheid wußten. Wie immer sah sie den Dingen ins Gesicht und stand jeden Tag von sieben Uhr morgens bis abends vor der Kamera. Sie hatte das Gefühl, die Arbeit würde die Krankheit verdrängen, den Krebs auf Distanz halten.

Die Persönlichkeitsspaltung, deren seltsame Macht sie in *Goldhelm* entdeckt hatte, vollbrachte ihr letztes Wunder. Sie war nicht mehr krank, weil sie Yvonne Pierre war, eine vor Gesundheit strotzende, energische und fröhliche Frau. »Ich habe fast nicht gelitten, denn ich verkörperte eine Frau voller Vitalität.« So wie sie sich gezwungen hatte, lange genug zu sehen, um *Adieu Wolodja* abschließen zu können, so bestand sie trotz der Schmerzen darauf, *Music-Hall* zu Ende zu drehen, und schob die Operation mit der ihr seit jeher eigenen Entschlossenheit bis zum Abschluß der Dreharbeiten hinaus. Ihre Koffer waren gepackt, doch sie war so taktvoll, nichts unvollendet zu lassen.

Die Operation fand im August statt. Aber sie wußte, daß es keine Rettung mehr gab. Sie starb am 29. September 1985 in dem großen weißen Haus in Autheuil, in dem sie so viel gelacht, so viel geliebt, so viel geschrieben hatte. »Sie ist mit derselben Tapferkeit gestorben, mit der sie gelebt hat«, sollte ihre Tochter Catherine später zu den Journalisten sagen. »Ich sehe dem Tod gelassen entgegen«, hatte Simone Signoret einige Tage zuvor zu Jean-François Josselin gesagt. Und diese Worte waren keineswegs Angeberei, sondern lediglich eine Feststellung. Es verblüffte sie, nach all diesem Trubel, kurz vor dem Tod, derart gelassen zu sein.

Als sie beerdigt wurde, drängte sich die Masse der anonymen Gesichter am Gitter des Friedhofs von Père Lachaise. Alle waren gekommen, die Maler, die Schriftsteller, die Politiker, und standen am Grab neben Montand, der ganz blaß im Gesicht war, und Catherine, die ihrer Mutter so ähnlich sah. Sie war vierundsechzig Jahre alt geworden. Es war gestern.

»Ich kenne keine Nostalgie.«
Simone SIGNORET

22

Sie schrieb den Satz »Ich kenne keine Nostalgie«, als wollte sie einen vertrauten Dämon beschwören. Als sei die Nostalgie immer schon ein Feind, eine zu bekämpfende Versuchung gewesen. Sie schrieb diesen Satz – und dabei hatte sie auf jeder Seite ihres erstaunlichen Buches *Ungeteilte Erinnerungen*, in dem sie von den Verrücktheiten und Festen ihrer Jugend, vom Flore, vom Kreml, von Hollywood, von der Liebe und vom Ruhm erzählte, von all den aufregenden Dingen, die sie erlebt hatte, genau das Gegenteil bewiesen.

Denn in Wirklichkeit war die Nostalgie ihre heimliche Leidenschaft. Alles war ihr recht, um an diese sanfte Wunde zu erinnern, an die Freuden und Ängste, an den Markt von Neuilly, die deutsche Besatzungszeit, die Dreharbeiten zu *Goldhelm*. Da sie sich der Vergänglichkeit alles Irdischen bewußt war, empfand sie in den Momenten des Glücks bereits nostalgische Gefühle für diese Augenblicke. Denn was ist Nostalgie anderes als die Sehnsucht nach etwas hoffnungslos Verlorenem?

Es ist die Krankheit unserer Zeit. Wir schreiben unsere Memoiren, stellen Enzyklopädien zusammen, legen Archive an, errichten Museen, veranstalten Retrospektiven, gedenken, zelebrieren, graben ehrfurchtsvoll die Scherben alter Amphoren aus. Unablässig sind wir damit beschäftigt, Erinnerungen zu bewahren. Die Zahl der Lehrfächer, die auf das Studium der Vergangenheit ausgerichtet sind, wird immer größer. Nie kannte eine Zivilisation eine solche Leidenschaft für das Archivieren. Wir glauben, die Horizonte der Zukunft, den technischen Fortschritt, die Inflation, das Wirtschaftswachstum, die Alphabetisierung, den Frieden fest im Blick zu haben, doch in Wirklichkeit sind wir Wiederkäuer. Die Vergangenheit bedrängt uns. Sie bestimmt unser Handeln und Denken. Genußvoll stopfen wir uns mit ihren Resten voll. Denn die Vergangenheit ist eine andere Welt, ein Zufluchtsort jenseits der Aktualität, und wir hegen und pflegen die Bruchstücke, die sie uns zurückgelassen hat, so wie wir uns nach dem Duft eines verwelkten Blumenstraußes zurücksehnen. Nie zuvor war eine Zivilisation so sehr von Nostalgie erfüllt, von so vielen Menschen bevölkert, die ihre Zeit damit verbringen, von anderen Welten zu träumen. Auch in dieser Hinsicht war Simone Signoret uneingeschränkt eine Frau ihrer Epoche.

Sie war sich des Vergehens der Zeit deutlich bewußt. In dieser Hinsicht war ihre Hellsicht unfehlbar. Sie spürte ganz konkret, wie die Zeit ihren Körper durchdrang und ihn Tag für Tag mit ihrem unauslöschlichen Stempel prägte. Es hatte keinen Sinn, gegen einen solchen Gegner anzukämpfen, und folglich hatte sie die Waffen gestreckt, es mit sich geschehen lassen. Sodann beschleunigte die Zeit ihr zerstörerisches Werk. Innerhalb weniger Jahre verwandelte sich die sinnliche Alice Aisgill aus *Room at the Top* in eine alte, schwerfällige Frau, die unter ihrem eigenen Gewicht zusammenzubrechen drohte, wie die Madame Rosa von Emile Ajar »mit all den Kilos, die sie bloß auf zwei Beinen mit sich herumschleppte«.

Sie wollte uns weismachen, sie kenne keine Nostalgie. Tatsächlich jedoch war die Erinnerung ihr sechster Sinn. Sie hatte daran gearbeitet, sie sich geschaffen, sie gebändigt und perfektioniert. Sie vergaß kein einziges Gesicht, sie sammelte Details, Anekdoten, Daten. Allerdings braucht die Nostalgie ständig neue Nahrung, damit die Glut nie erlischt. Simone Signorets Gedächtnis war dieses prall gefüllte Reservoir, aus dem sie schöpfen konnte, wenn die Nostalgie sie packte wie eine alte Angst und wenn sie ein Bild, einen Namen, eine Geschichte brauchte, um ihr einen Sinn zu geben. Möglicherweise hat sie den Dämon erst ganz zum Schluß, als sie wußte, daß sie sterben würde, endlich besiegen und auf diese letzte, herzzerreißende Freude verzichten können.

Ich sitze auf dem Balkon und betrachte die Bäume. Durch das Laubwerk hindurch sehe ich die Schüler des Lycée Fénelon Volleyball spielen. Der Herbst läßt in diesem Jahr lange auf sich warten. Das Wetter scheint sich in einem endlosen Frühling eingerichtet zu haben, der die Herzen höher schlagen läßt.

Simone Signoret ist im September 1985 gestorben. Das ist rund sechs Jahre her. Sie wohnte nicht weit von hier entfernt, ihre Tochter Catherine besuchte die Ecole du Jardinet, in die auch meine Kinder Raphaël und Judith einige Jahre lang gingen. Wenn ich den Pont-Neuf in Richtung Samaritaine überquere, gehe ich stets über die rechte Bürgersteigseite, die am Eingang zum goldenen Dreieck der Place Dauphine vorbeiführt. Das Wetter in diesem Jahr war so schön, daß fast alle meine Erinnerungen sonnendurchflutet sind. Es wehte ein kühler und sanfter Wind, die Bäume schienen mir mit ihren Blättern zuzuwinken.

Am Eingang des Platzes halten zwei Louis-XIII.-Gebäude Ehrenwache. Simone Signoret wohnte tatsächlich im Herzen von Paris. In Lutetia. Im ursprünglichen Kern dieser Stadt, die sie erobert hatte. Neben der ältesten, vornehmsten Brükke der Hauptstadt. Sie war eine Pariserin, »unvorstellbar pariserisch«, wie ein Journalist in *Cinémonde* schrieb. In den ersten Jahren ihrer Karriere beruhte ein Teil ihres Charmes auf dieser perfekten Übereinstimmung zwischen einer modernen jungen Frau und einer Atmosphäre, einem Ton. Auf diesem unnachahmlichen Pariser Jargon voller Argotausdrücke. Selbst ihre Kopfhaltung war pariserisch. Der nach vorne gerichtete, eroberungslustige Blick, der gleichzeitig

Herausforderung und Zärtlichkeit ausdrückte. Und dann ihre Art zu gehen. Die fest auf vertrautem Boden stehenden Füße, ihr sicherer, schneller, energischer Gang. Diese Unwägbarkeiten, die alle zusammen das bilden, was man den Stil eines Menschen nennt.

Dédée d'Anvers hatte »das gewisse Etwas«, und Goldhelm sollte diesen populären Charme zu etwas Mystischem, zu einer kinematographischen Ästhetik erheben. Goldhelms Schönheit ist weder die eines Zimmermädchens noch die einer Prinzessin. Es ist die Schönheit des Teufels, die nur die Schäferinnen, die Mädchen aus den Vorstädten besitzen, die dazu bestimmt sind, die Herzen zu erobern. Es ist eine Anmut, die von den Linken ausgeht und die deren Würde, deren Selbstbewußtsein ausdrückt. Hätten die kommunistischen Kritiker jener Zeit diese symbolische Dimension von Beckers Film erkannt, so hätten sie darauf verzichtet, ihr lächerliches Bedauern darüber auszudrücken, daß es sich nicht um »militantes« Kino handelte.

Für Simone Signoret war die Linke mehr als nur eine politische Idee; es war eine Atmosphäre, ein Klang, der ihre Gesten beeinflußte, eine Weltanschauung, bei der guter Stil als wesentlicher Bestandteil des politischen Engagements galt; es war eine Art, sich zu bewegen, zu sprechen, mit andern zusammenzusein, mit Freunden zu diskutieren. Selbst ihr kleiner Sprachfehler, ihr rührendes Lispeln, war Teil dieses erstaunlichen Ganzen und gab ihm den letzten Pinselstrich, so wie ein Accessoire ein Kleid erst richtig zur Geltung bringt. Alle Spuren ihrer unbesorgten Kindheit waren verschwunden, begraben unter den Entdeckungen, die sie im Lauf der Jahre auf ihrer Reise ins Zentrum des Zeitalters machte, die sie vom Flore zur Place Dauphine, vom Théâtre de l'Etoile in den Kreml und vom Beverly-Hills-Hotel zu den Editions du Seuil führte.

Simone Kaminker hatte zunächst ihren Namen hinter sich gelassen, dann die Spaziergänge mit ihrem Vater durch die Allée des Acacias, den Onkel am Square Lamartine und die duftenden Bilder der frisch gebadeten kleinen Mädchen in marineblauen Röckchen, die auf den Bürgersteigen der Avenue Victor Hugo in Neuilly Kastanien auflasen. In *Die Viertel der Reichen* erinnert Aragon an diese wohlriechenden Wesen, die barfuß über den Teppich hüpfen und ihre Eltern im Eßzimmer zärtlich umarmen. Simone Signoret war nie eines dieser zarten kleinen Dinger, die dazu bestimmt sind, eines Tages von der Bildfläche zu verschwinden, sondern sie war immer ein wildes, brutales, anderes Kind gewesen. Sie war inmitten dieser Kinder aufgewachsen, doch sie hatte sich nie mit ihnen identifiziert. Irgendwie ahnte sie, daß die wahren Werte für sie anderswo lagen.

Auch ihre Mutter, Georgette Kaminker, geborene Signoret, paßte sich den konventionellen Normen nicht an. Sie las Proust, was bereits verdächtig war. Sie kümmerte sich nicht um die Leuchter und konnte nicht mit Dienstmädchen umgehen. Sie lebte zwar in einer bourgeoisen Welt, doch sie achtete nur ihre eigenen Werte, die in den Augen der andern als äußerst merkwürdig galten. Sie war eine Autodidaktin, eine feinfühlige Intellektuelle, die mit einem Juden verheiratet war und Bücher liebte. Doch sie war von Damen mit Schoßhündchen umgeben und lebte in einem Haus, in dem sie sich beobachtet, falsch verstanden fühlte. Die Bourgeoisie bringt eine Menge Menschen hervor, die in einem solchen inneren Exil leben und sich in die falsche Kaste verirrt haben.

Als Simone Signoret nach Paris ging, befreite sie sich unverzüglich von den Stigmen ihrer Vergangenheit in Neuilly und wurde zu mehr als einer echten Pariserin vom linken Seine-Ufer, die Männerkleidung trug, schweren Rotwein trank und Gauloises rauchte – in jener noch nicht allzu weit zurückliegenden Zeit, als das Duzen und eine gewisse Grobheit der Manieren aus ideologischen Gründen noch progressive Werte waren.

Sie hatte die Langeweile dieses verschlafenen Vorortstädtchens Neuilly gehaßt, diesen Ort, wo nie etwas Wichtiges geschah, wo die Leute ihren Wohlstand verdauten, indem sie sich damit ablenkten, über ihre Mitmenschen herzuziehen. Ich kenne diese übersättigten Vororte, diese öden Viertel, wo die Zeit nur sehr langsam zu vergehen scheint und sich um sich selbst windet wie eine müde Schlange. Ich habe selbst an einem solchen Ort gelebt. In der Ferne, von einem Zugfenster aus, sah man Paris, ein weites Panorama unter einem hellblauen Schleier, ein Zauberkreis, ein Ort der Feste, der Wahrheit und der Lichter, eine große Theaterbühne, die man gerne betreten hätte und auf der die Geschichte wie ein Feuerwerk explodierte. Man stellte sich Vergnügungen, Prunk, aufflammende Intelligenz vor. Man hatte Lust, dorthin zu gehen, die Welt kennenzulernen, an der Geschichte teilzunehmen, das Zeitalter zu betreten, mit von der Partie zu sein. Man hatte Lust, aus den vorgefaßten Meinungen, aus den Konformismen, aus der bequemen Gewißheit, wie man Salat ißt, auszubrechen. Die Vororte waren jenes komfortable Gefängnis, in dem die Jugend verkümmerte und das Tageslicht auf einen dünnen Lichtstreifen voller tanzender Staubkörner reduziert war. In der Hauptstadt hingegen würde der Kreativität mit Sicherheit ein viel größerer Raum zur Verfügung stehen, dort erfanden die Menschen neue Sprachen, schmiedeten eine andere, aufregendere Zukunft.

Simone Signoret war jenes Mädchen aus der Vorstadt, das nach Paris gekommen war, um zwischen Saint-Germain und den Hallen zu leben, dort, wo das Herz von Paris so heftig schlug wie nirgendwo sonst. Sie hatte lange genug am Rande der Hauptstadt gelebt und wollte nun in ihrem Zentrum regieren. Und bald brachte das Kino ihre Augen im Scheinwerferlicht zum Strahlen, der Ruhm umgab sie mit Glanz, sie wurde zu einer prominenten Persönlichkeit, zu einem Star, einem Mythos, einer nationalen Institution. In Simone Signorets Leben sollte das Kino den königlichen Weg ins Herz der Stadt, zur Agora, ebnen. Es ist gut, über die Phantasie anderer zu herrschen. Aber besser ist es, auf den Lauf der Dinge selbst Einfluß zu nehmen. Die kleine, »auf die Rollen von Huren und Schlampen spezialisierte« Schauspielerin verwandelte sich zunächst in einen Hollywoodstar, in das Symbol einer ganz bestimmten Kategorie des französischen Films; anschließend in die große Dame mit den durchdringenden, ernsten Augen, der man die wichtigen Fragen jener Zeit stellte, die man im Fernsehen über die Zukunft befragte. In verschiedenen Rollen als reife Frau hatten die Ausstrahlungskraft ihrer Leinwandpräsenz und die Glaubwürdigkeit ihres Spiels das Publikum auf diese letzte Metamorphose vorbereitet und sie vorhersehbar, glaubwürdig gemacht. Doch sie begnügte sich nicht damit, sich dem Zentrum zu nähern, sondern sie betrat es mit letzter Konsequenz und verschaffte sich darin eine starke Position, ein Haus, einen Namen, ein Schicksal.

Das Stadtzentrum sollte zur Metapher für ihre eigene zentrale Stellung im Leben der Stadt werden. Von seinem Bronzepferd herab zwinkerte Heinrich IV. ihr komplizenhaft zu, wenn sie im kühlen Frühjahrswind vorbeiging. Er war zufrieden mit seiner Schülerin. Sobald es eine gerechte Sache zu verteidigen, eine Ungerechtigkeit wiedergutzumachen gab, rief man sie um Hilfe an. Sie wußte, daß sie in der Geschichte des Films einen bedeutenden und besonderen Platz einnehmen würde. Von der Pariser Literaturprominenz wurde sie wie selbstverständlich als Schriftstellerin, als Romanautorin anerkannt. Sie brauchte nichts mehr zu beweisen. Sogar ihrer großen Liebesgeschichte hatte sie ein nationales Schicksal verliehen.

Zuletzt sah sie fast nichts mehr, doch sie kannte sich in ihrem Viertel so gut aus, daß sie allein und ohne Blindenstock, mit Hilfe ihres peripheren Blicks zurechtkam. Bis zum Schluß bewahrte sie sich ihren Stolz und lehnte es ab, sich führen zu lassen.

Ich höre Radio, während ich den Kindern beim Spielen hinter dem Vorhang aus Bäumen zuschaue. Es klingelt, die Pause ist vorbei. Der Nachrichtensprecher verkündet, daß Yves Montand wegen einer schweren Erkältung ins Krankenhaus eingeliefert wurde. Ein Medienereignis, das in mehreren Radionachrichtensendungen wiederholt wird. Montand ist ein Monument in der französischen Landschaft. Es ist nicht sicher, ob er auch dann eine derart außergewöhnliche Karriere gemacht hätte, wenn er nicht Simone Signorets Mann gewesen wäre. Während sie zum Ruhm aufstieg, hätte sie es nicht ertragen, wenn ihr Mann hinter ihr zurückgeblieben wäre, wenn er eine weniger glanzvolle Karriere gemacht hätte als sie. Sie vereinten ihre Kräfte – und von da an war es nicht länger eine Annäherung an das Zentrum, sondern eine aufsteigende Spirale, ein Wirbelsturm. Der Ruhm kam über sie wie immer stärker werdende Böen, deren Auswirkungen nicht mehr aufzuhalten waren. In den achtziger Jahren war Yves Montand nicht länger der Variétésänger, der Metallarbeiter mit den sauberen Händen, der Liebling der Hausfrauen, sondern er war zu jenem Wortführer der schweigenden Mehrheit, zu jenem UFO auf der politischen Bühne geworden, den manche sich, einige Monate lang, sogar als Präsidenten der Republik wünschten. Auch wenn Simone Signoret ihn gelegentlich für maßlos oder unvorsichtig hielt, so beruhigte sie doch dieser Aufstieg ihres Mannes: Nie wieder würde er Gefahr laufen, weniger berühmt zu sein als sie.

Heute wäre Simone Signoret, wie Montand, siebzig Jahre alt – und sie wäre tapfer. Sie würde sich um seine Erkältung sorgen. Diese Tote verfolgt mich wie eine Fata Morgana, die in die Wüste der Vergangenheit zurückweicht. Sie beschäftigt verschiedene meiner Träume. Letzte Nacht habe ich sie im Traum lachen gesehen, das war ein gutes Zeichen, denn sie liebte die Fröhlichkeit so sehr, daß ihr wegen eines verrückten Lachens im Théâtre des Mathurins gekündigt wurde und daß sie sich endgültig von Montand bezaubern ließ, weil er sie zum Lachen brachte. Zu Montands Verführungskünsten zählte stets auch sein Talent, die Damen zum Lachen zu bringen. Schon als Friseurlehrling in den Elendsvierteln von Marseille sang und pfiff er, während er den Kunden die Haare wusch, fröhlich vor sich hin, jonglierte mit den Lockenwicklern und erzählte Witze. Er lachte auch mit Edith Piaf, die er für sehr »humorvoll« hielt. Mit Simone Signoret hatte er leichtes Spiel, denn sie prustete auf der Stelle los. Sie empfand eine tiefe, kindliche Freude am Lachen, die grenzenlose Freude am verrückten Lachen, das aus den hintersten Reihen eines Klassenzimmers ertönt und den Lehrer hinter einem Tränenschleier verschwinden läßt. *Ungeteilte Erinnerungen* ist voll von Hinweisen auf die verschiedensten Momente des verrückten Lachens, die ihr Leben prägten. Im Osten lachte sie mit Henri Crolla, Montands Gitarristen, über dessen doppeldeutige Wortspiele. In Hollywood lachte sie, als sie mit Marilyn Schminktips austauschte. Sie lachte, als sie mit Spencer Tracy und Lee Marvin am Strand spazierenging. Sie lachte nervös mit den Schauspielern, die *Die kleinen Füchse* von Lillian Hellman probten, als diese am Tag vor der Generalprobe nach Paris kam und ihre Mißbilligung zum Ausdruck brachte. »Ein Wahnsinnsgelächter, wie es nur Schulkinder zustande bringen oder vor Müdigkeit, Lampenfieber und echter Angst erschöpfte Schauspieler.«[1] Für Simone Signoret war das Lachen eine notwendige Flucht, eine überschäumende Freude. Im Lachen fand sie alle Tugenden vereint. Es war eine Art profane Ekstase, eine harmlose Form des Rauschs, die einem hilft, Gegner auszuschalten, Freundschaften zusammenzuschweißen, die Angst zu vergessen, das Leben zu erleichtern. Und außerdem ist das Lachen für einen Schauspieler ein Arbeitsinstrument, ein unerläßlicher Ausgleich zur kreativen Konzentration. »Wenn man in einem Film nicht zusammen lacht, kann man auch nicht zusammen zu Tränen rühren.«[2]

Die Schüler sind in ihre Klassenzimmer zurückgekehrt. Ich schaue auf, für den Fall, daß Schwalben auftauchen sollten. Ich kenne kein berauschenderes Gefühl, als einem Schwarm verzweifelt piepsender Schwalben hinterherzuschauen, die auf der Leinwand des Himmels kurzlebige Striche ziehen. Es sind keine Schwalben zu sehen, es ist nicht die Zeit der

Schwalben, und Simone ist seit rund sechs Jahren tot. Sie hatte sich so gut auf ihrem Platz eingerichtet, daß das Zentrum von Paris ohne sie leer wirkt. »Wie nur wenige andere Menschen verstand sie es, Leute zusammenzuführen, die nicht zu ihrem Kreis gehörten«, sagte Régis Debray. »Wenn sie verschwindet, löst die Gruppe sich auf. Eine Kreuzung verschwindet. Sie hat uns diese Gemeinheit angetan.«

Und schon verschwindet, mit ihr und mit schwindelerregender Geschwindigkeit, eine gewisse Vergangenheit, ein gewisses Ideal der humanistischen Linken, eine Verfügbarkeit, ein Wille, die Welt zu verändern. Sie ist nicht mehr da, diese Schutzmacht der Presse, die an einige elementare Wahrheiten erinnert. »Es ist wichtig, daß weiterhin von ihr geredet wird«, sagte Jean-Claude Grumberg, ein Freund ihrer letzten Jahre. »Nicht als Schauspielerin, sondern als Dame.« Als Rechtsanwalt Georges Kiejman, ihr »ältester junger Freund«, wie sie ihn nannte, die Verteidigung der Kinder des Generals Oufkir übernahm, die vom König von Marokko widerrechtlich gefangengehalten wurden, bedauerte er Simones Abwesenheit. »Wenn sie hier wäre, würde alles viel leichter sein...« Wenn sie sich für einen Dissidenten, einen Exilierten oder einen Streikenden einsetzte, warf sie ihr ganzes Gewicht in die Waagschale; sie war kompetent, energisch und gab nicht auf, bis sie ihr Ziel erreicht hatte. Ihre Hartnäckigkeit, die in ihrem Privatleben verheerende Folgen haben konnte, bewirkte bei ihren öffentlichen Aktionen wahre Wunder. Unter ihrem Antrieb kamen die Dinge schneller voran.

Sie starb in einem Moment, da die einstigen Werte ausnahmslos einer radikalen Infragestellung der Denkweisen unterworfen wurden und selbst der Begriff des politischen Bewußtseins eine andere Bedeutung erhielt.

Die Tragweite der seit ihrem Verschwinden vor nunmehr bereits sechs Jahren eingetretenen Veränderungen ist nur schwer abzuschätzen. Simone Signoret hat das Aufflammen des religiösen Eifers, der heutzutage die ideologielose Szenerie beherrscht, nicht mehr miterlebt. Sie hat nicht miterlebt, wie Polen eine von Lech Walesa angeführte Regierung erhielt – von demselben Lech Walesa, für den sie kämpfte, als er im Gefängnis saß. Sie hat nicht miterlebt, wie die *Perestrojka* sich entfaltete, wie in Ungarn eine sozialdemokratische Regierung gewählt wurde, wie China in der Hoffnung auf Liberalisierung aufblühte und sich dann doch wieder unterordnete; wie die Berliner Mauer unter Jubelgeschrei eingerissen wurde. Sie hat die beängstigende Fortsetzungsgeschichte der Zeit nach Ceaucescu nicht verfolgen können. Ihr Blick auf das Jahr 1989 fehlt uns, so gerne hätten wir die Begeisterung jener Tage mit ihr geteilt...

Seit Monaten lebe ich nun schon mit dieser qualvollen Abwesenheit. Ich habe unsere Einsamkeiten vereint. Nur für mich, während ich in meinem kleinen Arbeitszimmer hinter den Bäumen sitze, die sich wie ein Laubvorhang vor das Lycée Fénelon schieben, hat sie alle Rollen gespielt. Sie war die Freundin, die Schwester, die Mutter, die Vertraute. Abwechselnd zeigte sie sich ausweichend, zudringlich, großzügig, irritierend, unberechenbar, faszinierend. Aufgrund ihrer einzigartigen Betrachtungsweise der Dinge gewannen bestimmte Ereignisse an Konsistenz. Die Chronologie platzte. Indem ich den Spuren dieser großen Dame folgte, unternahm ich die einzigen Reisen, die sich lohnen: Reisen durch die Zeit. Am Morgen hatte sie ihre ersten grauen Haare bekommen, zwei Stunden später bestand sie ihr Abitur, am nächsten Tag ging sie zur Beerdigung von Overney, stillte Catherine, drehte *Goldhelm*, tanzte mit Gary Cooper. Ein verrückt gewordener Filmvorführer ließ die Spulen in ungeordneter Reihenfolge ablaufen. In ihrem Kielwasser entrollte die Geschichte ihre schwindelerregenden Spiralen. So wie ein Magnet Eisen anzieht, zog sie Fragen an. In beliebiger Reihenfolge. Sie zitierte einen Satz von Giraudoux: »Wenn ich nicht achtgebe, wird mein Leben sich ohne mich abspielen.« Sie gab acht. Sie lächelte ihr rätselhaftes Lächeln, als wollte sie damit ausdrücken, daß jedes Leben ein Geheimnis birgt, das dem Biographen entgeht.

Manchmal war sie weniger vorsichtig und ließ sich überraschen. Dann verkehrte das Bild sich ins Gegenteil. Auf der Rückseite der Medaille tauchte eine andere Simone auf, eine teuflische, gierige, furchterregende Simone mit ungeheurem Ehrgeiz, mit der unbändigen Energie eines wilden Tieres, das sich im Dschungel durchzusetzen versucht. »Eine zivilisierte Tigerin«, wie ihr Freund Claude Roy meint. Eine Naturkraft, die sich manchmal ihrer Macht bediente, um ihre Rivalen auszuschalten. Jähzornig, autoritär, schwer zu ertragen, böswillig, engstirnig, herablassend, grausam sogar und keineswegs immer großzügig gegenüber einfachen Leuten. »Sie mag es nicht, daß man sie ärgert«[3], sagt ihre Tochter Catherine. Sie war so nachtragend wie die Elefanten, von denen sie ihr außergewöhnliches Gedächtnis hatte, nie vergaß sie, sich für eine Kränkung zu rächen, und ihre Verurteilungen waren unwiderruflich. Bei Dreharbeiten kam es vor, daß sie sich irgendeinen Unschuldigen aussuchte, an dem sie ihren Ärger abreagieren konnte. Auch als Star war sie auf ihre barsche Art, wie man sagt, bescheiden geblieben, doch deswegen war sie nicht weniger von sich selbst eingenommen und eifersüchtig auf ihre Macht und ihren Einfluß. Sie wußte, daß sie eine VIP war, und sie erwartete, dementsprechend behandelt zu werden. Sie war beleidigt, wenn man sie nicht sogleich erkannte, sie war erbarmungslos gegenüber ihren Gegnern, fähig, sich ihres Renommees zu bedienen, um die Karriere eines Regisseurs zu ruinieren, dem Verleger eines Buches über Montand schonungslos vorzuwerfen, er wolle sich selbst daran bereichern. Simone Signoret war auch eine eiserne Lady, überzeugt von ihrer Meinung, von der sie sich niemals abbringen ließ; sie war ein wenig frauenfeindlich und hatte eine besondere Begabung für alles, was ihrer eigenen Publicity dienlich war.

Je besser man einen Menschen kennenlernt, um so deutlicher zeigen sich seine Widersprüche, um so klarer drängen sie sich einem auf und enthüllen eine intime Spannung, die einen verpflichtet, sich ein voreiliges Urteil zu verbieten und alle verfügbaren Angaben zu berücksichtigen. Manchmal ist man, wie Rochefoucauld sagt, von sich selbst ebenso verschieden wie von den andern. Wie jedem von uns passierte es auch Simone Signoret, daß sie einer Person glich, die sie verachtet hätte. Und wie jedem von uns kam es auch ihr vor, daß sie sich selbst zutiefst verabscheute, sich ihre Schwächen, ihre Grausamkeit, ihre Nachlässigkeiten, ihre Inkonsequenz gegenüber ihrer Lebensauffassung selbst zum Vorwurf machte. Im Lauf ihrer Karriere hat sie sich viele Feinde gemacht – so wie es unvermeidlich für all jene ist, die von der Norm abweichen und Zielscheibe des Neids derer werden, die nicht die Möglichkeit oder die Energie hatten, etwas Besonderes zu erreichen. Doch in gewissen Fällen erntete sie nur das, was sie gesät hatte.

In ihr steckte eine dumpfe Wut, die auf ihre Kindheit zurückging, eine unerklärliche Empörung, die sämtlichen Geschenken widerstand, mit denen das Leben sie überhäuft hatte. Vor allem im Zusammenhang mit ihrem politischen Engagement war es ihr gelungen, dieser Wut, die hin und wieder nach einer Kränkung, einem Verrat, einer Gemeinheit – oder dem, was sie für eine Gemeinheit hielt – ausbrach, einen Sinn zu verleihen, sie in Revolte, in eine treibende Kraft zu verwandeln. Doch die Wut blieb, nagte innerlich an ihr, und sehr oft litten ihre Beziehungen zu ihren Mitmenschen unter dieser verborgenen Gewalt, die jederzeit ausbrechen konnte und die wie eine Gefahr auf ihr lastete, wie ein Sprengkörper, der unter der Gleichförmigkeit des Alltags versteckt lag.

Jeder ihrer Verwandten und Freunde kannte diese verborgene Seite von Simone Signoret, und ich werde den Gedanken nicht los, daß hier einer der Gründe für das beharrliche Schweigen zu suchen ist, mit dem sie die Erinnerung an sie umgeben. Man konnte nicht mit ihr in Berührung kommen, ohne früher oder später mit dieser anderen Seite Simone Signorets konfrontiert zu werden. Nichts entging ihrem strengen Blick, diesem Instinkt, der sie dazu trieb, die Seelen anderer zu erforschen, und dem man die verschiedensten Namen geben kann: Liebe oder Gier, Neugier oder Taktlosigkeit, Freundschaft oder Aneignung. Möglicherweise liegt in dieser Hartnäckigkeit eines der Geheimnisse ihrer Schauspielkunst, denn mit genau dem gleichen Eifer, mit der gleichen Konsequenz bemächtigte sie sich ihrer Rollen, erforschte sie deren geheimes Wesen, deren Gedächtnis, deren intime Gefühle, bis sie sich völlig mit ihnen identifizieren konnte, sie ihren eigenen Vorstellungen, ihrer eigenen Leidenschaft unterwarf. In unzähligen Interviews bekämpfte sie die gängige Meinung, nach der ein Schauspieler »in die Haut« der darzustellenden Person »schlüpft«. Diese Ansicht war für sie eine Art Skandal, ein Widersinn, den sie unaufhörlich richtigzustellen versuchte, indem sie erklärte, daß genau das Gegenteil der Fall sei, daß nämlich die darzustellende Person »in die Haut« des Schauspielers »schlüpfe«. Angesichts ihrer Unnachgiebigkeit begann ich mich allmählich zu fragen, warum dieser Punkt für sie eigentlich so wichtig war, da es sich doch bloß um eine Metapher handelt. Es stimmt, daß eine Figur nur ein abstraktes Wesen ist, das unabhängig vom Schauspieler weder einen Körper noch eine Haut besitzt. Eine weitere Metapher kann hierauf Antwort geben.

Denn wer anderes als das Kind nistet sich schließlich in der Haut einer Frau ein, baut sich dort sein Nest und lebt darin bis zur Geburt des entstehenden Werkes? Indem Simone Signoret immer wieder auf die Tatsache verwies, daß es diese andere, die »Mieterin« sei, die in ihr wohne und nicht umgekehrt, verteidigte sie unablässig eine Art mütterliches Königtum. Während sie drehte, war sie schwanger. Übrigens sprach sie auch darüber, in welchem Maße sie sich während der Dreharbeiten in ein »egoistisches Monstrum« verwandelte. Sie, die gewöhnlich jederzeit ansprechbar war, widmete sich ihrer Rolle wie einem geheimen Schatz, der ihre ganze Aufmerksamkeit beanspruchte, und stand der Außenwelt, wie eben schwangere Frauen es tun, dann völlig gleichgültig gegenüber. Und dieser Körper, der im Lauf der Jahre immer schwerfälliger werden sollte, den sie mit einer Art bewußtem Masochismus immer dicker werden ließ, ging schwanger mit sämtlichen Personen, die sie in sich getragen hatte und weiterhin in sich tragen würde. Und diesem unförmigen Körper hatte sie es zu verdanken, daß sie einige ihrer schönsten Rollen bekam, weitere Personen, die sie in sich tragen, weitere Sprößlinge, die sie gebären würde. Sie bevölkerte die Welt wie eine universelle Mutter, doch nach der Art der Männer, die ihren Samen verstreuen. Und im Anschluß an diese wiederholten Zeugungen wurde sie in jedem ihrer Filme stets von sich selbst entbunden. Im besten Fall, wenn der Regisseur in der Lage war, für sie die Rolle des phantasmatischen, sinngebenden Vaters zu übernehmen, war sie gleichzeitig Mutter und Kind, eine neue Simone, die der anderen ähnlich war: weder eine völlig andere noch ganz und gar dieselbe.

Diejenigen, die sie liebte, wollte sie nicht nur besitzen, sondern mit denen, die sie liebte, wollte sie geradezu verschmelzen. Sie duldete kein Ausweichen, sie verlangte, daß man sich ihrer Meinung anpaßte, ihre Fragen beantwortete. Man mußte entweder nachgeben oder aufgeben, man mußte alles mit ihr teilen. Alles oder nichts. Angesichts der Maßlosigkeit ihrer Forderungen versuchten ihre Freunde gelegentlich, ihre Unabhängigkeit wiederzuerlangen. Dann mußten sie sich rechtfertigen, und anschließend fiel dann und wann das Urteil. Wie im antiken Griechenland lautete die Höchststrafe: Verbannung. »Du gehörst nicht mehr zur Familie.« Von da an war man verdammt, ausgeschlossen, existierte man nicht mehr. Die Stammestreue des Montand-Signoret-Clans gab es nicht mehr. Im Privatleben wandte Simone Signoret das furchtbare Revolutionsgesetz, das Gesetz der Unterwelt an. Wer nicht für uns ist, ist gegen uns.

Innerhalb des Clans ließ Montand sie nach dem durch und durch endogamischen und matriarchalischen Prinzip uneingeschränkt herrschen. Subtile Hierarchien bestimmten den Platz jedes einzelnen aufgrund seiner mehr oder weniger engen Beziehung zu Simone Signoret. Das war die Madame Verdurin in ihr. Die Klassifizierung wechselte je nach Epoche, doch das System blieb unveränderlich und stellte für die Beobachter der Pariser Gesellschaft eine wahre ethnographische Kuriosität dar. Im Zentrum standen die engsten Vertrauten, die Gefährten des Alltags: Catherine, Marcelle und Georges, die sich um das Haus in Autheuil kümmerten, Henri Crolla und Bob Castella, die mit Montand zusammenarbeiteten, sowie sein Bruder Julien. Dann folgten jene des ersten Kreises, oft langjährige Freunde: Chris Marker, François Périer, Serge Reggiani, Claude Roy, aber auch Costa-Gavras und Jorge Semprun, Montands Bruder im Geiste. Frauen hatten nur selten Zutritt zu diesem geschlossenen Kreis. Simone mochte sie lieber als anbetende, unterwürfige Wesen, wie Françoise Arnoul und Anna Karina es einige Zeit lang waren, wie Colette Périer es bis zum Schluß war. In den zweiten Kreis wurden junge Verehrer aufgenommen, Intellektuelle wie Régis Debray, Georges Kiejman, Claude Lanzmann und Pierre Goldman, die ihr eine Welt eröffneten, die sie faszinierte, sowie die Bande von Autheuil, Schauspieler, Künstler und Journalisten: Jacques Becker, Roger Pigaut, Pierre Mondy, Pierre Brasseur, Jean-Claude Dauphin, José Artur... Es gab auch welche, die wie kurzlebige Sternschnuppen in diese feste Konstellation eindrangen, Leute wie Maurice Pons, die alle Stufen auf einmal erklommen, um dann ebenso schnell und untröstlich wieder in Ungnade zu fallen. Dann gab es noch den verschwommenen Sumpf des dritten Kreises, in dem all jene sich bewegten, mit denen sie regelmäßig Kontakt hatte: Filmleute wie Alain Delon, Pierre Granier-Deferre, Patrice Chéreau, René Allio und Mosco; Presseleute wie Pierre Benichou, Jean-François Josselin, Anne Sinclair, Philippe Labro, Bernard Pivot und Jean-François

Kahn; Fernsehleute wie Marcel Bluwal und Jean-Claude Grumberg... Und schließlich blieben diejenigen, die auf einer atypischen Umlaufbahn kreisten, die Nichtklassifizierbaren, jene, für die sie sich irgendwann einmal engagiert hatte, die jedoch nicht zum Signoret-System gehörten: die M. O. I.-Kämpfer, ihre Kusine Jo Langer... Im Zentrum dieses einflußreichen, aus Talent und Intelligenz errichteten Netzwerkes, das das kulturelle und politische Leben jener Zeit bestimmte, stand Simone Signoret und gab den Ton an. Man kann ihre Wahl anfechten, ihre Vorgehensweise kritisieren, ihre unermüdliche Betriebsamkeit als übertriebenen Aktivismus deuten, doch Tatsache ist, daß sie »ein fester Punkt in einer verschwommenen Welt« war, wie Anne Sinclair am Tag nach ihrem Tod schrieb.

Bei ihr fühlte man sich sicher, wie man sagt, sie hielt unerschütterlich Kurs inmitten des Großstadttrubels, den Erschütterungen des Zeitgeistes und den Stürmen des Lebens, trotz der Abnutzung der Liebe, trotz zerbrochener Freundschaften und Trauer, trotz der Niederlagen und Enttäuschungen, trotz der vergeblichen Illusionen, die im Himmel der verlorenen Paradiese verschwanden, trotz der kleinen Nöte des Alters, der Angst vor der Krankheit und dem Schatten der Einsamkeit, der auf dieser Frau lastete, die die andern so sehr brauchte. Doch ganz zum Schluß war sie trotzdem allein.

Sie war zweifellos eine Königin, der man applaudierte und zuhörte, die man bewunderte, respektierte, um Unterstützung bat und manchmal auch zutiefst haßte. Doch sie war die Alleinherrscherin über eine Welt voller Lärm und Wut. Das Familienleben war nur mehr eine Fiktion. Montand war nicht da, ständig auf Reisen, anderswo beschäftigt. Catherine war erwachsen geworden und lebte ihr eigenes Leben. Hin und wieder kamen Freunde vorbei, doch sie blieben nie lange.

Das Bedürfnis nach Einsamkeit lernte sie kennen, als sie zu schreiben begann. Ein verzehrendes, dringliches Bedürfnis.

Sie zog sich in das kleine Zimmer im Obergeschoß ihres Hauses in Autheuil zurück, vor die weiße Wand. Von Anfang an war sie sich der unauflösbaren Verbindung zwischen dem Schreiben und der Einsamkeit bewußt. Sie änderte ihr Leben. Sie wurde häuslich, still, saß den ganzen Tag an ihrem Schreibtisch und tauchte nur mehr nachdenklich und zerstreut zum Essen auf. Sie, die früher so gerne lachte, verstand die Scherze nicht mehr.

Doch nach und nach hörte die Einsamkeit auf, eine aufregende, mit dem Schreiben verbundene Entdeckung zu sein, und verwandelte sich in eine aufgezwungene Wirklichkeit, unter der sie litt. Wenn sie nicht schrieb, verspürte sie das verzweifelte Bedürfnis nach menschlicher Nähe. Und selbst wenn sie schrieb, entfloh sie der Einsamkeit, indem sie sich nach einem Leser sehnte. Wenn sie Freunde empfing, hielt sie ihnen sogleich einige Blätter hin. Während sie lasen, setzte sie sich ihnen gegenüber und beobachtete ihren Gesichtsausdruck. Sobald sie fertig waren, bestürmte sie sie mit Fragen: »Ist die Szene, wo Wolodja Elie begegnet, gut? Ist sie nicht zu sentimental? Glaubst du wirklich, daß es so gewesen sein kann? Hast du keine Schreibfehler entdeckt?« Alle, die wie sie einen Leser brauchen, um zu *wissen*, was sie geschrieben haben und wie sie es noch verbessern können, sind versucht, sich auf diese anbeterische und fordernde Art und Weise auf *den* Leser zu stürzen, mit Vorliebe immer auf denselben, und ihm drei Blätter in die Hand zu drücken, ihn zu zwingen, alles andere fallenzulassen und sie unverzüglich zu lesen. Sie brauchen einen guten Leser, das heißt einen Leser, dem sie so viel vertrauen können, daß sie nicht gleich voller Wut über ihn herfallen, wenn er ihnen ungeachtet ihrer Enttäuschung sagt, daß das, was er soeben gelesen hat, völlig wertlos sei. Ich bin sicher, daß Simone Kritik nur sehr schlecht ertragen konnte. Man hätte sehr mutig sein müssen, um ihr das zu sagen, was Dashiell Hammett am Strand von Malibu Lillian Hellman, die in *Julia* von der wundervollen Jane Fonda dargestellt wird, zu verstehen gab: nämlich daß sie ihr ganzes Theaterstück nur neu zu schreiben bräuchte, und zwar von Anfang an.

Trotzdem hätte man es mit Simone Signoret tun müssen, ein einziges Mal. Und ich weiß, daß einige es, wenn auch erfolglos, getan haben: als sie nämlich beschloß, *Le Lendemain, elle était souriante* zu veröffentlichen. Es war ein schlechtes kleines Buch, das mit Rachegelüsten geschrieben worden war, eine Abrechnung mit Kontrahenten, die ihrer unwürdig waren. Ein Buch, das eher wütendes Stampfen als edlen Zorn zum Ausdruck brachte, ein Buch, das der Verleger hätte ablehnen müssen – doch wie hätte man ein Manuskript von Madame Signoret ablehnen können? Ein Manuskript mit sehr schönen Passagen, etwa über ihre ehemalige Maskenbildnerin Maud Begon, die in ein Konzentrationslager verschleppt worden war, über den Goldman-Prozeß und die Aufnahme von *La Voix humaine*. Doch gleichzeitig ein unwahrscheinliches Durcheinander von Absichten, die ihr beim Verfassen von *Ungeteilte Erinnerungen* geholfen hatten, eine nutzlose Polemik gegen Anne Gaillard und Jean-Edern Hallier, die längst von der Justiz verurteilt worden waren. Mit bloßem Auge ist zu erkennen, daß es Simone Signoret damals sehr schlecht ging.

Doch sie hing an diesem Buch. Niemand hätte sie daran hindern können, es zu veröffentlichen. Wie von Böswilligkeit verhext, wollte sie sich diesem unsinnigen Kampf, diesem Martyrium bis zum bitteren Ende stellen. Sie werden sich noch wundern, ich werde ihnen schon noch zeigen, mit wem sie es zu tun haben. Sie krempelte die Ärmel hoch, rüstete sich zum Kampf. Ohne daran zu denken, daß sie mit der Veröffentlichung dieses wirren Pamphlets unbewußt die Kehrseite des Mythos, das Gegenteil von Goldhelm zur Schau trug. In diesem Buch zeigte sie ihr wahres Gesicht in einem schlechten Licht und schlüpfte in die grämliche Rolle einer von Verbitterung und ohnmächtiger Wut erfüllten Frau. Angesichts der endlosen Wiederholungen und stilistischen Mängel versündigte sie sich gewissermaßen an ihrem schriftstellerischen Talent. Zweifellos war sie sich nicht bewußt, welche Auswirkungen dieses Buch auf ihr so sorgsam aufgebautes »Image« haben könnte. Denn obwohl sie immer wieder behauptete, sie wüßte nicht, welcher ihrer Züge beim Publikum am besten ankäme, achtete sie stets sehr genau auf ihr Erscheinungsbild in der Öffentlichkeit. Möglich ist allerdings auch, daß sie sich dessen sehr wohl bewußt und ihr Verhalten eine Art Provokation, eine Herausforderung war, so als wollte sie trotzig sagen: »Ach! Ihr bewundert mich also! Aber seht doch nur, wie schlecht ich bin.«

Es war die schreckliche Zeit, als ihr Gesicht vom Alkohol aufgedunsen war und sie an den Abenden mit Freunden wie ein alter Fernfahrer, wie ein Säufer zu rülpsen begann. Ihre Freunde ertrugen sie in all den Jahren, sie hatten keine andere Wahl, denn schließlich war es Simone, und Simone war ihnen heilig. Doch sie hatten, auch das muß gesagt werden, die Nase voll von ihr. Erst nachdem sie ernstlich krank geworden war und zu trinken aufgehört hatte, wurde sie erneut erträglich, wunderbar erträglich sogar. Doch da war sie wirklich eine alte Frau mit Falten, tiefen Furchen in ihrem abgemagerten Gesicht und hinter dem Schleier der Blindheit verborgenen Augen geworden. Am Ende wurde sie ruhig und gelassen. Was hatte sie in wenigen Jahren für einen Weg zurückgelegt! In Wirklichkeit hatte sie eine Wüste durchquert.

In den Zeitungen stand oft, sie hätte manchmal einen schlechten Charakter gezeigt, sie wäre kein bequemer Mensch gewesen. Jeder wußte von den lautstarken Auseinandersetzungen, bei denen Montand und sie ihre intimen Konflikte öffentlich zur Schau trugen. Sie bestätigte kommentarlos: »Ich bin nicht immer ein Spaßvogel.« Zweifellos wird man kein Star, wenn man nicht stark genug ist, auch seine eigenen Schattenseiten zu erkennen und ihnen den rechten Platz zuzuweisen. Denn auch aus diesem Humus schöpfen Künstler ihre Ideen. Aus diesem inneren Widerspruch, aus dieser Mischung aus Erhabenheit und Engstirnigkeit, aus Großzügigkeit und Egoismus, Bescheidenheit und Größenwahn entwickelte sich ihr schauspielerisches Talent. Jenes Talent, das Brücken schlug, sie einzigartig und unnachahmlich machte, indem es ihre Schwächen überwand. Jenes Talent, das ihr Publikum auf seine eigenen schäbigen Geheimnisse, seine eigenen uneingestandenen Wahnvorstellungen, seine eigene Engstirnigkeit und seinen eigenen Machtwillen ebenso verwies wie auf die guten Eigenschaften, die in jedem von uns schlummern. Denn jedes große und gerechte Werk wendet sich an die Ganzheit des Menschen, an das, was die mißtönenden Stimmen in uns, die wir in den stillen Tiefen der Nacht vernehmen, miteinander verbindet.

Sie strebte danach, ihre Epoche intensiv und umfassend zu erleben, die Erfahrungen der Menschen ihrer Zeit zu teilen. Alle Mittel waren ihr recht. Das Kino, das ihr jenes außergewöhnliche Privileg gab, noch andere Leben als nur das ihre zu leben. Die Liebe, die sie für Montand empfunden hatte, für den Mann, der wohl oder übel seine Zeit verkörperte und ihr den unauslöschlichen Stempel seiner Melodien, seiner Lieder, seiner zahlreichen Gesichter aufdrückte. Die Freundschaft, die es ihr ermöglichte, ihre Neugier, die sie wie ein unersättliches Verlangen im Bauch hatte, zu stillen. Das politische Engagement, das ihr das vielleicht illusorische, aber auch berauschende Gefühl gab, die Welt verändern zu können. Und schließlich das Schreiben, das die Krönung ihres Lebenswerkes darstellte und das ihren Wissensdrang am Ende der Reise auf die weiten, unerforschten Bereiche ihres Innenlebens lenken sollte.

Am Ende der Reise kenne ich sie – und kenne sie auch nicht. Ich habe versucht, das, was ich wußte, das, was ich vermutete, schriftlich festzuhalten. Zwei oder drei Dinge, wie man so sagt. Darüber hinaus bewahrt sie sich ihr Geheimnis, wie geliebte Wesen und Romanhelden es tun. Als Tote bleibt sie genauso unerreichbar, wie sie es zu Lebzeiten war. Um mich mit ihr identifizieren zu können, mußte ich mich in mich selbst vertiefen, aus unbekannter Erde alte Wünsche an die Oberfläche bringen. Ich behaupte nicht, sie durchschaut zu haben, und noch weniger habe ich die Absicht, über sie zu urteilen. Denn ich weiß zu gut, daß ich, indem ich mit der dem Schreiben eigenen Schamlosigkeit von ihr erzähle, meinen eigenen Traum zur Schau stelle.

Ein geteilter Traum. Das Porträt von Simone Signoret als Goldhelm befindet sich an gut sichtbarer Stelle auf der großen Mauer von RTL, auf der in bunten Farben zahlreiche berühmte Gesichter des 20. Jahrhunderts, von Charlie Chaplin über Kennedy, Gandhi und John Lennon bis hin zu de Gaulle, abgebildet sind. Vor dem Pont de Bir-Hakeim wird der Verkehr von Automobilisten aufgehalten, die langsamer fahren, um diese riesige Spiegelwand mit den Helden ihrer Erinnerungen zu betrachten. Doch die Farbe hat bereits ein wenig unter den Auspuffgasen gelitten.

Bald wird die Luftverschmutzung die Gesichter ausgelöscht haben, und auf der großen Wand werden da und dort nur mehr Farbflecken zurückbleiben: Charlie Chaplins Schnurrbart, Churchills Auge, Picassos Kinn, Marilyns Ohr. Unerklärliche, rätselhafte Einzelheiten wie auf den Felsmalereien der ersten Menschen, wie auf dem Bilderrätsel eines verrückten Kindes, Spuren einer erloschenen Leidenschaft.

Und von Simone wird inmitten dieser Berühmtheiten vielleicht ein Bruchstück ihrer geschminkten Lippen, ein Teil ihrer Augenbrauen, ein weißgoldener Schatten übrigbleiben. Wie eine Unterschrift.

Anmerkungen

1

1 *L'Express*, 26. November 1973

2

1 Peter Härtling: *Hölderlin. Ein Roman*, Luchterhand, 1976

3

1 Simone Signoret: *Ungeteilte Erinnerungen*, Kiepenheuer & Witsch, 1977

2 *La nostalgie n'est plus ce qu'elle était* (Die Nostalgie ist nicht mehr das, was sie einmal war): Originaltitel von *Ungeteilte Erinnerungen* (A. d. Ü.)

3 *Ungeteilte Erinnerungen*, a. a. O.

4 *Ungeteilte Erinnerungen*, a. a. O.

5 Jo Langer: *Une saison à Bratislava*, Vorwort und Übersetzung von Simone Signoret, Le Seuil, 1981

6 Simone Signoret: *Adieu Wolodja*, Bastei Lübbe, 1987

7 *Ungeteilte Erinnerungen*, a. a. O.

8 *Ungeteilte Erinnerungen*, a. a. O.

9 *Ungeteilte Erinnerungen*, a. a. O.

10 *Ungeteilte Erinnerungen*, a. a. O.

4

1 Gérard Blanchet, zitiert von Annie Cohen-Solal: *Sartre 1905–1980*, Rowohlt, 1988

2 Annie Cohen-Solal: *Sartre 1905–1980*, a. a. O.

3 *Ungeteilte Erinnerungen*, a. a. O.

4 *Ungeteilte Erinnerungen*, a. a. O.

5 *Ungeteilte Erinnerungen*, a. a. O.
6 *Ungeteilte Erinnerungen*, a. a. O.
7 *Ungeteilte Erinnerungen*, a. a. O.
8 *Ungeteilte Erinnerungen*, a. a. O.

5

1 *Marie-Claire*, September 1979
2 Francs-tireurs et partisans français (auch F. T. P. F.): Gruppe kommunistischer Widerstandskämpfer (A. d. Ü.)
3 *Ungeteilte Erinnerungen*, a. a. O.
4 Comité d'organisation de l'industrie cinématographique, das durch die Verordnung vom 2. November 1940 unter Pierre Laval eingerichtet wurde (A. d. Ü.)
5 *Ungeteilte Erinnerungen*, a. a. O.
6 Jacques Siclier: *La France de Pétain et son cinéma*, Henri Veyrier, 1981
7 *Ungeteilte Erinnerungen*, a. a. O.
8 Daniel Gélin: *Deux ou trois vies qui sont les miennes*, Julliard, 1977
9 *Ungeteilte Erinnerungen*, a. a. O.

6

1 *Ungeteilte Erinnerungen*, a. a. O.
2 Jean-Louis Trintignant: *Un homme à sa fenêtre*, Simoën, 1977
3 *Elle*, 21. Januar 1985
4 Gespräch mit Jean-François Josselin, in: *Le Nouvel Observateur*, 27. März 1982
5 *Ungeteilte Erinnerungen*, a. a. O.

7

1 Richard Cannavo et Henri Quiqueré: *Le chant d'un homme*, Robert Laffont, 1981
2 Richard Cannavo et Henri Quiqueré: *Le chant d'un homme*, a. a. O.
3 Richard Cannavo et Henri Quiqueré: *Le chant d'un homme*, a. a. O.

4 Richard Cannavo et Henri Quiqueré: *Le chant d'un homme*, a. a. O.
5 Richard Cannavo et Henri Quiqueré: *Le chant d'un homme*, a. a. O.
6 Richard Cannavo et Henri Quiqueré: *Le chant d'un homme*, a. a. O.
7 Richard Cannavo et Henri Quiqueré: *Le chant d'un homme*, a. a. O.
8 Richard Cannavo et Henri Quiqueré: *Le chant d'un homme*, a. a. O.
9 *Ungeteilte Erinnerungen*, a. a. O.

8

1 *Ungeteilte Erinnerungen*, a. a. O.
2 José Artur: *Micro de nuit*, Stock, 1974
3 Confédération générale du travail: Allgemeiner Gewerkschaftsbund (A. d. Ü.)
4 *Ungeteilte Erinnerungen*, a. a. O.
5 *Ungeteilte Erinnerungen*, a. a. O.
6 Richard Cannavo et Henri Quiqueré: *Le chant d'un homme*, a. a. O.
7 Laut seinem Biographen Georges Annenkov, zitiert von Joëlle Montserrat, in: *Simone Signoret*, PAC, 1983

9

1 *France-Soir*, 4. Mai 1973
2 *Ungeteilte Erinnerungen*, a. a. O.
3 *Ungeteilte Erinnerungen*, a. a. O.
4 *Ungeteilte Erinnerungen*, a. a. O.
5 *Ungeteilte Erinnerungen*, a. a. O.

10

1 *Daily Mail*, 4. Juli 1978
2 Jorge Semprun: *Yves Montand: das Leben geht weiter*, Suhrkamp, 1986
3 *Ungeteilte Erinnerungen*, a. a. O.

4 Gespräch mit Mathieu Lindon, in: *Libération*, 26. Januar 1985
5 Gespräch mit Pierre Démeron, in: *Marie-Claire*, September 1979
6 Le Seuil, 1979

11

1 Zitiert von Jo Langer, in: *Une saison à Bratislava*, a. a. O.
2 Jo Langer: *Une saison à Bratislava*, a. a. O.
3 Emmanuel Le Roy Ladurie: *Paris-Montpellier*, Gallimard, 1982
4 Arthur Miller: *Zeitkurven. Ein Leben*, S. Fischer, 1987
5 *Ungeteilte Erinnerungen*, a. a. O.
6 *Ungeteilte Erinnerungen*, a. a. O.
7 Paul Meurisse: *Les Éperons de la liberté*, Robert Laffont, 1979
8 Paul Meurisse: *Les Éperons de la liberté*, a. a. O.
9 *Ungeteilte Erinnerungen*, a. a. O.
10 Paul Meurisse: *Les Éperons de la liberté*, a. a. O.
11 *Ungeteilte Erinnerungen*, a. a. O.
12 Annie Cohen-Solal: *Sartre 1905–1980*, a. a. O.
13 Arthur Miller: *Zeitkurven. Ein Leben*, a. a. O.
14 *Ungeteilte Erinnerungen*, a. a. O.
15 Jo Langer: *Une saison à Bratislava*, a. a. O.
16 Annie Cohen-Solal: *Sartre 1905 – 1980*, a.a.O.
17 *Ungeteilte Erinnerungen*, a. a. O.
18 *Ungeteilte Erinnerungen*, a. a. O.

13

1 Jo Langer: *Une saison à Bratislava*, a. a. O.
2 *Ungeteilte Erinnerungen*, a. a. O.
3 Jo Langer: *Une saison à Bratislava*, a. a. O.
4 Arthur London: *Ich gestehe. Der Prozeß um Rudolf Slánský*, Aufbau Verlag, 1991
5 Jo Langer: *Une saison à Bratislava*, a. a. O.
6 Jorge Semprun: *Yves Montand: das Leben geht weiter*, a. a. O.
7 Jorge Semprun: *Yves Montand: das Leben geht weiter*, a. a. O.
8 Jo Langer: *Une saison à Bratislava*, a. a. O.
9 *Une saison à Bratislava*, Vorwort von Simone Signoret, a. a. O.

10 Jo Langer: *Une saison à Bratislava*, Vorwort von Simone Signoret, a. a. O.

11 *Ungeteilte Erinnerungen*, a. a. O.

14

1 *Ungeteilte Erinnerungen*, a. a. O.

2 *Ungeteilte Erinnerungen*, a. a. O.

3 *L'Express*, 14. April 1960

4 *L'Express*, 14. April 1960

5 Gespräch mit Jean-François Josselin, in: *Le Nouvel Observateur*, 27. März 1982

6 *Ungeteilte Erinnerungen*, a. a. O.

7 Richard Cannavo et Henri Quiqueré: *Le chant d'un homme*, a. a. O.

8 *Ungeteilte Erinnerungen*, a. a. O.

9 *Ungeteilte Erinnerungen*, a. a. O.

10 Arthur Miller: *Zeitkurven. Ein Leben*, a. a. O.

15

1 *Ungeteilte Erinnerungen*, a. a. O.

2 Pierre Billard, in: *Le Point*, 7. Oktober 1985

3 *Ungeteilte Erinnerungen*, a. a. O.

4 *Ungeteilte Erinnerungen*, a. a. O.

5 *Ungeteilte Erinnerungen*, a. a. O.

6 *Marie-Claire*, März 1985

7 Gespräch mit Mathieu Lindon, in: *Libération*, 26. Januar 1985

8 *Les Lettres françaises*, 25. Mai 1961, zitiert von Joëlle Montserrat, PAC, 1983

9 Zitiert von Joëlle Montserrat, a. a. O.

10 Jo Langer: *Une saison à Bratislava*, Vorwort von Simone Signoret, a. a. O.

11 Bertrand Poirot-Delpech, in: *Le Monde*, 7. Dezember 1962

12 *Ungeteilte Erinnerungen*, a. a. O.

13 *Ungeteilte Erinnerungen*, a. a. O.

14 Célimène: Alcestes kokette Geliebte in *Le Misanthrope* von Molière; Rodrigue: Hauptgestalt in *Le Cid* von Corneille (A. d. Ü.)

16

1 *Ungeteilte Erinnerungen*, a. a. O.
2 Gespräch mit Mathieu Lindon, in: *Libération*, 26. Januar 1985
3 *Ungeteilte Erinnerungen*, a. a. O.
4 *Ungeteilte Erinnerungen*, a. a. O.
5 *Ungeteilte Erinnerungen*, a. a. O.
6 Gallimard, 1968
7 Jacques Siclier, in: *Le Monde*, 30. April 1968
8 Main-d'œuvre immigrée: Organisation der Partei für ausländische Arbeiter (A. d. Ü.)
9 Luis Nogueira: *Le cinéma selon Melville*, Seghers, 1974
10 *Combat*, 29. April 1970
11 Ouvrier spécialisé: angelernter Arbeiter (A. d. Ü.)
12 Minuit, 1981
13 *Ungeteilte Erinnerungen*, a. a. O.
14 *Ungeteilte Erinnerungen*, a. a. O.
15 *Ungeteilte Erinnerungen*, a. a. O.

17

1 Simone Signoret: *Adieu Wolodja*, a. a. O.
2 Pierre Goldman: *Souvenirs obscurs d'un juif polonais né en France*, Le Seuil, 1975
3 Pierre Goldman: *Souvenirs obscurs d'un juif polonais né en France*, a. a. O.
4 Zwei Bände: *Les Années de rêve, Les Années de poudre*, Le Seuil, 1987 und 1988
5 Pierre Goldman: *Souvenirs obscurs d'un juif polonais né en France*, a. a. O.
6 Simone Signoret: *Le Lendemain, elle était souriante*, a. a. O.
7 *Ungeteilte Erinnerungen*, a. a. O.
8 Simone Signoret: *Le Lendemain, elle était souriante*, a. a. O.
9 *Ungeteilte Erinnerungen*, a. a. O.
10 *Ungeteilte Erinnerungen*, a. a. O.

18

1 »Die Nostalgie ist nicht mehr das, was sie einmal war«: Titel der französischen Originalausgabe von *Ungeteilte Erinnerungen* (A. d. Ü.)

2 *Ungeteilte Erinnerungen*, a. a. O.

3 *Ungeteilte Erinnerungen*, a. a. O.

4 Abbott und Costello waren ein Komödiantenpaar in Hollywood, so unzertrennlich wie Laurel und Hardy (*Le Nouvel Observateur*, 25. November 1983)

5 Anne Sinclair, in: *L'Événement du Jeudi*, 3. Oktober 1985

6 Parti Socialiste Unifié: Sozialistische Einheitspartei (A. d. Ü.)

19

1 *Ungeteilte Erinnerungen*, a. a. O.

2 *Ungeteilte Erinnerungen*, a. a. O.

3 Gespräch mit Michel Delain, in: *L'Express*, 26. November 1973

4 *Femmes d'aujourd'hui*, Dezember 1973

20

1 *Ungeteilte Erinnerungen*, a. a. O.

2 Jorge Semprun: *Yves Montand: das Leben geht weiter*, a. a. O.

3 *Ungeteilte Erinnerungen*, a. a. O.

4 *L'Express*, 1. November 1976

5 Gespräch mit Françoise Tournier, in: *Elle*, 8. Juni 1981

6 Gespräch mit Pierre Démeron, in: *Marie-Claire*, September 1979

7 Simone Signoret: *Le Lendemain, elle était souriante*, a. a. O.

8 *Ungeteilte Erinnerungen*, Vorwort von Maurice Pons, a. a. O.

9 Simone Signoret: *Le Lendemain, elle était souriante*, a. a. O.

10 Simone Signoret: *Le Lendemain, elle était souriante*, a. a. O.

11 Gespräch mit Françoise Tournier, in: *Elle*, 21. Januar 1985

12 Gespräch mit Jean-François Josselin, in: *Le Nouvel Observateur*, 25. Januar 1985

21

1 *Elle*, 21. Januar 1985
2 Emile Ajar: *Du hast das Leben noch vor dir*, S. Fischer, 1977
3 Simone Signoret: *Le Lendemain, elle était souriante*, a. a. O.
4 Simone Signoret: *Le Lendemain, elle était souriante*, a. a. O.
5 Simone Signoret: *Le Lendemain, elle était souriante*, a. a. O.
6 Gespräch mit Jean-Claude Maurice, in: *Le Journal du Dimanche*, 28. März 1982
7 Jorge Semprun: *Yves Montand: das Leben geht weiter*, a. a. O.
8 Balland, 1989
9 Gespräch mit Jean-François Josselin, in: *Le Nouvel Observateur*, 25. Januar 1985
10 Claude Roy, in: *Le Nouvel Observateur*, 25. Januar 1985
11 Gespräch mit Françoise Tournier, in: *Elle*, 21. Januar 1985
12 Gespräch mit Danièle Heymann, in: *L'Express*, 25. Januar 1985
13 *France-Soir*, 5. April 1980
14 *France-Soir*, 5. April 1980
15 *L'Express*, 25. Januar 1985
16 Gespräch mit Jean-François Josselin, in: *Le Nouvel Observateur*, 25. Februar 1985
17 Gespräch mit Françoise Tournier, in: *Elle*, 21. Januar 1985
18 Gespräch mit Françoise Tournier, in: *Elle*, 21. Januar 1985
19 Gespräch mit Pierre Démeron, in: *Marie-Claire*, März 1985
20 Gespräch mit Pierre Démeron, in: *Marie-Claire*, März 1985

22

1 *Ungeteilte Erinnerungen*, a. a. O.
2 *Ungeteilte Erinnerungen*, a. a. O.
3 Philippe Durant: *Simone Signoret*, Favre, 1988

Die Waffen der Frauen

Elisabeth Barillé
Maries Begierden
9818

Julie Burchill
Die Waffen der Susan Street 9810

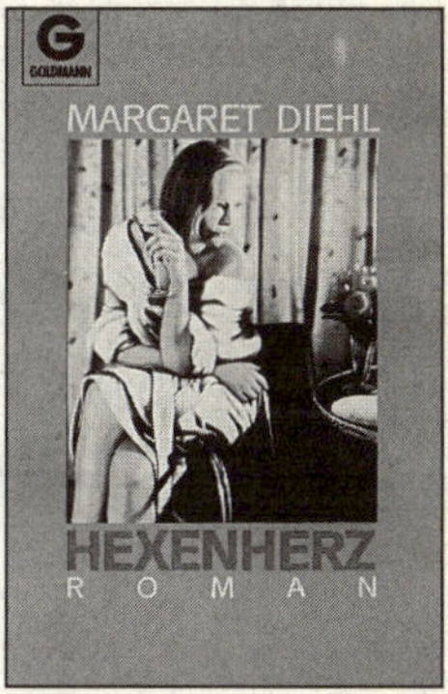

Margaret Diehl
Hexenherz
9838

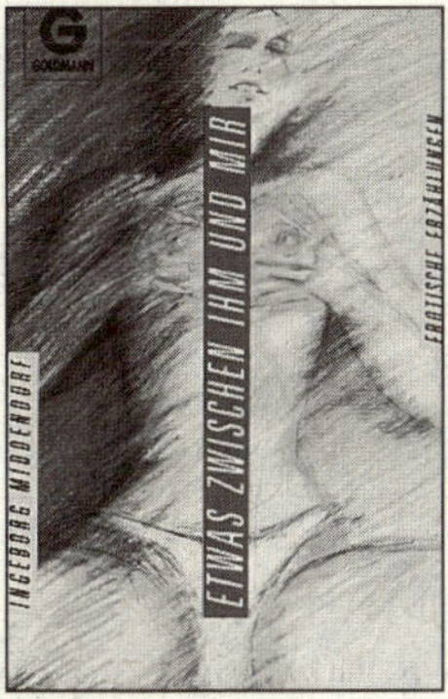

Ingeborg Middendorf
Etwas zwischen ihm und mir 9164

Shirley Lowe/Angela Ince
Wechselspiele
9613

GOLDMANN